André Presse

Grundeinkommen

Idee und Vorschläge zu seiner Realisierung

Schriften des
Interfakultativen Instituts für Entrepreneurship (IEP)
des Karlsruher Instituts für Technologie
Band 21

Grundeinkommen

Idee und Vorschläge zu seiner Realisierung

von
André Presse

Impressum

Karlsruher Institut für Technologie (KIT)
KIT Scientific Publishing
Straße am Forum 2
D-76131 Karlsruhe
www.uvka.de

KIT – Universität des Landes Baden-Württemberg und nationales
Forschungszentrum in der Helmholtz-Gemeinschaft

KIT Scientific Publishing 2010
Print on Demand

ISSN: 1614-9076
ISBN: 978-3-86644-485-0

Grundeinkommen:

Idee und Vorschläge zu seiner Realisierung

Zur Erlangung des akademischen Grades eines

Doktors der Wirtschaftswissenschaften

(Dr. rer. pol.)

der Fakultät für Wirtschaftswissenschaften

des

Karlsruher Instituts für Technologie (KIT)

genehmigte

DISSERTATION

von

Dipl.-Kfm. André Presse

aus Frankfurt am Main

Tag der mündlichen Prüfung: 09.12.2009

Referent: Professor Götz W. Werner

Korreferent: Professor Dr. Berthold U. Wigger

2009 Karlsruhe

Danksagung

Besonders danke ich zuallererst meinem Doktorvater Herrn Professor Götz W. Werner und dem Korreferenten meiner Dissertation Herrn Professor Dr. Berthold U. Wigger. Ich freue mich, dass ich Gelegenheit hatte, eine Fülle von Gesprächen mit Herrn Professor Dr. Dr. h. c. mult. Wolfgang Eichhorn zu führen, die den Verlauf meiner Arbeit fördernd und fordernd begleitet haben. Ohne die Bereitschaft und fortwährende Unterstützung der drei Professoren wäre das „Projekt" nicht möglich gewesen. Ebenso danke ich dem Dekan der Fakultät für Wirtschaftswissenschaften, Herrn Professor Dr. Clemens Puppe, der freundlicherweise die Kommission meiner mündlichen Prüfung als Vorsitzender leitete, sowie Herrn Professor Dr. Siegfried Berninghaus als Prüfer.

Zugleich danke ich meinen Kolleginnen und Kollegen am Interfaktultativen Institut für Entrepreneurship (IEP) der Universität Karlsruhe (TH), die im Jahre 2009 bei einem Zusammenschluss mit dem Forschungszentrum Karlsruhe (FZK) in Karlsruher Institut für Technologie (KIT) umbenannt wurde. Dieser Dank gilt besonders Peter Dellbrügger, Jan Laubscher, Dorothee León Cadenillas, Dr. Ludwig Paul Häußner, Martin Hörig, Jan Selders, Ivana Zareva und Sylvia Zürker, die mich während der gesamten Zeit meiner Dissertation menschlich und inhaltlich gestützt haben nach dem Prinzip „die Gemeinschaft ist das tragende Element, der Einzelne das initiative". Herzlich danken möchte ich auch den Mitstreitern an der Universität Karlsruhe (TH) beziehungsweise dem Karlsruher Institut für Technologie (KIT), die in vielfältiger Weise zum Gelingen der Arbeit beigetragen haben. Hierbei möchte ich namentlich nennen insbesondere Frau Krüger und Kollegen in der Bibliothek und Monika Hirsch, Frau Eve-Marion Weiss und Frau Iris Winzrieth im Dekanat der Wirtschaftswissenschaftlichen Fakultät. Besonderer Dank gilt auch Frau Ulrike Maus für Lektorat und Layout.

Abschließend geht ein ganz besonders tief empfundener Dank an meine Familie für ihre tatkräftige aktive und passive Unterstützung; allen voran geht dieser Dank an meine Freundin Sanaz, die mich in jeder erdenklichen Weise unterstützt hat und die schon allein durch ihre Präsenz der Arbeit einen tieferen Sinn gegeben hat, sowie an meine Mutter, meinen Vater, meine Brüder und meinen Onkel, ohne die ich nicht die Möglichkeit gehabt hätte, die Arbeit anzufertigen.

Inhalt

Symbol- und Abkürzungsverzeichnis

§	Paragraph
%	Prozent
Abs.	Absatz
AGE	Allgemeines Grundeinkommen
ALG	Arbeitslosengeld
APF	Alaska Permanent Fund
BIFT	Basic Income Flat Tax
BSS	Basissteuersatz
d. m. H.	durchschnittliche monatliche Haushaltseinkommen
d. m. B. p. K.	durchschnittliche monatliche Bruttoeinkommen pro Kopf
EStG	Einkommensteuergesetz
et al.	(lat.) und andere
EVS	Einkommens- und Verbraucherstichprobe
f.	folgende
ff.	fortfolgende
GG	Grundgesetz
Hrsg.	Herausgeber
HWWI	Hamburgisches Weltwirtschaftsinstitut
IAB	Institut für Arbeitsmarkt- und Berufsforschung
IT	Informationstechnologie
ibid.	ibidem
IMF	International Monetary Fund

Jg.	Jahrgang
Nr.	Nummer
Mio.	Million/Millionen
Mrd.	Milliarde/Milliarden
OECD	Organisation for Economic Co-operation and Development
R$	brasilianische Reais
RFID	Radio Frequency Identification
SGB	Sozialgesetzbuch
SOEP	Sozio-oekonomisches Panel
TG	Transfergrenze
TGM	Transfergrenzenmodell
TVA	taxe à la valeur ajoutée
UEB	Unterstützen, Entlasten, Belasten
USD	United States Dollar
USA	United States of America
USBIG	United States Basic Income Guarantee
UStG	Umsatzsteuergesetz
vgl.	vergleiche
VGR	Volkswirtschaftliche Gesamtrechnungen
VAT	Value Added Tax

Abbildungsverzeichnis

Tabellenverzeichnis

Einleitung: Zielsetzung und Ergebnisse der vorliegenden Arbeit

Die vorliegende Arbeit setzt sich die folgenden sechs Ziele, die der Reihe nach in den Kapiteln 1 bis 6 verfolgt werden:

(1) Klärung der Begriffe GRUNDEINKOMMEN und BEDINGUNGSLOSES GRUNDEINKOMMEN sowie Skizzierung der historischen Entwicklung der mit diesen Begriffen verbundenen Ideen.

(2) Klärung, warum die Idee des Grundeinkommens parallel mit der Zunahme der Arbeitsteilung und der Automatisierung in der Wirtschaft immer mehr an Strahlkraft gewinnt.

(3) Begründung, warum eine kontinuierliche Stärkung der Konsumsteuer in der Form der Mehrwertsteuer bei gleichzeitiger Verringerung aller übrigen Steuern die Erfolgsaussichten der modernen Wirtschaft und die Möglichkeit zur Einführung eines Grundeinkommens wesentlich steigern würde.

(4) Analyse der Auswirkungen einer aus Teilen des Mehrwertsteueraufkommens gespeisten Einführung eines bedingungslosen Grundeinkommens auf den Arbeitsmarkt, der gegenwärtig weltweit kein Markt im Sinne der sozialen Marktwirtschaft ist, denn auf den aktuellen Arbeitsmärkten können die meisten dort agierenden Wirtschaftssubjekte nicht frei entscheiden.

(5) Kurze Beschreibung bisheriger Ansätze zur Finanzierung eines Grundeinkommens.

(6) Ermittlung der Kosten der Finanzierung verschiedener Arten und Höhen von Grundeinkommen.

Dabei werden der Reihe nach die folgenden Erkenntnisse beziehungsweise Ergebnisse gewonnen:

(1*) Die Verfassungen vieler Staaten betonen das Recht auf ein Leben in Würde. In einer arbeitsteiligen Volkswirtschaft ist – anders als in einer reinen Agrargesellschaft – das Leben des Einzelnen ohne die Nutzung bestimmter Leistungen anderer nicht (mehr) möglich. *Ein Leben in Würde setzt also ein finanzielles Einkommen voraus.* Wird dieses an Bedingungen geknüpft, so wird auch das Leben in Würde an Bedingungen geknüpft (DAHRENDORF (1986)). Der Begriff Grundeinkommen entstand im 20. Jahrhundert, die Idee eines allgemeinen Mindesteinkommens bereits lange davor. So garantierte beispielsweise die Verfassung des antiken Sparta zwischen 700 und 200 v. Chr. jedem Mitglied der Gesellschaft die lebensnotwendigen Güter, unabhängig von erbrachter Arbeitsleistung (WAGNER (2009, S. 4)). MORUS lässt im Jahr 1516 in der UTOPIA den Reisenden Hytlodeus dem Erzbischof von Canterbury die Einführung einer Einkommensgarantie empfehlen, da diese zur Bekämpfung der Kriminalität besser geeignet sei als die Todesstrafe. Eine Fülle berühmter Namen wie PAINE, FOURIER, CHARLIER, STUART MILL, WALRAS, GEORGE, POPPER-LYNKEUS und die Nobelpreisträger EINSTEIN, Physik 1921, RUSSELL, Literatur 1950, sowie für Wirtschaftswissenschaften: TINBERGEN, 1969, SAMUELSON, 1970, HAYEK, 1974, FRIEDMAN, 1976, MEADE, 1977, SIMON, 1978, und TOBIN, 1981, setzen sich im 20. Jahrhundert neben vielen anderen bedeutenden Wissenschaftlern wie GALBRAITH (Wirtschaftswissenschaften), LENK (Philosophie), FROMM (Psychologie) und DAHRENDORF (Soziologie, Politik) für ein Mindesteinkommen, Grundeinkommen oder bedingungsloses Grundeinkommen für alle ein und machen zum Teil auch Finanzierungsvorschläge. *Als wesentliche Erkenntnis kann man hier mitnehmen, dass die Gegner solcher Vorschläge erst einmal innehalten und sich ihr Menschenbild vor Augen halten sollten, bevor sie sich über die Vorschläge der oben genannten renommierten Wissenschaftler und Schriftsteller mokieren.*

(2*) Auch wenn es die Idee eines allgemeinen Mindesteinkommens schon lange vor Christi Geburt gab, die Idee des Grundeinkommens gewann erst richtig an Bedeutung und breitete sich erst dann immer schneller aus, als die Arbeitsteilung und die Automatisierung in der Wirtschaft immer größere Ausmaße annahmen. Der weitaus größte Teil der Wertschöpfung findet heute hochgradig arbeitsteilig statt. Nur noch zwei bis drei Prozent der Menschen in den Industrienationen leben und arbeiten in der Land- und Forstwirtschaft. Aber auch diese kaufen den größten Teil dessen, was sie für ihren Konsum benötigen, als Fremdleistung ein. Diese Fremdleistung ist von anderen erbracht. Das Prinzip der Arbeitsteilung in der Wirtschaft ist ein Miteinander-Füreinander-Leisten (WERNER (2004, S. 4 ff.)). Wegen der veränderten Leistungsbeziehungen im arbeitsteiligen Wirtschaftsleben stellt sich die Herausforderung: Die Besteuerung muss der Veränderung folgen, der Ort des Zugriffs der Besteuerung ist danach zu beurteilen, ob die jeweilige Steuer die Leistungsentfaltung hemmt oder nicht. Als Antwort auf diese Herausforderung bietet sich der *Übergang von den direkten Steuern und sonstigen Abgaben zur Konsumsteuer in der Form der Mehrwertsteuer* an.

(3*) Dieser Übergang führt für die Unternehmen zu einer *Verringerung der Kosten des Faktors Arbeit.* Denn wenn die Einkünfte aus Erwerbsarbeit immer mehr von Steuern und Abgaben befreit werden, verringern sich die Kosten der Unternehmen; deren zu bezahlende Bruttolöhne sowie Lohnnebenkosten fallen und entwickeln sich in Richtung der Nettolöhne. Der Produktionsfaktor Arbeit wird dann von verzerrenden Belastungen befreit. Der Keil, der durch eine hohe (Lohn- beziehungsweise Einkommen-)Steuer- und Abgabenlast zwischen Brutto- und Nettolöhne getrieben wird und so die Beschäftigung senkt, wird im Zuge eines Übergangs zur Konsum- beziehungsweise Mehrwertsteuer verkleinert. Bei hinreichend starkem Wettbewerb sinken mit den Kosten (siehe oben) der Unternehmen die Preise, die sie auf ihren Absatzmärkten erzielen können, das heißt: *Erhöhungen der Mehrwertsteuersätze führen nicht notwendigerweise zu Steigerungen des Konsumgüterpreisniveaus.* Offen bleibt zunächst, ob durch die Einführung eines Grundeinkommens das Beschäftigungsniveau steigt oder sinkt. Bei der Beantwortung dieser Frage spielt die Höhe des Grundeinkommens eine wichtige Rolle.

(4*) Die mögliche Höhe des Grundeinkommens hängt bei einer schrittweisen Umstellung des Steuer- und Abgabensystems auf nur noch eine Steuer, die Konsumsteuer in der Form der Mehrwertsteuer, entscheidend davon ab, wie viele Milliarden Euro die Mehrwertsteuer, die ja im Zuge der Umstellung zunehmend auch für alle übrigen Staatsaufgaben und -ausgaben herangezogen werden muss, für das Grundeinkommen bereitstellen kann. Es kommt also letzten Endes darauf an, welche Höhe an (Mehrwert-)Steuererträgen erreicht werden kann. Die Konsumsteuer als einzige Steuer hat aus dynamischer Sicht positive Wohlfahrtseffekte für alle Einkommensklassen. Diese Effekte entstehen beispielsweise durch die steuerliche Entlastung der Einkommen und der Unternehmenserträge und die damit verbundenen Vorteile für Investitionen, die wiederum zu einer Steigerung des Kapitalstocks führen (JOKISCH und KOTLIKOFF (2007)). Der Tatbestand der Schwarzarbeit wäre nach vollständiger Umstellung zur Mehrwertsteuer nicht mehr gegeben, denn der Lohn für die Arbeit unterliegt ja dann keinen Steuern und Abgaben mehr. Anders verhält es sich allerdings mit dem Tatbestand des Schwarzumsatzes. Dieser steigt jedoch nicht zwangsläufig mit Erhöhungen des Mehrwertsteuersatzes, denn das heute noch wichtige zweite Motiv der Hinterziehung der Mehrwertsteuer, gleichzeitig auch noch die Einkommensteuer zu hinterziehen, ist ja dann nicht mehr relevant. Neben den ökonomischen Begründungen ruht der Vorschlag einer konsumsteuerbasierten Neuordnung des Steuerwesens auf noch grundsätzlicheren Überlegungen (vgl. HARDORP (2001)). Die Konsumsteuer fragt nach HARDORP (2001, S. 5): „Was willst du mit der dir zugesprochenen Kaufkraft tun? Welchen Zielen wendest du dich mit ihr zu? Insofern richtet sie den Blick des Menschen auf seine Ziele als Möglichkeiten künftigen Lebens." Sie stützt so die menschliche Entwicklung und die Initiative des Einzelnen und fördert damit das Gemeinwohl. Im Übrigen kann sich bei gleichem Grundeinkommen für alle, gleichem Mehrwertsteuersatz für alle Konsumgüter und verschieden hohem Hinzuverdienst für alle eine *progressive* Steuerbelastungswirkung der Mehrwertsteuer ergeben; vgl. SCHMIDT und HÄNI (2008).

(5*) Eine *Reihe bisheriger Ansätze zur Finanzierung eines Grundeinkommens* werden hier kurz beschrieben, nämlich die von STRENGMANN-KUHN (2007), HOHENLEITNER und STRAUBHAAR (2008), FISCHER und PELZER (2007), ALTHAUS (2007a, 2007b und 2007c); siehe auch OPIELKA und STRENGMANN-KUHN (2007)), FRIEDRICH (2008a, 2008b, 2009a und 2009b), HAMMOND, KYDLAND sowie Ansätze zur Finanzierung von Grundeinkommen in Brasilien und den USA. Allen zur Finanzierung eines Grundeinkommens in Deutschland vorgestellten Modellen ist gemeinsam, dass sie sich überwiegend aus den *Einkommensteuer*einnahmen beziehungsweise deren Erhöhung finanzieren. Dass dies negative Auswirkungen auf die finanziellen Anreize zur Beschäftigungsaufnahme hat, sehen auch SCUTELLA (2004) und HOHENLEITNER und STRAUBHAAR (2008, S. 47). Es ist bemerkenswert, dass sowohl STRAUBHAAR (2007a) als auch FISCHER und PELZER (2007, S. 170) sowie OPIELKA und STRENGMANN-KUHN (2007, S. 33) die Bedeutung einer mit einem Grundeinkommen einhergehenden Umstellung zur Konsumsteuer anerkennen.

(6*) Nach den mehr oder weniger *qualitativen* Betrachtungen zum Grundeinkommen und zur Konsumsteuer beziehungsweise Mehrwertsteuer wird nun auf der Basis der vom Statistischen Bundesamt in Wiesbaden ermittelten Zahlen der Einkommens- und Verbrauchsstichprobe (EVS) für das Jahr 2003 *nume-*

risch gerechnet. (Die Zahlen der auf 2003 folgenden EVS, nämlich für das Jahr 2008, stehen noch nicht zur Verfügung). Die Kosten einer ganzen Reihe von Konzepten für bedingungsloses und bedingtes Grundeinkommen verschiedener Höhe werden ermittelt. Es stellt sich heraus, dass *diese Kosten zur Zeit fast alle um ein Vielfaches zu hoch sind, um kurzfristig*, das heißt innerhalb einer Legislaturperiode von vier Jahren *eines dieser Grundeinkommenskonzepte in Deutschland zu realisieren.*

Ziemlich exakt kann immerhin Folgendes berechnet werden: Wir ermitteln die Monatseinkommen einer Menge von Einkommensbezieher(inne)n. Im Sinne von PEN (1971) lassen wir sie gedanklich der Größe (Länge) nach geordnet antreten. Diese Größe (Länge) ist proportional der Höhe ihres Einkommens. In genau einer Stunde müssen sie alle an einer Tribüne vorbeimarschiert sein. Man spricht von PENs Parade. Die Tribünengäste gewinnen dabei, wenn in zunehmender Größe (Länge) marschiert wird, einen sehr guten Eindruck von der Ungleichheit der Verteilung der Einkommen der betreffenden Personen. Diese Personen stehen aufrecht und gestrafft, der Größe nach geordnet mit ihren Füßen auf der X-Achse eines rechtwinkligen X-Y-Koordinatensystems, und die höchsten Punkte ihrer Köpfe werden durch eine Kurve verbunden. Diese Kurve wächst streng monoton, wenn die kleinste Person über dem Nullpunkt der X-Achse steht. Die Funktion im X-Y-Koordinatensystem, deren Graph die Kurve ist, nennen wir f. Sie kann für Deutschland, wie gezeigt wird, sehr genau aus den Daten der Einkommens- und Verbrauchsstichprobe 2003 (EVS 2003) bestimmt werden.

Für die Frage der Kosten verschiedener Ansätze zur Finanzierung von Grundeinkommen ist ein Übergang von unserer Funktion f zur f entsprechenden Verteilungsfunktion *nicht* erforderlich; die Funktion f ist nämlich aufgrund ihrer Herleitung in einfachster Weise mit dem Problem der Kosten der monatlichen Nettoeinkommen der 80,8 Millionen Personen verknüpft, die in der EVS 2003 betrachtet werden. Und genau diese Kosten muss man detailliert kennen, wenn man die zusätzlichen Kosten berechnen will, die bestimmte Grundeinkommenskonzepte zur Folge haben. Insofern kommt es in der vorliegenden Arbeit, 38 Jahre nach der Veröffentlichung der Idee „PENs Parade", zu einer empirisch fundierten und erkenntnistheoretisch nützlichen Anwendung dieser Idee.

Die empirische Fundierung beruht darauf, dass die Funktion f aus Daten der EVS 2003 hergeleitet ist. Die nützliche Anwendungsmöglichkeit ist eine Folge der Tatsache, dass das Integral über f von x=0, x=80,8 Millionen, also graphisch gesehen der Inhalt der Fläche zwischen dem Teil der X-Achse von 0 bis 80,8 (Millionen) und dem Graphen von f, im Wesentlichen die Summe der monatlichen Nettoeinkommen aller 80,8 Millionen Personen in Millionen Euro darstellt.

Nach einigen weiteren Überlegungen ist es möglich, die Finanzierungskosten von Grundeinkommenskonzepten zu bestimmen. Hier und im Folgenden wird unter den (Netto-)Finanzierungskosten der Realisierung eines Grundeinkommenskonzepts die Geldsumme verstanden, die über die bisherige Summe aller Nettoeinkommen der privaten Haushalte einer Volkswirtschaft *hinaus* gebraucht wird, um die Ziele des Konzepts zu erreichen.

Allgemein gilt: Hat ein Grundeinkommenskonzept, gleich welcher Art, nach seiner Einführung die Konsequenz, dass der Graph der bisherigen (PENschen) Verteilungsfunktion f zum Graphen einer neuen (PENschen) Verteilungsfunktion h wird, also zum Graphen einer neuen PENschen Parade, dann berechnen sich die (Netto-)Finanzierungskosten des Konzepts im Falle von x=N Teilnehmern an PENs Parade zu

$$\int_0^N h(x)\,dx - \int_0^N f(x)\,dx.$$

Je genauer die Datenlage ist und je genauer die Funktionen f und h aufgrund der Datenlage bestimmbar sind und dann auch bestimmt werden, desto genauer gibt die obige Differenz die (Netto-)Finanzierungskosten des Konzepts wieder.

Am Schluss von Kapitel 6 werden für Deutschland vier verschiedene Verteilungsfunktionen h, h*, k, k* definiert, die allesamt die folgenden Eigenschaften haben:

(i) Alle in Deutschland, die gemäß der gegenwärtigen Verteilungsfunktion f über der Armutsgrenze liegen, *behalten ihr Nettoeinkommen* und bleiben dabei weiter über der Armutsgrenze,

(ii) alle in Deutschland, die gemäß der gegenwärtigen Verteilungsfunktion von f *unter der Armutsgrenze liegen, überschreiten gemäß der jeweiligen Verteilungsfunktion h, h*, k, k* die Armutsgrenze,*

(iii) der Übergang von f zu h, h*, k, k* *ist jeweils anreizkompatibel.*

Gleichzeitig macht die obige Differenz in den vier definierten Fällen der Verteilungsfunktionen h, h*, k, k* *weniger als 1,6 % beziehungsweise 1 % beziehungsweise 1,3 % beziehungsweise 0,7 % der Summe der monatlichen Nettoeinkommen aller privaten Haushalte in Deutschland aus,* und zwar selbst dann, wenn man für die verwaltungsmäßige Realisierung des von f zu h, h*, k, k* führenden Grundeinkommenskonzepts fünf Prozent Verwaltungskosten unterstellt.

Diese Ergebnisse besagen, dass kein nennenswerter Aufwand nötig ist, die Armut aus Deutschland zu verbannen. Dem Verfasser sind in der einschlägigen Literatur keine Erkenntnisse dieser oder ähnlicher Art bekannt.

1. Die Idee des Grundeinkommens und ihre historische Entwicklung

1.1 Existenzminimum, Kulturminimum, Grundsicherung

Als Existenzminimum werden jene Mittel bezeichnet, die ein Mensch zum physischen Überleben benötigt. In der Bundesrepublik Deutschland beinhalten die Regelleistungen des Arbeitslosengeldes (ALG) II Leistungen zur Sicherung des Lebensunterhalts. Diese umfassen die Kosten insbesondere für Nahrung, Kleidung, Körperpflege, Hausrat und Haushaltsenergie nach § 20, Absatz 1, und die Kosten für Unterkunft und Heizung nach § 22, Absatz 1, des Zweiten Sozialgesetzbuches (SGB II). Das soziokulturelle Existenzminimum, es wird auch als Kulturminimum bezeichnet, beinhaltet darüber hinaus ein Recht auf „Teilnahme am kulturellen Leben" (§ 20, Absatz 1, SGB II). Nach der geltenden Sozialstaatsauffassung wird das Existenzminimum als staatliche Leistung nur an jene ausgezahlt, die nicht über andere Einkünfte zur Sicherung ihrer Existenz verfügen. Dieses Prinzip kann als Prinzip der Grundsicherung bezeichnet werden.

1.2 Grundeinkommen, bedingungsloses Grundeinkommen

Die Verfassungen vieler Staaten betonen das Recht auf ein Leben in Würde. In der Bundesrepublik Deutschland ist dieses Recht in Artikel 1, Absatz 1 des Grundgesetzes (GG; 2006) wie folgt formuliert: „Die Würde des Menschen ist unantastbar. Sie zu achten und zu schützen ist Verpflichtung aller staatlichen Gewalt."

In einer reinen Agrargesellschaft wäre ein Leben in Würde auch ohne finanzielles Einkommen möglich (vgl. Abschnitt 2.1.1). In einer arbeitsteiligen Volkswirtschaft, in der das Leben des Einzelnen ohne die Leistungen anderer nicht (mehr) möglich ist, setzt ein Leben in Würde ein finanzielles Einkommen voraus. Wird der Bezug eines finanziellen Einkommens für ein Leben in Würde an Bedingungen geknüpft, so wird auch das Leben in Würde an Bedingungen geknüpft (DAHRENDORF (1986)). Es kann dann nur noch bedingt als verfassungsmäßig garantiert betrachtet werden.

Hierin liegt eine Ursache für die regelrechte Flut von Klagen gegen die bestehende Sozialgesetzgebung, namentlich Arbeitslosengeld II. Die Verfassungsmäßigkeit der finanziellen Ausstattung, insbesondere von Kindern, in der geltenden Gesetzgebung wurde im Jahr 2009 durch das Bundessozialgericht in Frage gestellt (BUNDESSOZIALGERICHT 2009). Auch stellen staatliche Kontrollen des privaten Wohnraumes Eingriffe in die Persönlichkeitsrechte der Bürgerinnen und Bürger dar. Wenn Bürgerinnen und Bürger Anwesenheitspflichten unterliegen, beschränken diese die individuelle Bewegungsfreiheit beziehungsweise Freizügigkeit und stellen damit ein weiteres Grundrecht in Frage (Artikel 11 GG und WERNER (2006, S. 37)).

Diese Entwicklungen legen nahe, eine finanzielle „Pufferzone" einzurichten, um möglicher Verfassungswidrigkeit und gesetzgeberischer Willkür im Rahmen der Sozialbürokratie („Regelungswut") vorzubeugen und die stetig wachsende Zahl unverschuldet in Not geratener Menschen hiervor zu schützen. Was können Familien und betroffene Einzelpersonen tun, falls sie sich in mehrjährigen Gerichtsverfahren gegen eine verfassungswidrige Sozialgesetzgebung zur Wehr setzen müssten und ihnen die bestehende Sozialgesetzgebung für diesen Zeitraum kein existenzsicherndes Einkommen zubilligt?

DAHRENDORF (1986) plädiert vor diesem Hintergrund für ein konstitutionelles Anrecht auf ein garantiertes Mindesteinkommen. Ob dieses Recht jedoch nur durch ein Grundeinkommen gesichert ist oder auch durch eine Grundsicherung im Bedarfsfall, ist umstritten. DI FABIO (2006) ist der Auffassung, das Grundgesetz dürfe nicht so verstanden werden, dass der einzelne a priori einen Anspruch auf Existenzsicherung habe. Die Folgen der Verknüpfung eines existenzsichernden Einkommens an die Erwerbsarbeit hat DAHRENDORF (1986) mit den Worten charakterisiert: „Dadurch setzt ein Prozess mit unabsehbaren Folgen ein. Eine Gesellschaft, die sich mühsam Staatsbürgerrechte für alle erobert hat, fängt an, mehr und mehr Menschen aus dem Genuss dieser Rechte herauszudefinieren, sie auszugrenzen [...]. Wenn es nicht zu den Grundrechten jedes Bürgers gehört, dass eine materielle Lebensgrundlage garantiert wird, dann zerfällt die Staatsbürgergesellschaft."

Das Grundeinkommen unterscheidet sich insofern von einer Grundsicherung, als es *allen* Bürgerinnen und Bürgern eines Gemeinwesens unabhängig von ihren sonstigen Einkünften ausgezahlt wird. VANDERBORGHT und VAN PARIJS (2006, S. 37 ff.) definieren es als

- Einkommen,
- das von einem politischen Gemeinwesen
- an alle Mitglieder individuell
- und ohne Gegenleistung

ausgezahlt wird. Der Verzicht insbesondere auf eine Gegenleistung und auf die Kontrolle sonstiger Einkünfte und Vermögenswerte macht aus einem Grundeinkommen ein bedingungsloses Grundeinkommen.

Der Begriff *Grundeinkommen* – auf Englisch *Basic Income* und auf Französisch *Revenu de Base* – entstand im 20. Jahrhundert, der Gedanke eines allgemeinen Mindesteinkommens bereits davor.

1.3 Die Idee des Grundeinkommens bis zum Beginn des 20. Jahrhunderts

Bereits die Verfassung des antiken Sparta zwischen 700 und 200 v. Chr. garantierte jedem Mitglied der Gesellschaft die lebensnotwendigen Güter, unabhängig von erbrachter Arbeitsleistung (WAGNER (2009, S. 4)). MORUS stellt im Jahr 1516 in der UTOPIA Überlegungen zu einem garantierten Einkommen an. Darin empfiehlt der Reisende Raphael Hytlodeus dem Erzbischof von Canterbury die Einführung einer Einkommensgarantie, da diese zur Bekämpfung der Kriminalität, etwa des Diebstahls überlebensnotwendiger Nahrungsmittel, besser geeignet sei als die Todesstrafe (MORUS (1516, Neuauflage 1983, S. 23 f.)). VIVES plädierte 1526 für eine öffentliche Fürsorge, da er sie für effizienter hielt als die private Armenhilfe. Für arbeitsfähige Bedürftige war nach seiner Vorstellung damit die Verpflichtung zur Arbeit verbunden. Im 17. und 18. Jahrhundert wurden öffentliche Armenhäuser eingerichtet, um die Gefahr von Revolutionen einzudämmen (VANDERBORGHT und VAN PARIJS (2005, S. 16 f.)). MARIE JEAN ANTOINE NICOLAS CARITAT, MARQUIS DE CONDORCET, dessen Name besondere Berühmtheit durch das CONDORCET-Paradoxon[1] erlangte, lässt sein Buch „Reflexionen über den Weizenmarkt" mit den Worten beginnen: „Das allen Mitgliedern einer Gesellschaft der Lebensunterhalt garantiert wird; zu jeder Jahreszeit,

---

[1] Das CONDORCET-Paradoxon ist in der Public-Choice-Theorie zu großer Bedeutung gelangt. Es beschreibt die paradoxe Situation in der Sozialwahltheorie, bei der eine Gruppe von drei Wählern die Alternative (Optionen oder zu wählende Personen) A der Alternative B vorzieht, die Alternative B der Alternative C und die Alternative C der Alternative A, und zwar als Folge von nichtparadoxen Vorlieben jedes Einzelnen der drei Wähler bezüglich A, B und C.

in jedem Jahr und wo auch immer sie leben mögen, [...] liegt im Interesse aller Nationen."[2]

1.4 Erste Überlegungen zur Finanzierung des Grundeinkommens

Einige Vordenker des Grundeinkommens schlagen zu seiner Finanzierung Erträge aus der Verpachtung öffentlichen Grundbesitzes vor. So lautete 1796 ein Vorschlag von PAINE, „allen Bürgern mit ihrem 21. Geburtstag aus einem nationalen Fonds einen Betrag von 15 Pfund Sterling als Entschädigung für die naturrechtlichen Ansprüche, die ihnen durch das System des Grundeigentums verloren gegangen sind, auszuzahlen. Darüber hinaus sollten alle Bürger ab dem 50. Lebensjahr jährlich eine Summe von zehn Pfund Sterling erhalten." PAINE führt weiter aus, dass „alle Personen darauf gleichermaßen ein Anrecht besitzen, ungeachtet ihres selbst erarbeiteten, ererbten oder anderweitig geschaffenen Vermögens." FOURIER war sich 1836 der grundlegenden Veränderungen bewusst, die die frühe industrielle Entwicklung mit sich gebracht hatte: Wandel von der Selbstversorgung zur Arbeitsteilung. „Da dieses erste Naturrecht – das Recht des Jagens, des Fischens, des Sammelns, des Weidens – in der Zivilisation verlorengegangen ist, muss diese für eine Entschädigung sorgen." (FOURIER (1836, Neuauflage 1967, S. 491)). CHARLIER prägte 1848 den Begriff „garantiertes Mindesteinkommen". Er äußerte zwar die Befürchtung, dass dieses als „Einladung zum Nichtstun" missverstanden werden könne, vertritt aber die Auffassung: „Die Müßiggänger müssen sich dann eben mit dem Lebensnotwendigen zufrieden geben." (CHARLIER (1894, S. 56)).

Auch JOHN STUART MILL setzte sich mit den Gedanken FOURIERS auseinander und interpretierte sie als „eine Rechtfertigung dafür, dass jeder, ob arbeitsfähig oder nicht, ein Anrecht auf eine Grundversorgung habe." (VANDERBORGHT und VAN PARIJS (2005, S. 25)). Nach FOURIERS Vorstellung sollte der Staat der einzige Eigentümer von Grundbesitz sein. Ein weiterer Befürworter dieses Vorschlags war LEON WALRAS (1896, Neuauflage 1990), der sich dafür aussprach, den Boden dem Staat zuzuerkennen, ihn jedoch durch die Vergabe privater Nutzungsrechte – etwa in der Form einer Erbpacht – in privatwirtschaftlicher Initiative bewirtschaften zu lassen. WALRAS sprach sich aus Effizienzgründen dafür aus, dass der Boden Eigentum des Gemein-

---

[2] "That all members of the society should have an assured subsistence each season, in each year and wherever they were living [...] is of the general interest of all nations".(CONDORCET 1776)

wesens sei. Durch die Belastung des Bodens mit laufenden Abgaben – an Stelle eines einmaligen Kaufpreises – wäre der Nutzer des Bodens zur beständigen Erzielung einer Rendite aus dem Boden gezwungen. Die Bodenerträge, die aufgrund der Knappheit des Bodens als natürlicher Ressource („Knappheitsrenten", also knappheitsbedingter, nicht leistungsbegründeter Renten) und nicht durch unternehmerische Wertschöpfung entstehen, würden auf diesem Wege in die Verfügung der Gemeinschaft als Eigentümer des Bodens gelangen. Die Rendite aus eigener Leistung und unternehmerischer Betätigung hingegen würden weiterhin beim Nutzer verbleiben; der finanzielle Anreiz für wirtschaftliche Betätigung bliebe somit erhalten. WALRAS (1896, Neuauflage 1990) schlug vor, die übrigen Steuereinnahmen durch die Einnahmen aus der Verpachtung des Bodens zu ersetzen: „Weil die persönlichen Fähigkeiten und ihre Produkte den Individuen gehören, muss der Staat den Boden besitzen und aus dessen Verpachtung die Mittel erhalten, die er braucht. Die Zuerkennung des Bodens an den Staat löst tatsächlich die Frage nach den Steuern." HENRY GEORGE (1880, erschienen in deutscher Sprache 1892, S. 12) untersuchte in diesem Zusammenhang die Frage: „Warum strebt der Lohn, trotz vermehrter Produktivkraft, nach einem Minimum, das nur zum bloßen Lebensunterhalt ausreicht?" Er gelangte zu dem Ergebnis, dass dies an einer Bodenordnung liege, in der Einzelne durch großen Grundbesitz eine Vormachtstellung gegenüber Anderen mit geringem oder keinem Grundbesitz einnehmen. Wie WALRAS plädierte er dafür, mit Hilfe von Einnahmen aus dem Boden die Ausgaben des Staates zu decken. Darüber hinaus schlug er vor, allen Frauen aus diesen Mitteln ein Grundeinkommen auszuzahlen.

Die Verstaatlichung des Bodens war eine wirtschaftspolitische Maßnahme in planwirtschaftlich organisierten Volkswirtschaften des 20. Jahrhunderts. Allerdings wurde der Boden durch den Staat bewirtschaftet. Dieses Experiment ist offensichtlich gescheitert. Nicht volkswirtschaftlich praktiziert wurde hingegen der WALRASsche Vorschlag einer privaten, marktwirtschaftlichen Bewirtschaftung von Boden, der sich im Besitz der Gemeinschaft befindet und für den der Staat aus der privaten Bewirtschaftung Pachterträge erzielt. Dass eine solche ordnungspolitische Maßnahme durchaus marktkonform und effizient gestaltet werden kann, zeigen die Erfahrungen in Hong Kong und in New York, wo sich der gesamte oder ein großer Teil des Grundbesitzes im Eigentum des Staates beziehungsweise einer öffentlichen Körperschaft (wie der Hafenbehörde in Manhattan) befindet.[3]

Die Diskussion über die Frage, ob ein Grundeinkommen aus den Erträgen einer solchen Bodenrente finanziert werden könnte, dauert an (CREUTZ (2006)).

1.5   Die Idee des Grundeinkommens seit Beginn des 20. Jahrhunderts

Im 20. Jahrhundert wurde die Idee einer garantierten Mindestversorgung zuerst von JOSEF POPPER-LYNKEUS in „Allgemeine Nährpflicht als Lösung der sozialen Frage" (1912) aufgegriffen. Der Mathematiker und Nobelpreisträger für Literatur (1950) BERTRAND RUSSELL spricht sich in „Wege zur Freiheit" („Roads to Freedom" (1918, Neuauflage 1966, erschienen in deutscher Sprache 1973)) für ein garantiertes Einkommen für alle aus, „ob sie arbeiten oder nicht". In Deutschland enthielt bereits die Weimarer Reichsverfassung „soziale Grundrechte mit Teilhabeansprüchen an den Staat" (SCHULTE (2006, S. 220)). Seit den Beobachtungen FOURIERS war die Industrialisierung und mit ihr die Arbeitsteilung und Automation weiter vorangeschritten, was für die „freigesetzten" Arbeitskräfte häufig mit dem Verlust des finanziellen Einkommens verbunden war. Dies wiederum hatte zu Armut und damit Perspektivlosigkeit weiter Teile der Bevölkerung geführt. ALBERT EINSTEIN schreibt 1934: „Derselbe technische Fortschritt, der an sich berufen wäre, den Menschen einen großen Teil der zu ihrer Erhaltung nötigen Arbeitslast abzunehmen, ist die Hauptursache des gegenwärtigen Elends. Es gibt deshalb Beurteiler, welche allen Ernstes die Einführung technischer Vervollkommnungen verbieten wollen! Das ist offenbar Unsinn. Wie aber kann auf vernünftigerem Weg ein Ausweg aus unserem Dilemma gefunden werden? Wenn es gelingen würde, auf irgendeinem Weg zu verhindern, dass die Kaufkraft der Masse unter ein bestimmtes Minimalniveau (in Warenwert gemessen) sinkt, so wären derartige Stockungen des wirtschaftlichen Kreislaufes, wie wir sie gegenwärtig erleben, unmöglich gemacht" (EINSTEIN (1934, Neuauflage 2005, S. 82). Eine Seite zuvor unterscheidet EINSTEIN zwischen tatsächlicher und scheinbarer Überproduktion. Letztere beschreibt er als eine wirtschaftliche Situation, in der „mehr

---

[3] Flächendeckend durchgeführt würde hierdurch auch dem Entstehen und Platzen so genannter „spekulativer Blasen" am Immobilienmarkt vorgebeugt.

produziert [als] verkauft werden kann, trotz Mangel an Konsumgütern bei den Konsumenten." (EINSTEIN (1934 Neuauflage 2005, S. 81)).

Mit JAN TINBERGEN prägt 1934 ein weiterer Nobelpreisträger (Wirtschaftsnobelpreis[4] 1969) und Wegbereiter der mathematischen Modellbildung und Ökonometrie den niederländischen Begriff „Basisinkomen" (VANDERBORGHT und VAN PARIJS (2005, S. 27)). In seinem Werk „Outline of an Economic Policy for a Labour Government" führt MEADE (1935), der 1977 den Wirtschaftsnobelpreis erhielt, den Begriff der „Sozialdividende" ein. HAYEK vertritt die Idee einer Mindestsicherung in „Der Weg zur Knechtschaft" („The Road to Serfdom" (1944, Neuauflage in deutscher Sprache 2003, S. 157)) und schreibt: „Es ist kein Grund vorhanden, warum in einer Gesellschaft, die einen Wohlstand wie die unsrige erreicht hat, nicht allen Menschen die Gewissheit [eines Existenzminimums] ohne Gefahr für die allgemeine Freiheit gewährleistet werden sollte." Ein Grundeinkommen in Form einer „Sozialdividende" bildet einen Bestandteil des „neuen Gesellschaftsvertrages", den RHYS-WILLIAMS (1943) für Großbritannien vorschlug.

In der zweiten Hälfte des 20. Jahrhunderts war es der spätere Wirtschaftsnobelpreisträger[5] FRIEDMAN, der sich mit der „negativen Einkommensteuer" – einem auf COURNOT (1838) zurückgehenden Begriff – für ein grundeinkommensähnliches Modell aussprach (1962, erschienen in deutscher Sprache 1971, S. 245 f.). Hierbei erhalten alle Bürger, die nicht über ein auskömmliches Einkommen verfügen, eine Zahlung aus Steuermitteln, gewissermaßen also eine „negative" Steuer, die in Bezug auf die Einkommensteuer als „negative Einkommensteuer" bezeichnet werden kann[6]. In einem Interview mit SUPLICY (2002, S. 270) bezeichnet FRIEDMAN das Grundeinkommen und die negative Einkommensteuer als Maßnahmen zur Sicherung eines Existenzminimums.

JAMES TOBIN, der 1981 den Wirtschaftsnobelpreis erhielt, vertrat 1965 die Idee eines garantierten Mindesteinkommens und legte gemeinsam mit PECHMAN und MIESZKOWSKI (1967) eine technische Analyse für die negative Einkommensteuer vor. Nach der Unterzeichnung einer Petition mit der Forderung nach ihrer Einführung durch 1.300 Ökonomen (GEBHARDT (1998, S. 23)) kam es zwischen 1968 und 1980

---

[4] Preis der schwedischen Reichsbank für Wirtschaftswissenschaften im Gedenken an Alfred Nobel.
[5] Im Jahre 1976 erhielt MILTON FRIEDMAN den Wirtschaftsnobelpreis.
[6] In Abschnitt 2.1 dieser Arbeit wird dieser Gedanke auf die Mehrwertsteuer übertragen und das Grundeinkommen in diesem Sinne als „negative Mehrwertsteuer" hergeleitet.

in Kanada und den USA zu mehreren Experimenten mit einer negativen Einkommensteuer. Zusammen mit SAMUELSON (Wirtschaftsnobelpreis 1970), GALBRAITH und weiteren US-Ökonomen forderte FRIEDMAN 1981, ein garantiertes Mindesteinkommen für alle US-Bürger einzuführen (SUPLICY (2002, S. 263 f.)). GALBRAITH veranschlagte zur Finanzierung eines Grundeinkommens für die USA Kosten in Höhe von 20 Mrd. US-Dollar (LUTHER KING (1967)).

ERICH FROMM befasst sich mit den psychologischen Aspekten eines garantierten Mindesteinkommens. Er spricht sich 1966 für eine bedingungslose – also insbesondere nicht an Erwerbsarbeit gekoppelte – Zahlung aus und vertritt die Auffassung, dass die Menschen auch nach der Einführung eines solchen Einkommens weiterhin arbeiten würden. DAHRENDORF plädiert, wie schon gesagt, für ein konstitutionelles Anrecht auf ein garantiertes Einkommen, das ebenso wenig an Bedingungen geknüpft sein dürfe wie alle übrigen Grundrechte: „Das garantierte Mindesteinkommen ist so notwendig wie die übrigen Bürgerrechte, also die Gleichheit vor dem Gesetz oder das allgemeine, gleiche Wahlrecht." (DAHRENDORF (1986)). DAHRENDORF wiederholte diese Forderung im Jahre 2008 in Anwesenheit von Bundespräsident KÖHLER in einem Vortrag anlässlich des 50jährigen Bestehens der Friedrich-Naumann-Stiftung und bekräftigte sie mit den Worten: „Die Gesellschaft der Freiheit, die ich suche, kennt einen Fußboden, auf dem alle stehen, eine rechtliche und sozialökonomische Grundposition, die niemandem verwehrt, ja die für alle geschaffen wird." (DAHRENDORF (2008)). Wie wichtig ein solcher Fußboden in der Form eines bedingungslosen Grundeinkommens dafür ist, dass die im Grundgesetz der Bundesrepublik Deutschland garantierten Grundrechte *jedem Einzelnen* zugute kommen, wurde von EICHHORN und dem Verfasser (2007) dargelegt.

Vor DAHRENDORF forderte bereits LENK in einer Reihe von Veröffentlichungen und Vorträgen (1976, 1983, 1985, 1994, 1999, 2006) die Einführung eines Grundeinkommens in einer Höhe deutlich über dem Existenzminimum, das sich an der wirtschaftlichen Leistungsfähigkeit der Volkswirtschaft orientieren müsse: „In einer industrialisierten, wohlhabenden Gesellschaft sollte es einen garantierten Mindestlebensstandard (eine Grundrente oder eine Unterhaltsgarantie), unabhängig von Erwerbsarbeit, geben. Der Betrag sollte, in Übereinstimmung mit der Leistungsfähigkeit der Wirtschaft und des Sozialsystems, deutlich über dem Existenzminimum liegen."[7] LENK weist zudem – über ökonomische und konstitutionelle Kategorien hinaus – auf den normativen Charakter der Forderung zur Einführung eines Grundeinkommens hin: „Wenn Wohlstandsgesellschaften eine Minimalgarantie annehmbaren Lebensstandards für ihre Mitglieder sichern können, so sollte dieses ein Gebot der Humanität sein." (1976, S. 18).

Neben DAHRENDORF traten andere Soziologen (zum Beispiel OPIELKA 1985 und VOBRUBA 2000 und 2006) mit der Forderung nach einem Grundeinkommen an die Öffentlichkeit. Besonders die Äußerungen des Präsidenten des Bundesverfassungsgerichts ZEIDLER (1984) sorgten für eine öffentliche Diskussion. MITSCHKE (1985) sprach sich für ein Bürgergeld in Form einer negativen Einkommensteuer aus. Im Jahr 1982 begann der Alaska Permanent Fund (APF) mit der Auszahlung einer Dividende in Form eines Grundeinkommens an die Einwohner des US-Bundesstaates Alaska (vgl. Abschnitt 5.6 sowie VANDERBORGHT und VAN PARIJS (2005, S. 36)). Diese Zahlung erfolgt bis heute an alle Einwohner in gleicher Höhe, unabhängig vom Alter der Empfänger und davon, ob sie einer Arbeit nachgehen. Der Fonds war im Jahre 1976 aus den Einnahmen der Erdölförderung Alaskas eingerichtet worden. Das Fondsvermögen ist diversifiziert investiert, und der APF zahlte im Jahr 2008 eine Dividende in Höhe von über 2.069 USD an jeden Einwohner (ALASKA PERMANENT FUND CORPORATION (2008)).

Anlässlich der Verleihung der Ehrendoktorwürde an JOHN KENNETH GALBRAITH im Jahre 1999 forderte dieser in einer Rede an der London School of Economics erneut die Einführung eines bedingungslosen Grundeinkommens (GALBRAITH (1999)). Auf Initiative des Wirtschaftsprofessors und Senators SUPLICY, Mitglied der 2006 wiedergewählten Regierung in Brasilien, wurde im Jahre 2004 die Einführung eines Grundeinkommens beschlossen und mit seiner Einführung im Jahre 2005 begonnen (SUPLICY (2006, S. 57)).

---

[7] „In an industrial, affluent society, there should be a guaranteed minimum social standard of living (a basic rent or guarantee of sustenance) for everyone, whether they are working or not. The amount should, in line with the performance of the economic and social system, considerably exceed the minimum necessary for survival." (1994, S. 90).

Die jüngere Entwicklung in der Diskussion über das Grundeinkommen in Deutschland setzte im Jahre 2005 ein. In diesem Jahr erschien das Buch „L'Allocation Universelle" von VANDERBORGHT und VAN PARIJS in deutscher Sprache unter dem Titel „Ein Grundeinkommen für alle?". WERNER (2005a) sprach sich im gleichen Jahr in einem Interview im Wirtschaftsmagazin *brand eins* sowie im Jahr 2007 in dem Buch „Einkommen für alle" für die Einführung eines bedingungslosen Grundeinkommens als Konsequenz aus der Arbeitsteilung aus. Er schlägt vor, es aus den Einnahmen der Mehrwertsteuer zu finanzieren.

2. Das Grundeinkommen als Konsequenz des arbeitsteiligen Wirtschaftslebens

Ausgangspunkt der Überlegungen zur Einführung eines bedingungslosen Grundeinkommens ist die Wahrnehmung der grundlegenden Veränderungen des Wirtschaftslebens seit Beginn der Industrialisierung. Vor Beginn der industriellen Entwicklung lebten und arbeiteten 80 bis 90 Prozent der Bevölkerung, auch der heutigen Industriestaaten, in der Landwirtschaft. Das Wirtschaftsleben war weitgehend Tätigkeit für die Selbstversorgung: Die Menschen lebten von den agrarischen Erzeugnissen, die sie in eigener Arbeit herstellten beziehungsweise ernteten und selbst weiterverarbeiteten. Die Selbstversorgung – das Leben von der eigenen Hände Arbeit – umfasste sogar die Errichtung der Wohnhäuser und Stallungen in Eigenarbeit. Beispielsweise lässt sich bei den „Amish People" in den USA diese Lebensweise noch bis heute beobachten. Handwerkliche Tätigkeiten wie etwa das Schusterhandwerk wurden zwar durchaus bereits „spezialisiert" erbracht; mit dem Spezialisierungsgrad der Industrialisierung lässt sich dies jedoch nicht vergleichen. Das Wirtschaftsleben insgesamt – und der weitaus größte Teil der Wertschöpfung – findet heute hochgradig arbeitsteilig statt. Nur noch zwei bis drei Prozent der Menschen in den Industrienationen leben und arbeiten in der Land- und Forstwirtschaft. Aber auch diese kaufen den größten Teil dessen, was sie für ihren Konsum benötigen, als Fremdleistung ein.

2.1 Das bedingungslose Grundeinkommen als negative Mehrwertsteuer

Das Prinzip der negativen Einkommensteuer geht in neuerer Zeit auf MILTON FRIEDMAN zurück. Er schlug bei niedrigen Einkommen als Ergänzung zu den progressiven Einkommensteuertarifen bei den höheren Einkommen eine negative Einkommensteuer vor. Die Bezeichnung „negativ" kann zu Irritationen führen, da eine solche Zahlung von den Empfängern als durchaus positiv empfunden wird. Es handelt sich hierbei um eine Zahlung aus Steuermitteln an jene Menschen, deren Einkommen unterhalb eines bestimmten Betrages liegt. FRIEDMAN (1962, S. 246) schlug vor, dass jede Bürgerin und jeder Bürger, die weniger als beispielsweise 600 US-Dollar Erwerbseinkommen im Monat erzielen, für jeden US-Dollar, den sie unterhalb von 600 US-Dollar liegen, 50 Cent „negative Einkommensteuer" aus Steuermitteln erhalten. Für Menschen, die über keinerlei Erwerbseinkommen verfügen, würde die negative Einkommensteuer als Transferzahlung 300 US-Dollar betragen. Der Vorschlag wird in dieser Arbeit aufgegriffen und auf die Konsum- beziehungsweise Mehrwertsteuer übertragen. Dies erscheint gerechtfertigt und vor dem Hintergrund der Entwicklungen in der Steuerpolitik in zahlreichen Ländern insofern als zeitgemäß, als die Konsum- beziehungsweise Mehrwertsteuer in den vergangenen 40 Jahren stark an Bedeutung für die Finanzierung öffentlicher Aufgaben gewonnen hat (vergleiche hierzu insbesondere auch Kapitel 4 dieser Arbeit). Der grundlegende Unterschied der Konsum- zur Einkommensteuer liegt darin, dass die Bemessungsgrundlage nicht mehr die Leistung und das individuelle Einkommen des Steuerzahlers, des Zensiten, ist, sondern dessen Konsumausgaben und damit im arbeitsteiligen Wirtschaftsleben die Inanspruchnahme der von anderen erbrachten Leistung. In der Anwendung erfordert es ein erhebliches Umdenken in Bezug auf die Struktur und Logik der Besteuerung (vgl. hierzu unten Abschnitt 4.1, insbesondere Abschnitt 4.1.4). Abbildung 2.1 zeigt einen einfachen Verlauf eines Konsum- beziehungsweise Mehrwertsteuertarifs.

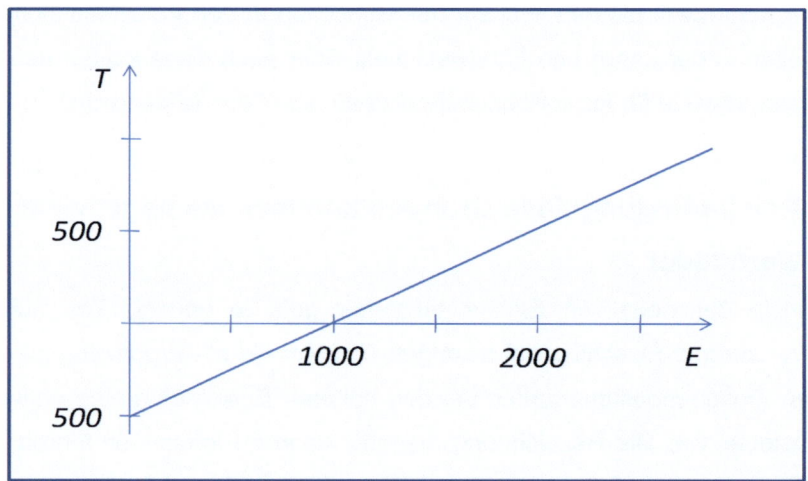

Abbildung 2.1: Besteuerungsverlauf bei einem einheitlichen Konsum- beziehungsweise Mehrwertsteuersatz von 50 Prozent und einem Grundeinkommen als negativer Konsum- beziehungsweise Mehrwertsteuer in Höhe von 500 Euro (T ist hierbei die individuelle Steuerbelastung bei einem Konsum- beziehungsweise Mehrwertsteuersatz von $\tau = 0{,}5$ in Abhängigkeit von den Konsumausgaben (Expenditure, E), beginnend mit einer „Negativsteuer" von 500 Euro bei Konsumausgaben in Höhe von Null Euro).

Wie aus der Abbildung 2.1 ersichtlich ist, beträgt die Negativsteuer bei einem Zensiten ohne Konsumausgaben 500 Euro. Bei Konsumausgaben in Höhe von 1000 Euro nimmt die Negativsteuer den Wert Null an. Bei Konsumausgaben von mehr als 1000 Euro wird aus dem Transfer eine Steuer*belastung*. Diese steigt dann weiter linear mit der Höhe der Konsumausgaben an (vgl. zur Progression in der Konsumbesteuerung auch unten Abschnitt 4.1.3).

In den folgenden Abschnitten 2.1.1 bis 2.1.4 wird die Idee der Konsumbesteuerung als Überbegriff zur Mehrwertsteuer aus der Arbeitsteilung hergeleitet.

2.1.1 Veränderte Leistungsbeziehungen im arbeitsteiligen Wirtschaftsleben

In der Zeit weitgehender realwirtschaftlicher Selbstversorgung musste ein einzelner Mensch oder ein Familienverband nur wenig hinzukaufen, das er zum Überleben benötigte. Das Handelsvolumen solcher Subsistenzwirtschaften ist daher – verglichen mit dem moderner Ökonomien – gering. Je mehr Arbeitsteilung in das Wirtschaftsleben Einzug hält, etwa durch Manufaktur und Industrialisierung, desto größer sind die Volumina, die an den Märkten gehandelt werden. Da der einzelne Mensch seine Wirtschaftsleistungen (produzierte Waren und Dienstleistungen) dann im Wesentlichen nicht für sich, sondern für seine Mitmenschen erbringt – dies ist für die Arbeitsteilung charakteristisch –, muss er seine Leistungen verkaufen, um im Gegenzug die Leistungen anderer erwerben zu können. Die Leistungserbringung kann hierbei von einem Einzelnen – etwa einem Ein-Mann-Handwerksbetrieb – oder von ganzen Konzernen geleistet werden. Das zugrunde liegende Prinzip ist stets ein Miteinander-Füreinander-Leisten (WERNER (2004, S. 4-8)).

2.1.2 Die Entwicklungen im Wirtschaftsleben erfordern eine zeitgemäße Form der Besteuerung

Jeder Marktteilnehmer leistet für andere. Wenn er seine Leistung verkauft, muss er die Kosten, die bei ihrer Herstellung angefallen sind, durch den beim Verkauf erzielten Preis decken. Dies gilt sowohl für die Kosten für den Erwerb von Vorleistungen als auch für die Kosten, die bei der Weiterverarbeitung anfallen, beispielsweise Lebenshaltungskosten der an der Weiterverarbeitung Beteiligten. Die Kosten für die gesamte erzielte Wertschöpfung tragen letztlich stets die Kunden als Empfänger ei-

ner Leistung. Der Preis, den die Endverbraucher (Konsumenten) für ein Produkt bezahlen, enthält aber nicht nur die Kosten sämtlicher Wertschöpfungsstufen, sondern
auch die relevanten Steuern und die Kosten der Finanzierung. Die Konsumenten
tragen alle diese Kosten beim Erwerb einer Leistung. In den Verbraucherpreisen sind
also stets auch die Steuern sämtlicher Produktionsstufen enthalten, und sie werden
von den Konsumenten *getragen* (HARDORP (2008, S. 161 ff.)).

An dieser Stelle könnte eingewendet werden, dass auch die Endkunden als Konsumenten das Geld, mit dem sie etwas kaufen, irgendwo her haben, dass es sich gewissermaßen um einen Kreislauf handelt und der Ort des Zugriffs der Besteuerung
somit zweitrangig ist. Tatsächlich kann die Geld- und Warenzirkulation als Kreislauf
aufgefasst werden. Für den Zugriff der Besteuerung ist auf jeden Fall zu unterscheiden, ob eine Steuer die Leistungsentfaltung hemmt oder nicht. Die folgende Abbildung 2.2 verdeutlicht, was hiermit gemeint ist.

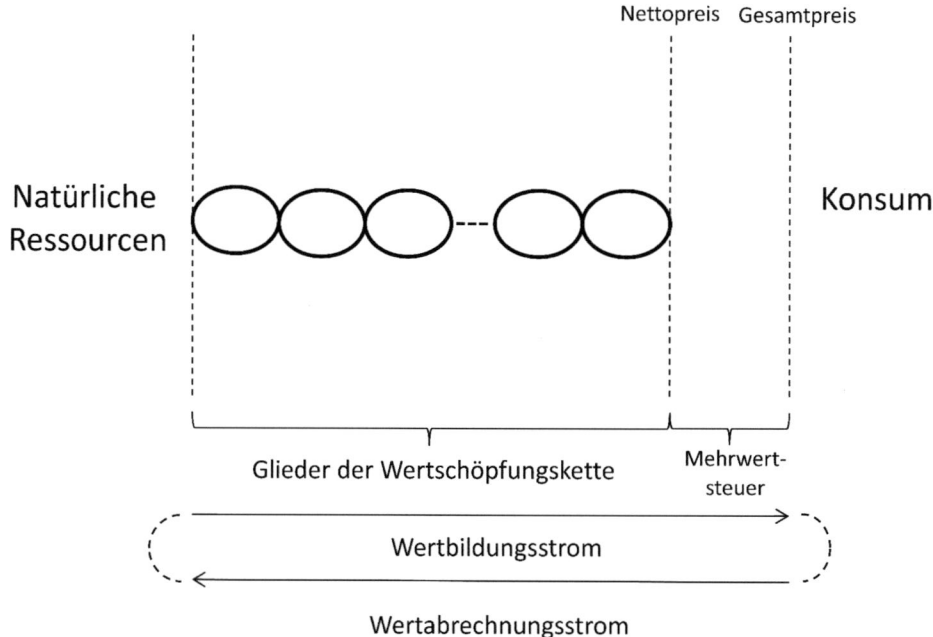

Abb.: 2.2: Schematische Darstellung einer Wertschöpfungskette mit Waren- und Geldkreislauf zwischen natürlichen Ressourcen beziehungsweise den an der Wertschöpfung Beteiligten und dem Konsum[8]

---

[8] Eigene Darstellung in Anlehnung an HARDORP (2006).

Bei dem Waren- und Geldkreislauf des arbeitsteiligen Wirtschaftslebens handelt es sich um einen Kreislauf mit einer bestimmten „Flussrichtung": Die auf der Grundlage natürlicher Ressourcen hergestellten Güter „fließen" unter Einwirkung menschlicher Arbeit und menschlichen Geistes zum Konsum (Wertbildungsstrom), die Geldmittel zu deren Abrechnung vom Konsum in entgegengesetzter Richtung (Wertabrechnungsstrom). Ähnlich wie beim Stromkreislauf kann im Wirtschaftsleben von Polen gesprochen werden. Hierbei handelt es sich jedoch nicht um Plus- oder Minuspol, wie bei der Elektrizität. Im Wirtschaftsleben könnte man von den Polen *Natur* (natürliche Ressourcen) und *Konsum* sprechen, zwischen denen eine „wertbildende" Spannung (STEINER (1922, Neuauflage 1996, S. 70)) entstehen kann, mit anderen Worten: zwischen denen Wertschöpfung stattfindet. Die Wertschöpfung führt gewissermaßen zu einem Ausgleich dieser Spannung: Die in der Natur vorliegenden Ressourcen werden mit Hilfe menschlicher körperlicher und geistiger Leistung zu konsumfähigen Gütern (Waren und Dienstleistungen) verarbeitet.

Der Begriff „Kreislauf" ist hierbei jedoch – wie in Abbildung 2.2 durch gestrichelte Halbkreisbögen angedeutet – nicht so zu verstehen, dass beispielsweise ein Teil des für den Konsum ausgegebenen Geldes zur Natur „fließt". Außer zu den Eigentümern natürlicher Ressourcen fließen die beim Absatz von Waren und Dienstleistungen erzielten Einnahmen als private Einkommen an alle am Produktions- beziehungsweise Wertschöpfungsprozess Beteiligten. Jeder Preis (einschließlich der in ihm enthaltenen Steuern) mal verkaufter Menge löst sich in private Einkommen der am Produktionsprozess Beteiligten auf (WERNER (2007, S. 178, 184 und 189 ff.)). Insofern fließt Geld an alle mittelbar (etwa Lehrer) und unmittelbar an der Wertschöpfung beteiligten Menschen. Privat treten die Menschen, die im Produktionsprozess Einkommen erzielt haben, sowie ihre Familien als Endkonsumenten in Erscheinung. Auf diese Weise ist der Kreislauf geschlossen.

Obwohl es sich um einen Kreislauf handelt – und letztlich jede Besteuerung eine Besteuerung des Konsums ist (vgl. Abschnitt 4.1) – ist der Ort des Zugriffs der Steuer von Bedeutung. Vor dem Hintergrund der in Abbildung 2.2 dargestellten Überlegungen kommen für die Steuererhebung vor allem drei Stellen in Frage: Die Stelle der natürlichen Ressourcen, die der Wertschöpfung (beispielsweise durch die Einkommensteuer) und die des Konsums (beispielsweise durch die Mehrwertsteuer). Greift die Steuer innerhalb des Wertschöpfungsprozesses ein wie beispielsweise die Einkommensteuer, hemmt sie die Entfaltung wirtschaftlicher Initiative und verzerrt sie

23

wirtschaftliche Entscheidungen. Das Wohl des Einzelnen ist in einer arbeitsteiligen Wirtschaft von der Initiative anderer abhängig. Wird diese durch das Steuersystem behindert, reduziert dies den gesamtgesellschaftlich realisierbaren Wohlstand. Dies liegt daran, dass bei realwirtschaftlicher Fremdversorgung (jeder lebt von den realen Leistungen anderer, vgl. nochmals WERNER (2004, S. 4 ff.)) das wirtschaftliche Wohl einer Gemeinschaft umso stärker wächst, je mehr der Einzelne seine Leistung für andere ohne Behinderung, beispielsweise durch das Steuersystem, erbringen kann.

Die Einkommensteuer stammt – historisch gesehen – aus der Zeit der Selbstversorgung (vgl. Abschnitt 2.1). In früheren Zeiten wurde beispielsweise der „Zehnte" als Steuer erhoben. Wer, etwa durch den Besitz großer Ländereien oder besonders fruchtbaren Bodens, am besten für sich selbst sorgen konnte – also hohe Ernteerträge erzielte –, der konnte auch leichter etwas zur Gemeinschaft beitragen als jemand, der nur über geringe Erträge verfügte. Durch die Arbeitsteilung erbringt heute der Einzelne seinen sozialen Beitrag in Form einer Leistung für andere. Diese Initiative kann durch das Steuersystem gefördert oder behindert werden.

Die Einkommensteuer führt dazu, dass der Einzelne einen Teil seines finanziellen Einkommens an die öffentliche Hand abgeben muss. Das kann nicht als eine die Initiative fördernde Art der Steuererhebung bezeichnet werden. Steuern erheben bedeutet in jedem Falle teilen, nämlich ein Aufteilen der gesamtwirtschaftlichen Wertschöpfung zwischen privatem Konsum und der Finanzierung öffentlicher Aufgaben (HARDORP (2003)). Eine im Mittelpunkt stehende Konsumbesteuerung würde diesen realwirtschaftlichen Sachverhalt, das realwirtschaftliche Teilungsverhältnis, fiskalisch transparent machen. Und sie hat nicht die Initiative hemmende Wirkung der Einkommensteuer. Dies bedarf vor dem Hintergrund der Inzidenztheorie in der Steuerlehre weiterer Ausführungen.

2.1.3 Zur Frage der Inzidenz beziehungsweise Belastungswirkung der Einkommensteuer und der Konsumsteuer

Die Inzidenztheorie befasst sich mit der Frage, wer die Lasten einer Steuer tatsächlich *trägt* (HOMBURG (2007, S. 91)). Diese Fragestellung ist auch für die vorliegende Arbeit von außerordentlich hoher Relevanz. Die DEUTSCHE BANK (DEUTSCHE BANK RESEARCH (2004)) weist darauf hin, dass beispielsweise anonyme Gebilde wie Unternehmen nicht Träger von Steuern sein können, sondern dass diese stets von natürlichen Personen getragen werden. Insofern könnte an dieser Stelle die Diskussion über die Besteuerung von Unternehmen beendet werden. Nicht beantwortet wird jedoch die Frage, *welche* natürlichen Personen, also beispielsweise Arbeitnehmer, Unternehmer oder Kapitaleigentümer, die Steuern tragen. Diesbezüglich gelangt die Inzidenzlehre zu der Feststellung, dass „die Last ein und derselben Steuer einmal gänzlich bei den Anbietern und einmal gänzlich bei den Nachfragern liegen" kann (HOMBURG (2007, S. 116 f.)). Wer beispielsweise die Last der Einkommensteuer trägt, hängt von der relativen Verhandlungsmacht von Arbeitgebern und Arbeitnehmern, also den Nachfragern und Anbietern von Arbeit ab. Insofern erscheint eine eindeutige Aussage hinsichtlich der Inzidenz einer Steuer schwer. Eine gänzlich andere, weitere Ebene, gewissermaßen eine Meta-Ebene, wird von HARDORP (siehe oben) angesprochen. Er betrachtet zur Unterscheidung dessen, wer eine Steuer zahlt und wer sie letztlich trägt, reale und nominelle Größen und differenziert einerseits zwischen der realen Wertschöpfung, die stets auf Grundlage natürlicher Ressourcen stattfindet und den Konsum zum Ziel hat, und andererseits dem diese Wertschöpfung abrechnenden Geldstrom. Eine solche Betrachtung ermöglicht das Verständnis für die Auffassung, dass 1.) jede Wertschöpfung – zumeist in mehreren Wertschöpfungsstufen erfolgend – letztlich auf den Konsum gerichtet ist, dass 2.) die Kosten der gesamten Wertschöpfung letztlich von den Konsumenten getragen werden und dass somit 3.) auch die im Wertschöpfungsprozess anfallenden Steuern von den Konsumenten *getragen* werden. Zu einer vergleichbaren Auffassung gelangt auch HOMBURG (2007, S. 91): „Normalerweise wird ein Konsument durch die Besteuerung zu einem Konsumverzicht gezwungen [...]". Diese Betrachtungsweise liegt den weiteren Ausführungen im Rahmen dieser Arbeit zugrunde.

Vor dem Hintergrund der Inzidenztheorie ergibt sich für die Einordnung der bisherigen Betrachtungen folgendes Bild: Jede Besteuerung schränkt die privaten Konsummöglichkeiten ein (vgl. Kapitel 4). Die Betrachtungen gehen jedoch in zweierlei Hinsicht über die Inzidenztheorie hinaus beziehungsweise beleuchten einen erweiterten Rahmen: Einerseits reflektieren sie den Wandel von der realwirtschaftlichen Selbstversorgung zur realwirtschaftlichen Fremdversorgung. Die Leistung des Einzelnen ist durch das arbeitsteilige Wirtschaften auf die Bedürfnisse der Mitmenschen gerichtet. Durch die zuvor zugrunde gelegte Überlegung, dass *auch die innerhalb des Wertschöpfungsprozesses anfallenden Steuern in den Preisen enthalten sind*, wird erkennbar: Eine Umstellung von der Einkommen- zur Mehrwert- beziehungsweise Konsumbesteuerung entlastet nicht nur den Leistungs*beitrag* des einzelnen Wirtschaftssubjektes von der Besteuerung. Sie macht auch das (Auf-)*Teilungsverhältnis* zwischen privaten Ausgaben und öffentlichen Aufgaben transparent. Das ist das Ergebnis, zu dem sowohl HARDORP als auch die Inzidenztheorie gelangen.

Zusammenfassend ist festzuhalten: Für einen Übergang der Besteuerungssysteme zur schließlich alleinigen Besteuerung des Konsums, das heißt zur Mehrwert- beziehungsweise Konsumbesteuerung spricht Folgendes:

1. Entlastung des Leistungs*beitrages* zur Wertschöpfung, stattdessen Belastung der Entnahme beziehungsweise *Inanspruchnahme* der Leistung (Konsum).

2. Herstellung der *Transparenz* der auch der Inzidenztheorie relevanten Auffassung von Steuern als Instrument zur Teilung der Wertschöpfung zwischen privaten Ausgaben (Konsum) und öffentlichen Aufgaben.

Es gibt einen weiteren Aspekt, der für eine Umstellung spricht: Die gegenwärtige Form der nominellen Einkommenbesteuerung differenziert Einkommensarten und führt zu unterschiedlichen Belastungen beispielsweise von Lohn- und Kapitaleinkommen. Anders gesagt: Wertschöpfungserträge durch den Kapitalstock werden anders belastet als Lohneinkommen aus Erwerbsarbeit. Dieser Umstand eröffnet einen breiten Raum für „Verteilungskämpfe" zwischen den Arbeitnehmern und den Kapitalhaltern. So wird der ‚soziale Frieden', der Zusammenhalt einer Gesellschaft gefährdet, der eine jener Grundlagen des Wirtschaftslebens ist, die die Wirtschaft „selbst nicht schaffen kann" (ZIMMERMANN (2009)). Nach der Umstellung wird das *gesamte* Wertschöpfungsergebnis besteuert, und zwar unabhängig vom jeweiligen Anteil von Arbeit und Kapital bei seiner Herstellung. Es gibt also einen dritten Grund für die Umstellung zur Mehrwertsteuer: Wegen der Orientierung der Mehrwertsteuer an der *Inanspruchnahme* der im Rahmen der arbeitsteiligen Wertschöpfung erbrachten Leistung gilt:

3. Fallen alle Steuern bis auf die Mehrwertsteuer weg, führt dies bei einheitlichem Mehrwertsteuersatz zur *einheitlichen Belastung aller Wertschöpfungsbeiträge*, gleich ob sie von Arbeit, Kapital oder Energie herrühren.

2.1.4 Die Mehrwert- beziehungsweise Konsumsteuer als zeitgemäße Form der Besteuerung

Die Konsumsteuer ist heute in vielen Ländern anzutreffen. In Deutschland existiert sie als Umsatz- beziehungsweise Mehrwertsteuer seit 1967. In Frankreich wird sie als taxe à la valeur ajoutée (TVA) bezeichnet, im angelsächsischen Raum gibt es sie unter der Bezeichnung Value Added Tax (VAT) oder Sales Tax (in den USA), und auch in zahlreichen Entwicklungs- und Schwellenländern ist sie mittlerweile anzutreffen (BIRD und GENDRON (2007)). Sie wird erst gezahlt *und* getragen, wenn der Wertschöpfungsprozess zum Ende gekommen ist. Erst dann hat die Wertschöpfung ihren wertmäßigen Höhepunkt erreicht und geht in den Konsum über. In den Zwischenstufen des Wertschöpfungsprozesses fällt die Mehrwertsteuer zwar zunächst auch an; sie kann aber vom jeweiligen Käufer auf dem Wege des Vorsteuerabzugs abgezogen werden (§ 15 Umsatzsteuergesetz (UStG)). Die Konsumsteuer führt zu einer gleichmäßigeren Besteuerung von inländischen und ausländischen maschinellen und menschlichen Wertschöpfungsleistungen – entsprechend deren jeweiligem Anteil an der Wertschöpfung.

Die Entfaltung von Initiative und Einsatz wird in einem Steuersystem desto weniger gehemmt, je größer die Steuereinnahmen aus der Mehrwertsteuer im Vergleich zur Summe der übrigen Steuereinnahmen sind.

2.1.5 Das Grundeinkommen als Steuerauszahlung oder „Negativsteuer"

Wenn keine Einkommensteuer mehr existierte, würde sich der Freibetrag für die Einkommensteuer erübrigen. Dieser stellt im gegenwärtigen Steuersystem das Existenzminimum (einkommen-)steuerfrei. Er bringt zum Ausdruck, dass gesellschaftlich unerwünscht wäre, wenn jemand ein Einkommen in Höhe des Existenzminimums hätte und dennoch „verhungern" müsste, weil der Staat ihm hiervon Steuern abzieht. In Analogie hierzu ist für ein reines Konsumsteuersystem in Form einer Mehrwertsteuer zu überlegen, wie die Steuerfreiheit des Existenzminimums hier erreicht werden kann. Dies kann in einem solchen Steuersystem durch die Auszahlung der für den Mindestkonsum anfallenden Ausgabensumme geschehen.

Wie hoch müsste der Mehrwertsteuersatz nach einer vollständigen Umstellung zur Mehrwertsteuer sein? Der Anteil des Staates am Volkseinkommen, das heißt der Staatsanteil in einer Volkswirtschaft, liegt in Deutschland gegenwärtig bei 48 Prozent (HOMBURG (2007, S. 18)). Dieser umfasst auch das Sozialbudget und wird aus der

Gesamtheit der Einnahmen aus Steuern und Sozialabgaben finanziert. Der Staatsanteil kann – von Verschuldung einmal abgesehen – nur aus den Einnahmen finanziert werden, die die öffentliche Hand und die Sozialversicherungsträger erzielen, also aus Steuern und Sozialabgaben. Die Kosten des Staatsanteils sind somit – der Logik der Kostenträgerschaft durch die Endkonsumenten oben aus Abschnitt 2.1.2 folgend – in den Preisen der für den Konsum erworbenen Güter und Dienstleistungen enthalten. Sie belaufen sich bei einer Staatsquote, also dem Anteil der staatlichen beziehungsweise staatlich bedingten wirtschaftlichen Tätigkeit an der gesamtwirtschaftlichen Leistung in einer Volkswirtschaft, von etwa 50 Prozent insgesamt auf die Hälfte des Volkseinkommens. Auf die Ebene des einzelnen Produktes übertragen bedeutet dies, dass der Preis hierfür zu 50 Prozent aus Steuern und Sozialabgaben besteht.[9] Bleibt der Staatsanteil bei 50 Prozent und fallen alle Steuern und Abgaben bis auf die Mehrwertsteuer weg, müsste der Anteil der Mehrwertsteuer an den Produktpreisen 50 Prozent betragen, damit die Staatseinnahmen aus Steuern und Abgaben bei 50 Prozent des Volkseinkommens bleiben. Der Mehrwertsteuersatz beliefe sich dann auf 100 Prozent. An dieser Zahl wird deutlich, dass eine Umstellung nur schrittweise vollzogen werden kann. Zunächst soll der Frage nachgegangen werden, wie hoch bei einem Mehrwertsteuersatz von 100 Prozent die auszuzahlende Mehrwertsteuererstattung für das Existenzminimum sein müsste.

Diese hängt von der Höhe des Existenzminimums ab. Das Prinzip kann an einem rechnerisch stark vereinfachten Beispiel veranschaulicht werden. Das Existenzminimum – also die Höhe des zum Überleben notwendigen Einkommens – ist von der gegenwärtigen Sozialgesetzgebung (SGB II) bei Arbeitslosengeld (ALG) II mit 359 Euro pro Monat (ohne Wohn- und Heizkosten) veranschlagt (BUNDESMINISTERIUM FÜR ARBEIT UND SOZIALES (2009, S. 171)). Das steuerliche Existenzminimum – der Freibetrag in der gegenwärtigen Steuergesetzgebung – liegt derzeit bei etwas unterhalb 650 Euro pro Monat[10]. Die Pfändungsfreigrenze – der Betrag also, der auch auf Grundlage von Ansprüchen aus schuldrechtlichen Verpflichtungen nicht gepfändet werden darf – liegt oberhalb von 900 Euro im Monat. Wie in Abschnitt 6 ausgeführt, wird für die vorliegende Arbeit ein Existenzminimum in Höhe von 650 Euro und ein

---

[9] Der genaue Prozentsatz kann für einzelne Güter, insbesondere für importierte Güter oder Vorprodukte variieren. Als durchschnittlichen Prozentsatz kann man aber die 50 Prozent ansetzen.
[10] 7.644 Euro jährlich, gem. § 32a Abs. 1 Satz 2 Nr. 1 EStG.

Kulturminimum, oder sozio-kulturelles Minimum, in Höhe von 900 angesetzt. Dann müsste bei einem Mehrwertsteueranteil an den Produktpreisen von 50 Prozent (entspricht einem Mehrwertsteuersatz von 100 Prozent) die Auszahlung 325 Euro betragen, um den *steuerfreien Erwerb* der lebensnotwendigen Güter (vgl. Abschnitt 1.1) zu gewährleisten. Dieses Prinzip entspricht der Übertragung der oben skizzierten Idee einer negativen Einkommensteuer von FRIEDMAN (1962, S. 264) auf die Mehrwertsteuer.

Ein Betrag von 325 Euro pro Monat würde nach der oben beschriebenen Systematik den steuerfreien Bezug der überlebensnotwendigen Waren und Dienstleistungen ermöglichen. Wer in diesem Beispiel ein Arbeitseinkommen in Höhe des Existenzminimums hat, also 650 Euro, erhält einen Mehrwertsteuerfreibetrag von 325 Euro ausgezahlt. Ihm stehen dann, bei additiver Auszahlung (vgl. unten Abschnitt 3.1), monatlich 975 Euro zur Verfügung. Diese Summe liegt sogar oberhalb des soziokulturellen Minimums. Wie steht es aber um jemanden, der arbeitslos ist und ein Einkommen von Null Euro hat? Wenn ihm der Mehrwertsteuerfreibetrag von 325 Euro ausbezahlt wird, reichen die nicht zum Leben, denn dazu sind in unserem Beispiel 650 Euro Grundeinkommen erforderlich. Dieses Dilemma kann wie folgt behoben werden: Für 1.300 Euro Ausgaben wird die Mehrwertsteuer, also 650 Euro ersetzt, also Existenzminimum als Mehrwertsteuerfreibetrag (als Grundeinkommen) ausgezahlt.

Mit anderen Worten: Es sind bei diesem Beispiel zwei Fälle zu unterscheiden. „Fall a" bezieht sich auf die Befreiung des Existenzminimums von Steuern, „Fall b" bezieht sich auf die *Auszahlung eines Grundeinkommens in Höhe des Existenz- oder Kulturminimums*. Während in Fall a lediglich der steuerfreie Bezug des Existenzminimums gewährleistet ist, sichert Fall b das Existenzminimum qua Auszahlung. In Fall a ist also Einkommen aus anderen Quellen, etwa Erwerbsarbeit, weiterhin zur Existenzsicherung erforderlich, in Fall b nicht. Von Fall a zu Fall b gelangt man, indem man den steuerbefreiten Betrag über das Existenzminimum hinaus erhöht, etwa um Kosten für höherwertige Nahrungsmittel beziehungsweise kulturelle Teilhabe. Indem ein höherer als der die bloße Existenz sichernde Betrag von der Steuer freigestellt wird, nähert sich Fall a Fall b an.

Übertragen auf die konkrete Situation der Lebenshaltungskosten in der Bundesrepublik Deutschland, wie sie den Berechnungen in Abschnitt 6 zugrunde liegen, bedeutet dies Folgendes: Weil in Fall a alle diejenigen verhungern würden, die weniger Lohn als das Existenzminimum in Höhe von 359 Euro beziehen, kann in der Perspektive zur Existenzsicherung Fall b angestrebt werden. Fall b stellt sich wie folgt dar: Wie in Abschnitt 6.8 genauer ausgeführt, wird mit einem Grundeinkommen in Höhe von 900 Euro die Armutsgrenze deutlich überschritten. Würde ein Grundeinkommen, der Logik aus Abschnitt 2.1.5 folgend, nach völliger Umstellung zur Mehrwertsteuer 900 Euro betragen, würden hierdurch Konsumausgaben in Höhe von 1800 Euro von der Mehrwertsteuerlast befreit. Für Ausgaben von 1.800 Euro pro Monat (in Bruttopreisen) wird mithin die darin enthaltene Mehrwertsteuer für alle erstattet. Durch eine Zahlung in dieser Höhe lägen die Einkünfte aller Menschen in Deutschland oberhalb der Armutsgrenze.

Unser Beispiel wurde für den Fall einer vollständigen Umstellung zur Mehrwertsteuer gewählt. Mit einiger Begründung jedoch kann schon im gegenwärtigen Steuersystem die Frage nach einer negativen Mehrwertsteuer gestellt werden. Die Einnahmen aus der Lohnsteuer als größtem Einzelposten der Einkommensteuer lagen im Jahr 2008 bei 141,895 Mrd. Euro, das Steueraufkommen aus der Mehrwertsteuer (Umsatzsteuer und Einfuhrumsatzsteuer) belief sich im gleichen Zeitraum auf 175,989 Mrd. Euro (BUNDESMINISTERIUM DER FINANZEN (2009)). Somit könnte gefragt werden: Mit welcher Berechtigung „vergisst" ein Gemeinwesen einen „Freibetrag" für jene Steuer, über die es als Staat das höchste Steueraufkommen erzielt? An dieser Stelle könnte die Frage nach dem Sinn und Unsinn von Steuerfreibeträgen gestellt werden. Als unsozial könnte der Freibetrag in der Einkommensteuer gelten. Denn hierbei haben diejenigen einen Vorteil, die über (hohe) Einkommen verfügen, während diejenigen, die ohne Einkommen sind, keinerlei Nutzen haben. Steuerfreibeträge in der Einkommensbesteuerung können die Leistungsgerechtigkeit eines Steuersystems verbessern. Wie leistungsgerecht wäre demzufolge ein Steuersystem ohne Einkommensbesteuerung?

2.1.6 Wohlfahrtswirkungen von Steuern und von aus Steuern finanzierten Grundeinkommen

Werden in einer Volkswirtschaft sowohl die privaten Haushalte als auch die Unternehmen besteuert, um aus den Steuereinnahmen

i) wichtige Staatsaufgaben (das heißt insbesondere Investitionen in Infrastruktur und öffentliche Güter) und

ii) ein Grundeinkommen für unter der Armutsgrenze liegende private Haushalte

zu finanzieren (vgl. Kapitel 6), so ergeben sich daraus unter gewissen realistischen Annahmen positive Wohlfahrtswirkungen für die Volkswirtschaft als Ganzes.

BARBIE, LINDNER und PUPPE (2007, S. 35) haben demgegenüber in einem „einfachen Beispiel", das „selbstverständlich kein abschließendes Urteil über ein bedingungsloses Grundeinkommen liefern soll und kann", gezeigt, „dass ein bedingungsloses Grundeinkommen im einfachst möglichen ökonomischen Modell unzweideutig negative Wohlfahrtswirkungen nach sich zieht." Die Annahmen A.1 bis A.3 des Modells lauten:

A.1: „Wir betrachten einen repräsentativen Haushalt, der Standardpräferenzen über Konsum und Freizeit hat."

A.2: „Die Erstausstattung des Haushalts besteht aus der ihm zur Verfügung stehenden Zeit f'. Ist f die Freizeit, die er tatsächlich konsumiert, so arbeitet er f'-f Zeiteinheiten und erhält bei dem auf 1 normierten Arbeitslohn also f'-f Geldeinheiten."

A.3: „Der Preis des Konsumgutes sei p", die Quantität des Konsumgutes sei c. Wenn der Preis p *konstant* ist und die Präferenzen *streng* konvex sind, das heißt die zugrunde liegende Nutzenfunktion u(c,f) *streng* konkav ist für c>0, f>0, dann hat das Haushaltsproblem der Nutzenmaximierung eine eindeutige Lösung. Diese wird von den Verfassern graphisch bestimmt und mit (c*, f*) bezeichnet.

Die Verfasser betrachten anschließend ihr Haushaltsproblem „in der Situation mit Grundeinkommen … Der Haushalt muss nun für eine Einheit des Konsumgutes einen Preis von p·(1+s) zahlen." Dabei ist s der Mehrwertsteuersatz. Wegen der Preissteigerung „erhält der Haushalt das Grundeinkommen, also einen Transfer in Höhe von T." Die Lösung des neuen Haushaltsproblems ist ebenfalls eindeutig, wird graphisch bestimmt und mit (c**, f**) bezeichnet. Wenn der Staat das Grundeinkommen T genau aus dem Mehrwertsteueraufkommen psc** bestreiten muss, muss der Mehrwertsteuersatz s so gewählt werden, dass T=psc**.

Der graphischen Lösung des neuen Haushaltsproblems entnimmt man: Die Lösung (c**, f**) liegt auf einem niedrigeren Nutzenniveau als die Lösung (c*, f*) des ursprünglichen Haushaltsproblems. In dem aus den drei Annahmen A.1, A.2 und A.3 bestehenden Modell gilt also: „Der Haushalt wäre besser gestellt, wenn er kein Grundeinkommen erhalten würde und dafür weniger Mehrwertsteuer zahlen müsste."

Nach Kenntnisnahme dieses überzeugenden Ergebnisses hätten die Überlegungen der vorliegenden Arbeit eingestellt werden müssen, *wenn* das von BARBIE, LINDNER und PUPPE (2007) behandelte Modell die gegenwärtige Situation der entwickelten Volkswirtschaften unseres Globus widerspiegeln würde. Dem ist aber nicht so, wie aus a) und b) hervorgeht.

a) In den entwickelten Volkswirtschaften wie zum Beispiel den USA, Japan, Deutschland, Großbritannien, Frankreich und Italien gibt es jeweils Millionen von privaten Haushalten, die die ihnen zur Verfügung stehende Zeit f' (siehe A.2) *vollständig* konsumieren *müssen*, weil sie keine bezahlte Arbeit finden. Diese haben also nicht freie Wahl zwischen den Größen f (Freizeit) und c (Konsum(gutquantität)).

b) Die Einführung eines repräsentativen Haushalts wie in A.1, der im Rahmen der möglichen Arbeitszeit f'-f, also des Arbeitslohns, und des Preises p des Konsumguts freie Wahl zwischen der Freizeit f und der Konsumgutquantität c hat, passt somit nicht.

Aber was passt denn dann? Ein detailliertes Modell, das aber gerade noch einfach genug ist, um aus dem zugrunde liegenden Annahmensystem klare Schlussfolgerungen in puncto Wohlfahrtswirkungen ziehen zu können, wie das BARBIE, LINDNER und PUPPE (2007) aus ihrem Annahmensystem A.1, A.2 und A.3 gelungen ist? Ein solches Modell wäre wünschenswert, wird aber in der vorliegenden Arbeit (noch) nicht vorgestellt. Stattdessen wird im Folgenden eine Fülle von Gesichtspunkten und Überlegungen zur Debatte gestellt, die in einem solchen Modell zu berücksichtigen wären. Das sind Gesichtspunkte und Überlegungen

- zur Begründung eines Grundeinkommens bzw. bedingungslosen Grundeinkommens (siehe unten 2.2),

- zum Arbeitsmarkt und zu Auswirkungen eines Grundeinkommens auf den Arbeitsmarkt (siehe Kapitel 3),

- zum Steuer- und Abgabensystem mit Blick nicht nur auf Verteilungs- sondern auch auf Anreizwirkungen bei Systemänderungen und Grundeinkommenseinführung (siehe Kapitel 4),

- zu bisherigen Ansätzen zur Finanzierung eines Grundeinkommens (siehe Kapitel 5),

- zu eigenen Ansätzen zur Finanzierung von Grundeinkommen aus quantitativer, mathematisch-statistischer Sicht (siehe Kapitel 6).

2.2 Nicht-steuerliche Überlegungen zur Begründung eines bedingungslosen Grundeinkommens

2.2.1 Das bedingungslose Grundeinkommen als partieller Ersatz der rückläufigen „alten" Produktionsarbeit als Einkommensbringer

Die zunehmende Arbeitsteilung und Spezialisierung ermöglicht eine Standardisierung und Automatisierung immer weiterer Teile der Wertschöpfung. Durch Automation wird menschliche Arbeit produktiver. Ein gegebenes Wertschöpfungsergebnis kann hierdurch mit geringerem Einsatz menschlicher Arbeit erzielt werden (siehe unten). Damit stellt sich die Frage: Wenn die Arbeit als Produktionsfaktor mehr und mehr durch den Kapitalstock substituiert wird, wie kann dann über sie genügend Einkommen für weite Teile der Bevölkerung erzielt werden? Droht dann nicht zunehmende Verarmung jener Bevölkerungsteile, die aufgrund der Automation ihre Arbeitsstelle und damit ihren „Einkommensplatz" verlieren? Wie kann dann die kaufkräftige Nachfrage der Bevölkerung aufrecht erhalten werden? Die im Grunde segensreiche Wirkung technischen Fortschritts – die Befreiung des Menschen von schwerer und unangenehmer Arbeit – wird möglicherweise hierdurch beinahe in ihr Gegenteil verkehrt und von einem immer größeren Teil der Menschen als Bedrohung empfunden. Vor diesem Hintergrund fragte EINSTEIN (1934, Neuauflage 2005,

S. 82 f.), wie bereits in Abschnitt 1.5 erwähnt, ob es nicht eine Möglichkeit gebe, die Kaufkraft der Bevölkerung trotz technischen Fortschritts zu erhalten.

Dass im Grundeinkommen eine solche Möglichkeit liegen könnte, bedarf einer weiteren Ausführung vor dem Hintergrund der neoklassischen Wachstumstheorie. Diese besagt nach dem SOLOW-Modell (SOLOW (1956) und INTERNATIONAL MONETARY FUND (IMF; 2005, S. 108), dass die Leistung einer (geschlossenen) Volkswirtschaft steigt, wenn die Produktivität der Wertschöpfung dank technologischen Fortschritts steigt. Dies bedeutet, vereinfacht gesagt: Wenn in Periode t die Arbeits- beziehungsweise Wertschöpfungsleistung 100 Einheiten (Wirtschaftsgüter) beträgt und die Produktivität in diesem Zeitraum um 10 Prozent steigt, beträgt der wirtschaftliche Output in der nächsten Periode $t + 1$ bei gleicher Arbeitsleistung 110 Einheiten (vgl. hierzu grundsätzlich MANKIW (2003, S. 244 ff.)). So führen Produktivitätsfortschritte zu steigendem Wohlstand oder zu geringerer erforderlicher Arbeitsleistung für gleichbleibendes Wohlstandsniveau. Es wird unterstellt, dass bei steigender Leistungsfähigkeit und Leistung auch die kaufkräftige Nachfrage steigt. Was aber, wenn in einer Volkswirtschaft trotz steigender Wirtschaftleistung das Reallohnniveau sinkt oder wenn bei steigender Produktivität, etwa über lange Zeiträume im 20. Jahrhundert, die Zahl geleisteter Arbeitsstunden sinkt (SCHILDT (2006))? Die rückläufige Nachfrage der Unternehmen nach Arbeitsleistung kann bei gleichbleibendem Angebot an Arbeitsleistung zu einem sinkenden Lohnniveau führen und damit dazu, dass trotz grundsätzlich gegebener zusätzlicher Wertschöpfungsmöglichkeit die Wirtschaftsleistung nicht zunimmt, weil die potentiellen Abnehmer nicht mit genügend Kaufkraft ausgestattet sind oder die Kaufkraft der Arbeitsleister sogar rückläufig ist (vgl. oben Abschnitt 1.5 und EINSTEIN (1934, Neuauflage 2005, S. 81)). Diese Art beziehungsweise Wirkung des technologischen Fortschritts ist *arbeitsvermindernd*. Als arbeitsvermindernd beziehungsweise arbeitssparend gilt technologischer Fortschritt dann, wenn er die Grenzproduktivität der Arbeit weniger erhöht als die Grenzproduktivität des Kapitals (GABLER (1997, S. 3724)).

Im gegenwärtigen Wirtschaftsleben sind Arbeit und Einkommen auf der Ebene der realen Wirtschaftsbeziehungen bereits nahezu vollständig entkoppelt. Denn, wie bereits gesagt, durch die Arbeitsteilung sind die *realen Erzeugnisse* der eigenen Arbeit nicht mehr identisch mit den *real konsumierten Erzeugnissen* – anders als in der

Selbstversorgungswirtschaft (vgl. oben Abschnitte 2.1.1 und 2.1.2). Die Entkopplung von Arbeit(serzeugnis) und (konsumiertem) Einkommen ist also *realwirtschaftlich* bereits vollzogen. Geld war und ist das finanzielle Bindeglied, damit im arbeitsteiligen Wirtschaftsleben Arbeit bezahlt und Leistungen gekauft werden können. Aufgrund weiter voranschreitenden Fortschritts und der damit verbundenen Arbeitsersparnis erhalten im gegenwärtigen Wirtschaftsleben jedoch immer weniger Menschen Zugang zu einem Einkommen. Zunehmend wird Arbeit ohne (auskömmliches) Einkommen geleistet (vgl. WERNER, HÄUßNER und PRESSE (2008, S. 18)). Wird das Existenzminimum bedingungslos ausbezahlt, und zwar unabhängig davon, ob bezahlte Arbeit gegeben ist oder nicht, erhielten die Menschen alle ein auskömmliches Einkommen (als Voraussetzung für ein Leben in Würde, vgl. oben Abschnitt 1.2 und unten Abschnitt 2.2.4). Durch die Reduzierung der Einkommensteuer würde der Anreiz zur Aufnahme von Arbeit, ja sogar von geringer bezahlter Arbeit steigen (vgl. Abschnitt 2.1).

Der zunehmenden realwirtschaftlichen Entkopplung der Produktion von der Arbeit entspräche eine partielle Entkopplung auch des nominellen Einkommens von der Arbeit. Das Grundeinkommen kann den Einstieg in eine solche partielle Entkopplung ermöglichen. Diese erscheint geboten, wenn einfache menschliche Arbeit aufgrund technischen Fortschritts immer weniger in der industriellen Produktion benötigt wird und ihr Wert hierdurch fällt, für sie also immer geringere Preise – Löhne – erzielt werden.[11]

Zahlreiche und immer zahlreichere Tätigkeiten lassen sich heute automatisieren. Hierzu zählen auch Tätigkeiten, für die dies bis vor kurzem als undenkbar galt. Ein Beispiel ist der Betrieb öffentlicher Verkehrsmittel. So sind im öffentlichen Personennahverkehr (U-Bahn) in Nürnberg sowie an den Flughäfen in Frankfurt am Main und London (Heathrow) Verkehrssysteme im Einsatz, die ohne Zugführer betrieben werden. Auch Kassiertätigkeiten zählen heute bereits zu den vollständig automatisierbaren Tätigkeiten. Sie können mit Hilfe des Einsatzes von Radio Frequency Identification (so genannten RFID-Chips) automatisiert werden. Es gibt Ansätze, die Entsorgung von Hausmüll ganz oder teilweise zu automatisieren. So sind immer mehr

---

[11] Für nach- beziehungsweise nicht-industrielle „Produktion" wird menschliche Arbeit weiterhin, und sogar in stärkerem Maße, benötigt. Hierfür gelten jedoch andere Kriterien der Einkommenszumessung als in der industriellen Produktion; vgl. hierzu den folgenden Abschnitt 2.2.2.

Müllfahrzeuge im Einsatz, bei denen nicht mehr ein Mensch sondern ein maschineller Greifarm die am Straßenrand stehenden Mülltonnen erfasst und in das Müllfahrzeug entleert. Diese Müllfahrzeuge benötigen zum Betrieb nur noch den Fahrer. Ein deutscher Automobilkonzern arbeitet gegenwärtig an der Entwicklung einer automatisierten Fahrzeugsteuerung. Mit Hilfe einer solchen Steuerung kann in der Zukunft auch der Fahrer des Müllfahrzeuges „eingespart" werden. Die „Wertschöpfung" der Müllentsorgung findet dann weiter statt, allerdings ohne Fahrer und ohne die Zahlung seines Erwerbseinkommens. Das Nachrichtenmagazin „Spiegel" berichtet diesbezüglich in seiner Online-Ausgabe von einem Feldversuch in der automatischen Abfallentsorgung seit März 2009, bei dem auf Bestellung per SMS die Müllabfuhr und Straßenreinigung übernommen werden (SPIEGEL (2009)). Auch die Spargelernte ist ein Beispiel eines noch für sehr personalintensiv gehaltenen Bereichs. Mit Hilfe eines Spezialfahrzeugs namens „Panther" (THOMAS (2008)) lässt sie sich heute fast vollständig – mit Ausnahme des Fahrzeugführers – automatisieren. Diese Aufzählung könnte fortgesetzt werden und macht deutlich, dass der Rahmen der automatisierbaren Tätigkeiten fortlaufend erweitert wird.

Der Einwand, dass durch die Entwicklung und Produktion arbeitssparender technischer Anlagen Arbeitsplätze geschaffen werden, ist zwar richtig, doch ist die Zahl der dadurch wegfallenden Arbeitsplätze erheblich höher. Ein Beispiel, das über die Grenzen der europäischen Volkswirtschaft hinaus geht, ist die Möglichkeit der weitgehenden Automation der Kohleförderung in der Volksrepublik China. Diese ließe sich mit Hilfe insbesondere deutscher Technologie in einer Weise automatisieren, dass Millionen chinesischer Grubenarbeiter von schwerer und oft lebensgefährlicher[12] Arbeit befreit werden. Am Ende eines Berichts hierüber im Wirtschaftsmagazin „Wirtschaftswoche" heißt es: „Aber was machen die Chinesen dann mit ihren über drei Millionen Grubenarbeitern?" (WILDHAGEN (2005)). Anders gesagt: Die Knüpfung von Einkommen ausschließlich an Erwerbsarbeit behindert nicht nur technischen Fortschritt. Sie kostet dort, wo sie mit körperlichen Risiken verbunden ist und mit Hilfe vorhandener Technologien überwunden werden könnte, Menschenleben. Für die reine Wertschöpfung durch Kohleförderung ist unerheblich, ob sie automatisiert oder durch unmittelbare menschliche Arbeit vor Ort erzielt wird. Über die Art der Einkom-

---

[12] Im ersten Halbjahr 2005 kamen in China 2672 Bergleute bei Grubenunglücken ums Leben (WILDHAGEN (2005)).

menszumessung muss aber vor dem Hintergrund der technischen Möglichkeiten grundsätzlich neu nachgedacht werden.

Der Fortschritt durch die technologischen Entwicklungen wird von nicht wenigen wegen der dabei wegfallenden Arbeitsplätze als Rückschritt gesehen. Eine Frontbildung gegen den technischen Fortschritt wäre jedoch nicht sinnvoll (vgl. erneut EINSTEIN (1934, Neuauflage 2005, S. 82)). Wo aber kann sonst eine Lösung für das Dilemma des durch Automation ausbleibenden Erwerbseinkommens gesucht werden? Möglicherweise in der Überwindung der ausschließlichen Kopplung des Einkommens an Erwerbsarbeit (HARDORP (1994, S. 61 ff.)). Die Begründung hierfür liegt auf der Hand: Die Wertschöpfung ist weiterhin auch bei Automation vorhanden, oft sogar in steigendem Maße. Volkswirtschaftlich problematisch ist also weniger der Verlust von Wertschöpfung durch weniger „Arbeit" als der Verlust von Einkommen zum Erwerb der mit immer weniger menschlicher Arbeit hergestellten Wertschöpfungsleistung. Diesem Verlust kann durch die Einführung eines bedingungslosen Grundeinkommens begegnet werden. Häufig handelt es sich bei automatisierbaren Tätigkeiten um monotone Verrichtungen, die die Arbeitnehmer in erster Linie aus Gründen des Einkommenserwerbs ausführen (müssen). Müssen sie dies dank Automation nicht mehr, steht ihre Lebenszeit für andere Aufgaben und Ziele zur Verfügung.

2.2.2 Das bedingungslose Grundeinkommen kann „neue Arbeit" beziehungsweise „Kulturarbeit" ermöglichen

Es gibt Tätigkeiten, die sich nicht automatisieren lassen. Es handelt sich hierbei um Tätigkeiten, bei denen es nicht darum geht, ein Produkt oder eine Leistung *für* Menschen zu erbringen, sondern eine Leistung unmittelbar *mit* und *an* Menschen. MEYER (1986, S. 22) spricht in diesem Zusammenhang vom Grad der „Integration" eines Kunden im Rahmen einer Dienstleistung. Bei solchen Tätigkeiten ist zu prüfen, ob und inwiefern diese nach Kriterien materieller, industrieller Produktion organisiert und *bezahlt* werden können.

Bei den nicht automationsfähigen Tätigkeiten handelt es sich um solche, bei denen es auf menschliche Zuwendung ankommt, etwa in der Medizin, der Betreuung und Pflege Älterer und Behinderter, in der Erziehung und Bildung. Wirtschaftliche Wertschöpfung vollzieht sich zunehmend immateriell. Der Anteil von Dienstleistungen an der Gesamtwertschöpfung steigt dabei dann weiterhin an. Hier stellt sich die Frage:

Kann immaterielle Wertschöpfung nach den gleichen Gesichtspunkten organisiert und nach den gleichen Kriterien, etwa den Kriterien industrieller Produktivität und Effizienz, bezahlt werden wie die materielle Wertschöpfung?

Ein wesentliches Kriterium bei der industriellen, materiellen Produktion ist ein effizienter Umgang mit (natürlichen) Ressourcen. Dieser ist für die industrielle Produktion unverzichtbar und bleibt für diese ein maßgebliches Kriterium. Für die Arbeit am Menschen ist jedoch Hinwendung, ja in gewissem Sinne *verschwenderische Zuwendung* und echtes Interesse maßgeblich. Ein „sparsamer Umgang" wäre hier verfehlt. Man stelle sich beispielsweise einen Lehrer vor, der im Unterricht sparsam mit seinem Wissen und seiner Hinwendung ist. Oder ein Orchester, das nach der Geschwindigkeit beurteilt und bezahlt wird, mit der es ein Musikstück spielt. Der Widersinn eines solchen Vorgehens ist bei diesen Beispielen offensichtlich. In anderen Feldern der immateriellen Arbeit ist er weniger leicht zu erkennen. Als Beispiel kann die Organisation der gewerblichen Pflegearbeit herangezogen werden. Die Kriterien der Industriearbeit („Akkord") sind hier gegenwärtig täglich gelebte Praxis – zum Leidwesen sowohl der Pflegerinnen und Pfleger als auch der Gepflegten. Wenn Beratungsunternehmen nach Effizienzkriterien, die bei der Steigerung der Effizienz industrieller Produktion völlig gerechtfertigt sind, Pflegedienste, Krankenhäuser, Betreuungseinrichtungen, sogar die Seelsorge und andere kirchliche Dienstleistungen „strukturieren", erfolgt dies meist zu Lasten der Qualität der Betreuung beziehungsweise der persönlichen Zuwendung. In den aufgezählten Bereichen, wie auch für alle anderen Betätigungsfelder für „Kulturarbeit" (WERNER (2008)) ist diese jedoch maßgeblich. Zwar ist auch in Einrichtungen der Kulturarbeit ein sparsamer Umgang mit Ressourcen erforderlich, etwa beim Umgang mit Nahrungsmitteln in einer Großküche, mit Reinigungsmitteln bei der Gebäudereinigung oder aber bei der Anschaffung von Mobiliar oder eines mobilen Tomographen für mehrere Krankenhäuser. Sobald es jedoch um den unmittelbaren Umgang mit den Menschen geht, versagen diese Kriterien, das heißt der Bereich wird verlassen, in dem Effizienzorientierung gerechtfertigt ist. Wird auch hier nach Effizienzkriterien organisiert, laufen die Empfehlungen auf Maßnahmen zur Schließung von Ambulanzen oder Notfallaufnahmen von Krankenhäusern aus „mangelnder Kostendeckung" hinaus. Oder es werden in der Pflege Leistungen abgerechnet nach dem Prinzip „Kämmen 1,70 Euro, Zähne putzen 2,30 Euro". Das nach herkömmlichen Kriterien „messbare" Ergebnis steigt dann mit der

Zahl der gepflegten Menschen pro Zeiteinheit. Wie unbefriedigend eine solche Art der Pflege für Gepflegte wie Pfleger ist, wird in der sozialen Wirklichkeit immer deutlicher erkennbar (Stichwort „Pflegenotstand").

Nun könnte der Einwand erhoben werden, dass es sich auch bei Menschen und menschlicher Zeit um eine Ressource handelt, mit der effizient umgegangen werden muss. Dies trifft grundsätzlich zu. Hierzu ist jedoch zweierlei zu sagen. Erstens: Nach welchen Kriterien der Mensch „effizient" mit seiner Zeit umgeht – ob beispielsweise nach monetären (zum Beispiel durch Einkommensmaximierung) oder emotionalen[13] (zum Beispiel durch Gründung einer Familie), oder ob er beides zu verbinden sucht – kann in einem im KANTschen Sinne aufgeklärten Gemeinwesen nur der Einzelne für sich und damit selbstbestimmt entscheiden (vgl. unten Abschnitt 2.2.4). Die Freiheit der wirtschaftlichen Voraussetzungen hierfür wurde und wird geschaffen durch voranschreitende Automation, die immer mehr Menschen von schwerer und monotoner Arbeit befreit (vgl. Abschnitt 2.2.1).[14] Zweitens: Die Befreiung von immer mehr Menschen von schwerer und monotoner Arbeit führt zu einer gesamtgesellschaftlich grundsätzlich gestiegenen Verfügbarkeit von Zeit für jene Tätigkeiten, die eine verschwenderische Hingabe und zwischenmenschliche Zuwendung erfordern (WERNER 2007 (S. 42 und 87)).

Es wurde bereits gesagt, dass die Arbeit unmittelbar *am* Menschen als Kulturarbeit bezeichnet werden kann. Die Verwendung dieses Begriffs kann jedoch verwirrend sein, wenn er nicht gegen andere Arbeitsbegriffe abgegrenzt wird. Dabei hilft ein Blick in die Geschichte der wirtschaftlichen Entwicklung der vergangenen zwei Jahrhunderte. Bereits mehrfach ist es dem Menschen gelungen, den „Arbeitsbegriff" – die herrschende Auffassung von dem, was unter Arbeit zu verstehen ist – zu erweitern. So zum Beispiel beim Wandel von der Agrar- zur Industriegesellschaft. Bei diesem Wandel handelte es sich auch bei der industriellen Arbeit noch um „Arbeit" aus Sicht

---

[13] Aus psychologischer Sicht könnte eingewendet werden, dass auch der Wunsch nach Einkommen emotional ist. Erstens ist er bis zur Höhe des Existenzminimums jedoch zunächst eine Überlebensfrage, zweitens geht es an dieser Stelle um die Aufzählung unterschiedlicher möglicher Motivationslagen beziehungsweise Kriterien für die Gestaltung und Bewertung eines „effizienten" beziehungsweise subjektiv erfolgreichen Lebens.

[14] Es könnte nun gefragt werden: Bleibt die Motivation zur Automation erhalten, wenn das Einkommen teilweise von der Erwerbsarbeit entkoppelt wird? Eine Antwort hierauf könnte lauten: Wenn diese Entkopplung zu einem Anstieg des Lohns für eine Tätigkeit führt (vgl. hierzu auch die Tabelle in Abschnitt 3.3), kann der finanzielle Anreiz für Unternehmen zur Automation dieser Tätigkeit steigen (vgl. unten Abschnitt 3.3).

der in der Landwirtschaft tätigen Menschen, da auch die frühe industrielle Arbeit schwere körperliche Anstrengung bedeutete. Sie wurde deshalb ebenso als Arbeit anerkannt. Beim Wandel von der Industrie- zur Dienstleistungsgesellschaft fiel dies schwerer. Gleichwohl wurde auch hier eine Erweiterung des Arbeitsbegriffs geleistet. Beim Wandel von der Dienstleistungs- zur Informations- und Wissensgesellschaft ist von Menschen der älteren Generation schon einmal zu hören: „Wenn ihr den ganzen Tag am Computer sitzt, kommt ihr dann überhaupt noch zum Arbeiten?" Für den einen oder anderen Bürojob mag diese Frage gerechtfertigt erscheinen. Bei einem hochproduktiven Programmierer ist sie es nicht. Für ihn – besser gesagt für diejenigen, die dank ihrer Fähigkeiten von der Arbeit im alten Sinne befreit werden – gilt das, was die Dekanin der Fakultät für Informatik der Universität Karlsruhe im Februar 2005 in ihrer Eröffnungsrede anlässlich eines Symposions zum Thema Grundeinkommen und Konsumsteuer mit den Worten „arbeitslos dank IT" (ZITTERBARTH (2006)) zum Ausdruck brachte: Die hochproduktive Arbeit – im Sinne industrieller Produktivität – „ernährt" heute immer mehr Menschen. Auch hier kann der Wandel des Arbeitsbegriffs als vollzogen gelten. Doch was kommt nach der so genannten Informations- und Wissensgesellschaft? Die „Kulturgesellschaft"? Worum handelt es sich bei dem Arbeitsbegriff in der so genannten Kulturgesellschaft? Um dem Menschen direkt zugewandte Arbeit (WERNER (2007, S. 22))! Mit anderen Worten: Um Arbeit *am* Menschen, im Unterschied zur industriellen oder auch Dienstleistungsarbeit *für* den Menschen (siehe oben). Eine Kulturgesellschaft könnte damit definiert werden als eine Volkswirtschaft, in der mehr als 50 Prozent der geleisteten Arbeit als Arbeit *am* Menschen geleistet werden. Dies ist heute bereits der Fall, insbesondere wenn man die „nicht bezahlte" Arbeit, etwa das Ehrenamt, die häusliche Pflege, die Familienarbeit und die Kindeserziehung hinzurechnet.[15] Da den Menschen, wie gezeigt, die Erweiterung des Arbeitsbegriffs bereits mehrfach gelungen ist, kann mit einiger Berechtigung erwartet werden, dass eine neuerliche Erweiterung im Zuge des Bewusstseinswandels hin zur Kulturgesellschaft von den Menschen vollzogen werden wird.

---

[15] Die bei dieser Überlegung entstehende Frage, ob hierbei nur die bezahlte oder auch die unbezahlte „Arbeit am Menschen" berücksichtigt werden kann und soll, macht erneut deutlich, wie unzureichend der traditionelle Erwerbsarbeitsbegriff bei seiner Anwendung auf die Arbeit in der Gegenwart ist.

Betrachtet man konkrete Arbeitsplätze vor diesem Hintergrund, so sieht man, dass es sich hier häufig um Mischformen handelt. Man könnte auch von „Hybriden" sprechen. Im Einzelhandel beispielsweise ließen sich Tätigkeiten wie das Kassieren und sogar das Nachfüllen von Regalen mittlerweile mit den gegebenen technischen Möglichkeiten automatisieren (siehe oben), die individuelle, persönliche Ansprache der Kunden jedoch nicht. Im Pflegebetrieb kommt es im Umgang mit Arbeitsmaterialien auf Sparsamkeit an. Auch Tätigkeiten wie etwa das Servieren von Mahlzeiten und sogar Teile der Reinigung – etwa das Wischen der Böden – lassen sich automatisieren, und es gilt das Gebot von Sparsamkeit und Effizienz. Sogar Teile der Körperpflege könnten einmal von menschenähnlichen Robotern übernommen werden, wie sie sich derzeit beispielsweise in Japan in Entwicklung befinden und von denen erste Prototypen auf Haushaltswarenmessen vorgestellt werden. Nicht automatisieren hingegen lässt sich die unmittelbare menschliche Zuwendung; gerade diese Zuwendung ist es, die die zu Pflegenden als wesentlich empfinden.

Ein letztes Beispiel: In der wissenschaftlichen Arbeit in Lehre und Forschung führen Unterfinanzierung und Mittelknappheit zu einem immer größeren Druck auf die Wissenschaftler, „Drittmittel" einzuwerben. Die einzuwerbenden Gelder sind hierbei meist an Projekte geknüpft. Die „Forschung" kann so in eine immer stärkere Abhängigkeit von Drittmitteln geraten und nicht mehr als „frei" betrachtet werden. Durch ein allgemeines, bedingungsloses Grundeinkommen würden potenzielle Forscher und Lehrkräfte einen Teil der zu ihrer Beschäftigung erforderlichen Mittel, nämlich die zur Sicherung ihrer Existenz, qua Grundeinkommen „mitbringen".

Für nicht automatisierbare Tätigkeiten gilt: Sie lassen sich nicht – oder nur sehr bedingt – nach Kriterien industrieller Produktion organisieren oder bewerten und bezahlen. Nach welchen Kriterien sollen sie dann bezahlt werden? Grundsätzlich gilt: Bezahlung nach Qualität der Leistung! Was aber, wenn der Qualitäts- und Leistungsbegriff der materiellen Produktivität keine Anwendung mehr findet (vgl. das Pflegebeispiel oben)? Die Qualität der „Kulturarbeit" liegt im Empfinden des Empfängers der Leistung. Hier findet nicht die Bezahlung nach der Quantität und Effizienz der (oft *vorher erbrachten*) Arbeit statt, sondern durch vorherige Bezahlung wird die Arbeit *ermöglicht*. Wer ein Grundeinkommen hat, ist in der Lage, Kulturarbeit zu leisten (WERNER (2005b)). Freilich soll sie durchaus auch entsprechend entlohnt werden, und zwar von den Empfängern der Leistung, beziehungsweise durch deren Krankenkassen. Auf der Basis eines Grundeinkommens können Menschen, die in der Pflege tätig sind oder tätig werden wollen, ihre Leistungen auf einer gesicherten finanziellen Existenzgrundlage anbieten – und sie selbstverständlich bezahlen lassen. Das Grundeinkommen kann einen „sanften" Übergang von einer noch von industriellen Arbeits- und Einkommenskriterien geprägten Gesellschaft zur Kulturgesellschaft ermöglichen.

2.2.3 Das Grundeinkommen und die Menschenwürde

„Die Würde des Menschen ist unantastbar. Sie zu achten und zu schützen ist Verpflichtung aller staatlichen Gewalt." So lautet Artikel 1, Absatz 1, des Grundgesetzes der Bundesrepublik Deutschland. In einer Volkswirtschaft mit einem hohen Maß an agrarischer Selbstversorgung genügt es zur Sicherung der Würde des Einzelnen, die Rechtsstaatlichkeit zu gewährleisten und kriminelle Handlungen zu unterbinden. Solange die Menschen sich in einem solchen Wirtschaftsleben selbst versorgen können, ist auch ein Leben in Würde möglich. In einem hochgradig arbeitsteiligen Wirtschaftsleben, wie es in der Bundesrepublik als einem postindustriellen Wirtschaftsraum anzutreffen ist, ist ein Leben in Würde, wie oben in Abschnitt 1.2 dargelegt, ohne ein existenzsicherndes Einkommen nicht möglich. Für die Würde des Einzelnen ist hier ein Mindestmaß an kultureller Partizipation notwendig, ein soziokulturelles Existenzminimum (HOHENLEITNER und STRAUBHAAR (2008, S. 26)). DAHRENDORF leitet hieraus, wie bereits gesagt, ein „konstitutionelles Anrecht auf ein garantiertes Mindesteinkommen" ab. Es ist für DAHRENDORF (1986), wie oben in Abschnitt 1.5 bereits erwähnt, „so notwendig wie die übrigen Bürgerrechte, also die Gleichheit vor dem Gesetz oder das allgemeine, gleiche Wahlrecht."

2.2.4 Das Grundeinkommen in der Tradition der Aufklärung

KANT (1784) schreibt in der „Beantwortung der Frage: Was ist Aufklärung?": „Aufklärung ist der Ausgang des Menschen aus seiner selbst verschuldeten Unmündigkeit. Unmündigkeit ist das Unvermögen, sich seines Verstandes ohne Leitung eines anderen zu bedienen. Selbstverschuldet ist diese Unmündigkeit, wenn die Ursache derselben nicht am Mangel des Verstandes, sondern der Entschließung und des Mutes liegt, sich seiner ohne Leitung eines anderen zu bedienen." Es geht also bei der Aufklärung darum, dass Menschen sich selbständig und ohne Anleitung anderer ihres Verstandes bedienen. Nach Definition des Bundesarbeitsgerichts ist Arbeitnehmer, „wer aufgrund eines privatrechtlichen Vertrages im Dienste eines anderen zur Leistung weisungsgebundener, fremdbestimmter Arbeit in persönlicher Abhängigkeit verpflichtet ist." (HÜMMERICH et al. (2008, S. 2031)). Besteht vor diesem Hintergrund nicht ein Widerspruch zwischen der Aufklärung und einer arbeitsvertraglich fixierten Fremdbestimmung gegenwärtiger Prägung? Ein solcher Widerspruch besteht dann nicht, wenn die Arbeitnehmer repressionsfrei arbeitsvertragliche Vereinbarungen eingehen können.

In zeitgenössischen Arbeitsverträgen spielt die Arbeitszeit „de jure" eine wichtige Rolle. De facto sind sowohl Arbeitnehmer als auch Arbeitgeber in erster Linie nicht an der Arbeits„zeit" sondern an der Leistung interessiert. Der Arbeitnehmer fragt: „Wie kann ich mich mit meinen Fähigkeiten einbringen?" oder: „Was muss ich für welche Bezahlung *leisten*?". Der Arbeitgeber ist daran interessiert, welche Leistung der Arbeitnehmer im Sinne des Unternehmens beziehungsweise seiner Kunden (WERNER (2004, S. 7 f.)) einbringt. Bei differenzierter Betrachtung spielt der Faktor Arbeitszeit also eine untergeordnete Rolle. Anders, moderner ausgedrückt: Arbeitsverhältnisse sind zunehmend ergebnisorientiert. Möglicherweise kann vor diesem Hintergrund grundsätzlich hinterfragt werden, ob menschliche Arbeitszeit eine im Marktsinne handelbare „Ware" ist (STEINER (1919, Neuauflage 1991, S. 77)) oder ob bei einem „Handel" mit Arbeit nicht der Träger der Arbeit, der Mensch, gewissermaßen „durch die Hintertür `kommoditisiert´ wird". Alternativ kann beispielsweise die menschliche *Leistung* als Ware betrachtet und – losgelöst vom Menschen – gehandelt werden. Dies erfordert jedoch eine Weiterentwicklung des Arbeitsrechts. So könnte das Arbeitsrecht – vor dem Hintergrund des humanistisch-aufklärerischen Ziels der freien Selbstbestimmung der Wirtschaftssubjekte – in das Gesellschaftsrecht überführt werden (ADOMEIT (1986)).

Ein Grundeinkommen kann jeden Empfänger in die Lage versetzen, anstelle seiner „Arbeit" im Sinne von Arbeitskraft das Ergebnis beziehungsweise die *Erzeugnisse* seiner Arbeit, seine Leistung, anzubieten und bei entsprechender Nachfrage zu verkaufen (STEINER (1922, Neuauflage 1996, S. 120)).

3. Die Idee des bedingungslosen Grundeinkommens und der Arbeitsmarkt

3.1 Grundsätzliche Überlegungen zu den Auswirkungen des bedingungslosen Grundeinkommens auf das Arbeitsangebot

Wie würde ein bedingungsloses Grundeinkommen auf den Arbeitsmarkt und auf die persönliche Zeitdisposition der Menschen wirken? Wenn es *additiv* ausgezahlt wird, wird es zusätzlich zu den bestehenden Einkünften gezahlt und erhöht somit das Gesamteinkommen der Empfänger. Wenn es *substitutiv* ausgezahlt wird, ersetzt es in seiner Höhe anteilig Löhne, Gehälter und öffentliche Transferzahlungen. In diesem Fall bleibt das Gesamteinkommen der Betreffenden unverändert, vorausgesetzt der Einkommensbezieher erzielt ein Einkommen, das oberhalb des Grundeinkommensbetrages liegt. Mit anderen Worten: Wer ein Gesamteinkommen wie vor Einführung des Grundeinkommens erzielen möchte oder muss, müsste im Rahmen bestehender Arbeitsverträge genauso viel arbeiten wie bisher.

Einschub: Substitution

Es könnte hier die Frage gestellt werden: „Wie soll das gehen? Erhält beispielsweise die Kassiererin bei Einführung eines Grundeinkommens weniger Gehalt ausgezahlt?" Hierbei ist der Vorschlag der Stichtagsregelung zu beachten: Am Stichtag der Einführung beziehungsweise Erhöhung eines Grundeinkommens dürften die Löhne und Gehälter um den Grundeinkommensbetrag gemindert werden. Unmittelbar am Tag der Einführung beziehungsweise Erhöhung jedoch können Arbeitgeber- und Arbeitnehmer ihr Arbeitsangebots- und Arbeitsnachfrageverhalten anpassen, was entsprechende Auswirkungen auf die Entwicklung der Löhne und Gehälter haben kann.

Prinzipiell geht dies. Für die betriebliche Lohnbuchhaltung entspricht dies lediglich der Änderung weniger Parameter. Gegen diesen Vorschlag könnten sich Teile der Gewerkschaften stellen, obwohl die Gewerkschaften auf Grundeinkommensvorschläge zunehmend freundlicher reagieren (ARLT (2009)). Der Gesetzgeber hat möglicherweise aufgrund eines vergleichbaren Präzedenzfalles die Option, die Tarifautonomie in diesem Falle auszusetzen und den Unternehmen auch gegen eventuelle Widerstände der Gewerkschaften zu gestatten, Löhne und Gehälter um den Grundeinkommensbetrag zu ermäßigen (BUNDESVERFASSUNGSGERICHT (1999)).[16]

In jedem Falle würde die Einführung eines bedingungslosen Grundeinkommens bedeuten, dass ein Teil des Gesamteinkommens nicht mehr vom Erwerbseinkommen abhängig ist. Im Unterschied zu den heute gezahlten Sozialleistungen (vgl. oben Abschnitt 1.1) würde es auch dann gezahlt, wenn ein Mensch über Erwerbseinkünfte verfügt (vgl. hierzu die Definition des Grundeinkommens oben in Abschnitt 1.2). Dies hätte insbesondere zwei Effekte.

Einerseits würde der Sozialneid in der Gesellschaft dadurch abnehmen, dass alle Menschen ein Grundeinkommen erhalten und nicht mehr „die einen arbeiten und die anderen kassieren". Im gegenwärtigen Sozialsystem entsteht Neid dadurch, dass ein Teil der Bevölkerung arbeitet und ein Teil der erwerbsfähigen Bevölkerung nicht arbeitet – und auch nur dann Zahlungen von Sozialtransfers erhält, wenn er keine bezahlte Arbeit hat. Man könnte also sagen: Heute erhalten die Empfänger Sozialtransfers nur dann, wenn sie nachweisen, dass sie erwerbslos und damit einkommenslos sind. Erwerbstätige haben bei einer solchen Regelung den Eindruck: Wir zahlen Steuern und Abgaben, tragen damit das Gemeinwesen und erhalten keine Transferleistungen, die Nicht-Erwerbstätigen hingegen profitieren von öffentlichen Transferleistungen und tragen zum Gemeinwesen nichts bei. Würde das bedingungslose Grundeinkommen definitionsgemäß an alle Mitglieder einer Gemeinschaft gezahlt, kämen auch die Erwerbstätigen in den Genuss der Leistungen. Dem Neid der Erwerbstätigen gegenüber den Nicht-Erwerbstätigen wäre die Grundlage entzogen.

Zweitens würde durch ein Grundeinkommen das gegenwärtige, Initiative hemmende System abgelöst. Hierbei handelt es sich offensichtlich nicht um Initiative weckende Rahmenbedingungen: Die gegenwärtigen Sozialtransfers werden gesenkt, sobald Erwerbseinkommen erzielt wird.
Der finanzielle Anreiz, über das Existenzminimum hinaus Initiative zu ergreifen, ist im vorgeschlagenen System erheblich größer als heute. Hinzu kommt, dass Unternehmen nicht mehr die Kosten für ein existenzsicherndes Einkommen voll aufbringen müssten. Dies ist im gegenwärtigen System der Fall, da hier Teile der Sozialtransfers

---

[16] Für den Hinweis auf das Urteil des Bundesverfassungsgerichtes dankt der Verfasser Herrn Professor Dr. JOACHIM MITSCHKE.

bei eigener bezahlter Erwerbsarbeit gestrichen werden. Zugleich jedoch könnte der soziale Druck auf Basis einer durch ein Grundeinkommen gesicherten Existenz sogar zunehmen: „Neid" könnte nämlich nach wie vor durch die ungleiche Leistungsfähigkeit und -bereitschaft und somit durch die ungleichen Einkommenssituationen der Erwerbstätigen entstehen. Dies kann die Initiative der Menschen stärken, zum Beispiel auch zur persönlichen Weiterqualifikation. Diejenigen, die etwas leisten, behalten, im Zuge einer Umstellung des Steuerwesens hin zur Mehrwertsteuer, mehr Nettoeinkommen vom Bruttoeinkommen.

Führende Wirtschaftsinstitute rechnen daher nicht notwendigerweise mit einem Rückgang des Arbeitsangebotes der Arbeitnehmer (vgl. unten Abschnitt 3.2). Um den Einwand, die Menschen würden dann „nicht mehr arbeiten", auch qualitativ zu entkräften, sei darauf hingewiesen, dass sie bei substitutiver Auszahlung zunächst genauso viel arbeiten müssten wie zuvor, wenn sie auf das Gesamteinkommen in bisheriger Höhe angewiesen sind, beispielsweise aufgrund von Schuldentilgung, von Anschaffungsplänen oder der Erhaltung eines bestimmten Lebensstandards.

Viele Menschen hörten auch deswegen nicht auf zu arbeiten, da es mehr als lediglich finanzielle Gründe und Anreize für die Aufnahme einer Arbeit gibt. Es wäre nur damit zu rechnen, dass eine signifikante Zahl von Menschen „ihre Arbeit einstellen", sobald sie über ein Grundeinkommen in Höhe von 650 Euro verfügen, wenn sie auch heute zu arbeiten aufhörten, sobald sie ein Einkommen in dieser Höhe erzielt haben. Weshalb ist dies nicht oder nur bei den Wenigsten der Fall? Weil sich die Menschen *mehr* vorstellen können, wünschen und anstreben als das Existenzminimum. Dies würde sich auch bei Einführung eines existenzsichernden Grundeinkommens nicht ändern. Eine Frage allerdings bleibt: Erleichtert oder erschwert ein Gemeinwesen es seinen Mitgliedern durch die Setzung der Rahmenbedingungen im Wirtschaftsleben, dieses „Mehr" zu erreichen? Je weiter die Umstellung zur Mehrwertsteuer vorangeschritten und je weniger das Erwerbseinkommen von Initiative hemmenden Steuern belastet ist, desto leichter ist es, dieses „Mehr" zu erreichen und desto stärker wären die finanziellen Anreize zur Aufnahme von Erwerbsarbeit.

Wenigen Menschen „genügen" bereits heute die Zahlungen aus ALG II. Weniger als die Hälfte der Empfänger sind Langzeitarbeitslose (BUNDESAGENTUR FÜR ARBEIT (2009, S. 15)). Es erscheint nicht abwegig, dass ein Teil der Langzeitarbeitslosen „schwarz" arbeitet (SCHNEIDER (2009, S. 41)). Der Tatbestand der Schwarzarbeit ist jedoch bedingt durch das Steuersystem und würde nach einem vollständigen Übergang des Steuersystems zu nur noch einer Steuer, der Mehrwertsteuer, im Wesentlichen nicht mehr existieren (zum Tatbestand des weiterhin zu befürchtenden Schwarzumsatzes vgl. unten Abschnitt 4.1.3). Jene, die nicht schwarz arbeiten und deren Produktivität so gering ist, dass sie im gegenwärtigen Arbeitsmarkt keinen Erfolg haben, würden durch das Grundeinkommen verbesserte Chancen zur Aufnahme einer Arbeit erhalten. Begründung: Sie können dann ihre Arbeitsleistung auf der Basis des Grundeinkommens anbieten und über das Grundeinkommen hinaus ein Einkommen entsprechend ihrer Produktivität erzielen (HOHENLEITNER und STRAUBHAAR (2008, S. 42)).

WERNER führt weitere Argumente gegen die Befürchtung an, eine große Zahl von Menschen würde dann nicht mehr arbeiten. Werden jene, die eine solche Befürchtung äußern, gefragt, was sie täten, wenn ein Grundeinkommen eingeführt würde, lautet die Antwort häufig: „Ich selbst würde weiter arbeiten. Aber die anderen ..." Eine anthropologische Begründung für eine solche Antwort beruht auf der Existenz unterschiedlicher Menschenbilder. Zwar gibt eine solche Befragung nicht verlässlich Aufschluss darüber, was die Menschen im Falle der Einführung eines Grundeinkommens tatsächlich täten. Sie gibt jedoch Aufschluss darüber, welches Menschenbild der Befürchtung zugrunde liegt, dass die Mehrzahl der Menschen dann nicht mehr arbeiteten. Viele, möglicherweise alle Menschen neigen zu zweierlei Menschenbildern: Sie haben offenbar ein individualistisches Menschenbild von sich selbst, etwa gemäß dem Grundsatz: „Ich weiß, was für mich am besten ist." Zugleich legen sie ein eher deterministisches Menschenbild an ihre Mitmenschen an, etwa nach dem Grundsatz: „Den anderen muss man sagen, was für sie richtig ist." (WERNER und PRESSE (2009)). Ein ähnliches Ergebnis wurde von WITTE et al. (1980) in einer Befragung von Managern dokumentiert. Gefragt nach ihrer eigenen Motivationsquelle geben sie an, sich selbst zu motivieren. Auf die Frage, wer ihre Mitarbeiter motiviere, war die Antwort hingegen häufig von der Art: „Die muss ich motivieren!"

Auf die Arbeitnehmer kann das Grundeinkommen in der zuvor beschriebenen Weise wirken; ihre Bereitschaft zu Tätigkeiten über die Erwerbsarbeit hinaus kann durch die gesunkenen Opportunitätskosten selbstbestimmter Zeit (siehe oben) mehr Raum finden. Die Reservationslöhne für bestimmte Tätigkeiten könnten auf diese Weise sogar auf einen Wert von Null sinken. In welcher Weise die Einzelnen diesen erweiterten Freiraum nutzen, bleibt letztlich ihre Entscheidung. Als Beispiele seien aufgeführt: Neben der bisherigen Erwerbsarbeit Entwicklung einer Geschäftsidee allein oder mit anderen bis zur Marktreife, Vorbereitung der Gründung eines Unternehmens, Widmung von mehr Zeit für die eigene Weiterbildung und für die Familie. Gesellschaftliche Defizite in diesen Bereichen können auf Basis eines bedingungslosen Grundeinkommens leichter ausgeglichen werden als ohne ein Grundeinkommen. Für Paare kann der erweiterte Freiraum zum Anlass werden, aufgrund des geringeren finanziellen Risikos überhaupt erst eine Familie zu gründen (WERNER und PRESSE (2008)). Gegenwärtig gilt für viele Paare, was der ehemalige Vorsitzende Richter am Bundesverfassungsgericht KIRCHHOF (2005) in Vorträgen mit den Worten zusammenfasst: „Heute haben nur diejenigen Leute Kinder, die entweder nicht rechnen können oder die nicht zu rechnen brauchen." Mit Hilfe eines auch Kindern zustehenden Grundeinkommens kann erreicht werden, dass Kinder nicht mehr das nach Arbeitslosigkeit höchste Armutsrisiko darstellen.

Für Unternehmen können sich aus der Einführung des Grundeinkommens ebenfalls weitreichende Konsequenzen ergeben. Aufgrund der Möglichkeit für Arbeitnehmer im Niedriglohnbereich, ihre Leistung auf Basis eines Grundeinkommens zu geringeren als den auskömmlichen Löhnen anzubieten, kann es für Unternehmen zu erheblichen Kostenersparnissen und damit zur Schaffung von Arbeitsplätzen kommen, wie im folgenden Abschnitt 3.2 deutlich wird.

3.2 Auswirkungen auf das Arbeitsangebot und die Beschäftigung

Der SACHVERSTÄNDIGENRAT ZUR BEGUTACHTUNG DER GESAMTWIRTSCHAFTLICHEN LAGE hat in seinem Herbstgutachten im Jahr 2007 die Arbeitsmarkteffekte der Einführung des Solidarischen Bürgergeldes nach dem Vorschlag des ehemaligen Thüringer Ministerpräsidenten ALTHAUS (2007) untersucht (siehe auch Abschnitt 5.4); er gelangt hierbei zu dem Ergebnis, dass sich das Arbeitsangebot der Arbeitnehmer um 1,19 Mio. Stellen (in Vollzeitäquivalenten) erhöht (SACHVERSTÄNDIGENRAT ZUR BEGUTACHTUNG DER GESAMTWIRTSCHAFTLICHEN LAGE (2007, S. 236))[17]. FUEST und PEICHL (2008) ermitteln Arbeitsangebotseffekte lediglich in Höhe von bis zu 133.000 Stellen (ebenfalls Vollzeitäquivalente), was unter anderem auf die von ihnen gewählte Grundeinkommenshöhe – sie liegt 100 Euro über der Höhe des von ALTHAUS vorgeschlagenen Bürgergeldes (FUEST und PEICHL (2008, S. 100)) – und den damit geringeren finanziellen Anreiz zur Aufnahme von Arbeit zurückgeführt werden kann (STRAUBHAAR (2009)). Die Auswirkungen eines solchen Bürgergeldes auf die Arbeitsnachfrage der Unternehmen wurden

---

[17] Für eine Betrachtung der finanziellen Aspekte im Gutachten des Sachverständigenrates vgl. Abschnitt 6.5.

hierbei weder vom SACHVERSTÄNDIGENRAT noch von FUEST und PEICHL berücksichtigt. Eine differenziertere Analyse wurde vom HAMBURGISCHEN WELTWIRTSCHAFTSINSTITUT (HWWI) vorgelegt. Diese gelangt hinsichtlich der Arbeitsnachfrage der Unternehmen zu einem positiven Ergebnis (siehe unten). Das HWWI erwartet zudem, dass von den Arbeitnehmern vermehrt solche Tätigkeiten angeboten werden, die von ihnen als „angenehm" empfunden werden, also etwa Tätigkeiten, die eine höhere Qualifikation erfordern (HOHENLEITNER und STRAUBHAAR (2008, S. 65)).

HOHENLEITNER und STRAUBHAAR (2008, S. 42 ff.) erwarten, dass die Löhne im Niedriglohnbereich bei Einführung eines Grundeinkommens zunächst fallen. Zu einer Absenkung des Lohnniveaus kommt es, wenn das Angebot der Arbeitnehmer die Nachfrage der Unternehmen nach Arbeit übersteigt. Dieser Angebotsüberhang führt im gegenwärtigen Arbeitsmarkt durch Lohnfixierung, also eine Festsetzung von Löhnen oberhalb des gleichgewichtigen Lohnes, zu Arbeitslosigkeit. Dies liegt daran, dass das Arbeitsangebot der Arbeitnehmer in einem solchen Fall – also einem fixierten Lohn, der über dem gleichgewichtigen Lohn liegt – die Arbeitsnachfrage der Unternehmen übersteigt (vgl. Abbildung 3.1).

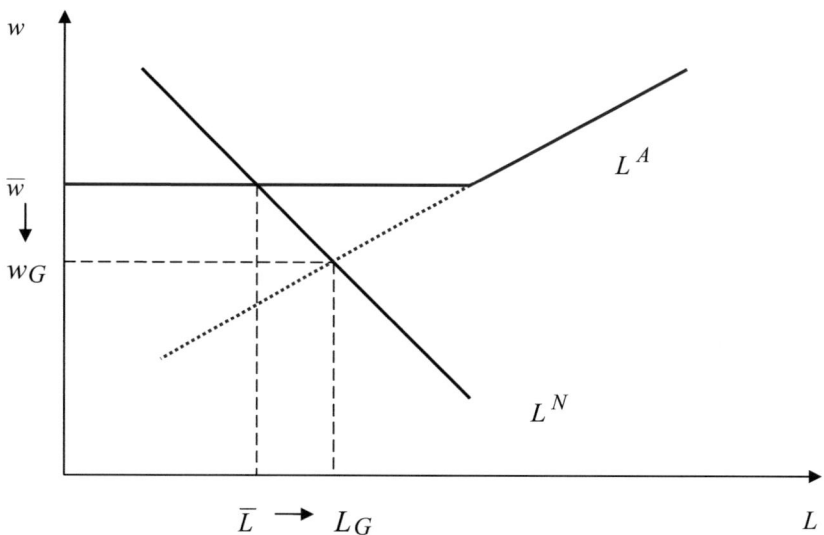

Abbildung 3.1: Unfreiwillige Arbeitslosigkeit als Ergebnis von Lohnfixierung
(w bezeichnet den Lohnsatz (englisch: wage), das heißt den Lohn pro Arbeitsstunde, $\bar{w}$ den fixierten Lohnsatz, w_G den gleichgewichtigen Lohnsatz, L die Zahl der geleisteten Arbeitsstunden (englisch: labour), L_G die Zahl geleisteter Arbeitsstunden im Gleichgewicht, $\bar{L}$ die Zahl der Arbeitsstunden bei Lohnfixierung, L^A die Zahl der bei Lohnsatz w angebotenen Arbeitsstunden der Arbeitnehmer und L^N die Zahl der von den Unternehmen nachgefragten Arbeitsstunden bei Lohnsatz w) (vgl. HOHENLEITNER und STRAUBHAAR (2008, S. 42))

In diesem Fall bieten also die Arbeitnehmer mehr Arbeit an, als zum fixierten Lohn von den Arbeitgebern nachgefragt wird. Eine solche Arbeitsmarktsituation liegt in der Bundesrepublik Deutschland vermutlich vor. Allerdings ist im Niedriglohnsektor unter gewissen Umständen möglich, dass gar kein gleichgewichtiger Lohnsatz existiert (vgl. Abschnitt 3.3). Wenn mit der Einführung eines Grundeinkommens die Lohnfixierung aufgehoben würde, kann es bei einer solchen Arbeitsmarktsituation zu einer Absenkung des Lohnniveaus kommen (vgl. Abbildung 3.2).

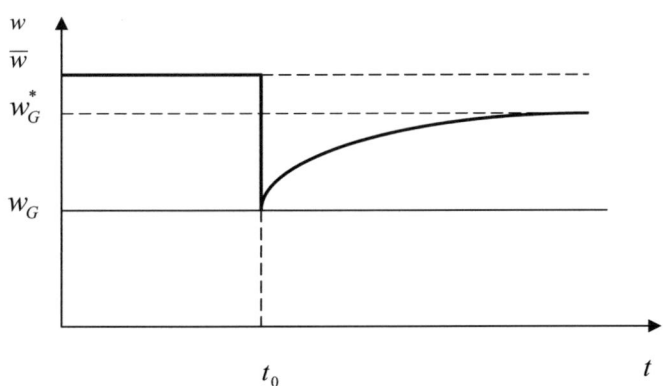

Abbildung 3.2: Anpassungspfad des Lohnsatzes (vgl. HOHENLEITNER und STRAUBHAAR (2008, S. 44))

In Abbildung 3.2 ist der Lohnsatz mit w bezeichnet, der gleichgewichtige Lohnsatz vor Einführung eines bedingungslosen Grundeinkommens mit $\overline{w}$. Der langfristige gleichgewichtige Lohnsatz nach Einführung des bedingungslosen Grundeinkommens mit w_G^*. w_G bezeichnet die Höhe, auf die der Lohnsatz in t_0 auf der Zeitachse t am Stichtag der Einführung des bedingungslosen Grundeinkommens sinkt. Durch eine Absenkung des Lohnniveaus steigt ceteris paribus die Nachfrage nach Arbeit seitens der Unternehmen. Dadurch kann es zu einer Erhöhung der Zahl der Beschäftigten im Niedriglohnbereich kommen (HOHENLEITNER und STRAUBHAAR (2008, S. 48)). Durch eine gestiegene Nachfrage der Unternehmen kann sich also der Lohn auf einem Niveau zwischen dem ursprünglichen (vor Einführung eines Grundeinkommens) und dem nach der Einführung eines Grundeinkommens bewegen.

Für Erwerbspersonen in den oberen Lohnsegmenten verbessert sich durch die Ein-
führung eines Grundeinkommens die Möglichkeit, in Teilzeit zu arbeiten, da das Gesamteinkommen dann in geringerem Ausmaß vom Erwerbseinkommen abhängig ist.
Insgesamt ist damit zu rechnen, dass sich die vorhandene Arbeit auf mehr Menschen
als vor der Einführung eines Grundeinkommens verteilt (HOHENLEITNER und
STRAUBHAAR (2008, S. 60)). Für ein Grundeinkommen in Höhe von monatlich 600
Euro netto sowie eine Gesundheitspauschale in Höhe von 200 Euro gelangen
HOHENLEITNER und STRAUBHAAR (2008, S. 46) in einer Analyse verschiedener Szena-
rios zu dem Ergebnis, dass die Zahl der Beschäftigten steigt, und zwar auch dann,
wenn unter Umständen das Arbeitsangebot der Arbeitnehmer in Stunden zurückgeht.
Das liegt daran, dass die Arbeitsnachfrage der Unternehmen bei Freigabe der Löhne
steigt (siehe oben). Dies kann mit einem Beispiel veranschaulicht werden: Die Zahl
der Arbeitslosen sinke von beispielsweise 4 auf 3 Millionen, wenn die Unternehmen
durch Aufgabe der Lohnfixierung eine Million Neueinstellungen vornehmen. Sie sinkt
für diesen Beispielfall auch dann, wenn 3 der 4 Millionen Arbeitslosen nach Einführung eines Grundeinkommens nicht zu einer Aufnahme von Erwerbsarbeit bereit wären. Die „völlig freien Löhne sinken in kürzestem Zeitraum auf ein Niveau, in dem
Angebot und Nachfrage ausgeglichen sind [...]. Zum einen wird aufgrund des geringeren Lohnes zwar weniger Arbeitskraft von den Arbeitnehmern angeboten als im
Status Quo. Zum anderen wird aber mehr Arbeitskraft von den Unternehmen nachgefragt, so dass im Ergebnis der Beschäftigungsstand in kürzester Frist ansteigt."
(HOHENLEITNER und STRAUBHAAR (2008., S. 46)). Mit anderen Worten: Selbst wenn
die Arbeitnehmer weniger Arbeit anbieten als vor der Einführung, kann es durch die
Einführung eines Grundeinkommens zu einem Beschäftigungszuwachs kommen, da
die Unternehmen zu den gesunkenen Löhnen eher bereit sind, Arbeitnehmer einzustellen. In Abbildung 3.3 sind die erwarteten Auswirkungen auf das Arbeitsangebot
im Niedriglohnsektor dargestellt, in diesem Fall mit einer Angebotselastizität von 1.
Das bedeutet, das Arbeitsangebot der Arbeitnehmer sinkt um ein Prozent, wenn der
Lohn um ein Prozent sinkt.

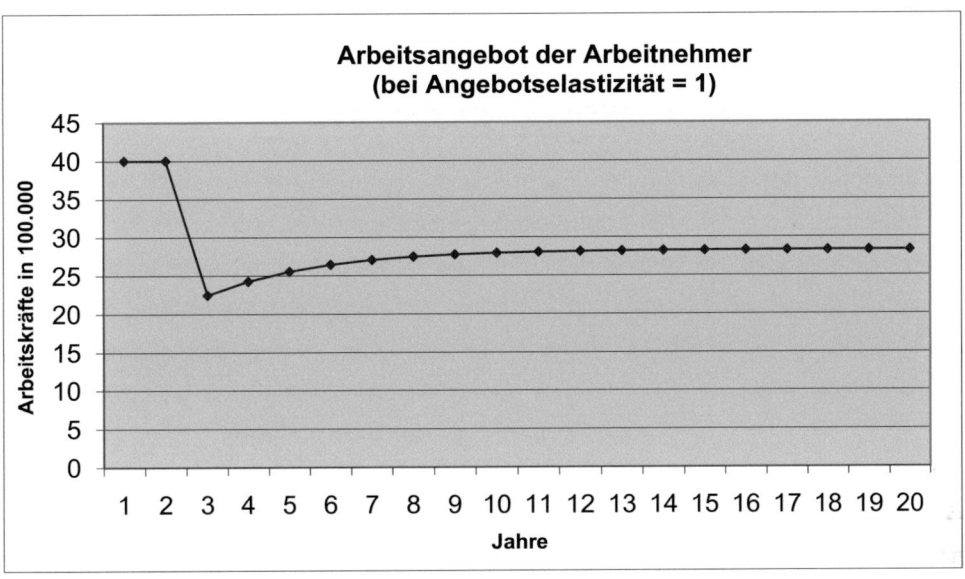

Abbildung 3.3: Auswirkungen auf das Arbeitsangebot der Arbeitnehmer im Niedriglohnsektor
(vgl. HOHENLEITNER und STRAUBHAAR (2008, S. 53))

Die Angebotselastizität hängt unter anderem davon ab, wie hoch von den Arbeitnehmern das Arbeitsleid für eine gegebene Tätigkeit eingeschätzt wird, das heißt wie
wenig angenehm sie die Tätigkeit finden. Arbeiten, für die eine höhere Qualifikation
erforderlich ist, werden in der Regel als angenehmer empfunden (vgl. nochmals
HOHENLEITNER und STRAUBHAAR (2008, S. 60)). Ebenso Tätigkeiten, in denen Menschen sich in kreativer Weise einbringen oder in denen sie einen Sinn für sich selbst,
ihre Familie oder die Gesellschaft erkennen, also Tätigkeiten, mit denen sie sich
stark identifizieren (vgl. hierzu auch den Begriff „Kulturarbeit" oben Abschnitt 2.2.2).
Tätigkeiten, die mit starker Arbeitsbelastung verbunden sind und deshalb als unangenehmen gelten, können durch ein Grundeinkommen dann als eher angenehm
empfunden werden, wenn aufgrund der verbesserten Möglichkeit zur Teilzeitarbeit
die zeitliche Arbeitsbelastung für den einzelnen Arbeitnehmer sinkt. So werden heute
zahlreiche Tätigkeiten – etwa in der Pflege und Betreuung – insbesondere aufgrund
hoher Arbeitsbelastung als unangenehm empfunden. Wenn durch die Einführung
eines Grundeinkommens das Gesamteinkommen der Arbeitnehmer nicht mehr ausschließlich aus dem Erwerbseinkommen besteht, können solche Tätigkeiten leichter
in Teilzeitarbeit wahrgenommen werden. Auf diese Weise können die Arbeitnehmer
ihre Arbeitsbelastung in höherem Maße selbst bestimmen. Wenn die heute Erwerbstä-

tigen ihr Arbeitsangebot reduzieren, erhalten Erwerbslose mit entsprechender Qualifikation leichter die Möglichkeit, einen Arbeitsplatz zu finden. Zudem erhöht sich hierdurch auch der Anreiz für Arbeitnehmer zum Erwerb entsprechender Qualifikationen.

Die Nachfrage der Unternehmen nach Arbeitskräften würde bei Einführung eines Grundeinkommens durch den Lohnrückgang beziehungsweise durch Aufhebung der Lohnfixierung steigen. So können die Löhne und damit das Arbeitsangebot der Arbeitnehmer wieder steigen. Die folgende Abbildung 3.4 enthält eine Darstellung der erwarteten Entwicklung der Arbeitsnachfrage der Unternehmen für den Niedriglohnbereich.

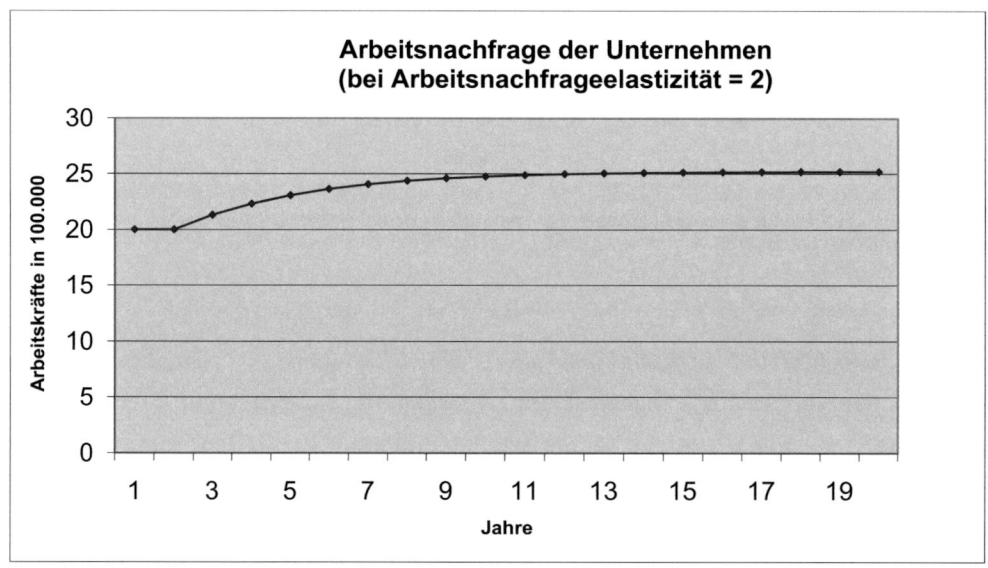

Abbildung 3.4: Veränderung der Arbeitsnachfrage der Unternehmen bei einer Nachfrageelastizität von 2 (vgl. HOHENLEITNER und STRAUBHAAR (2008, S. 50)), das heißt: Bei einem Lohnrückgang von einem Prozentpunkt nimmt die Arbeitsnachfrage der Unternehmen um zwei Prozent zu.

Aus dieser Arbeitsnachfrageelastizität der Unternehmen ergeben sich unter Zugrundelegung verschiedener Elastizitäten des Arbeitsangebots der Arbeitnehmer unterschiedliche Entwicklungspfade für die Auswirkungen auf die Beschäftigung. HOHENLEITNER und STRAUBHAAR (2008, S. 111 ff.) untersuchen drei verschiedene Szenarien, mit einer Elastizität des Arbeitsangebots der Arbeitnehmer von 2 (Variante 1), 1 (Variante 2) und 0,5 (Variante 3).

Variante 1 zeigt die geringsten Beschäftigungswirkungen, da ein Rückgang der Löhne zu einem starken Rückgang des Arbeitsangebots von Seiten der Arbeitnehmer

führt. Abbildung 3.5 enthält eine Darstellung von Variante 1 mit der Beschäftigungs-
wirkung bei einer Angebotselastizität von 2.

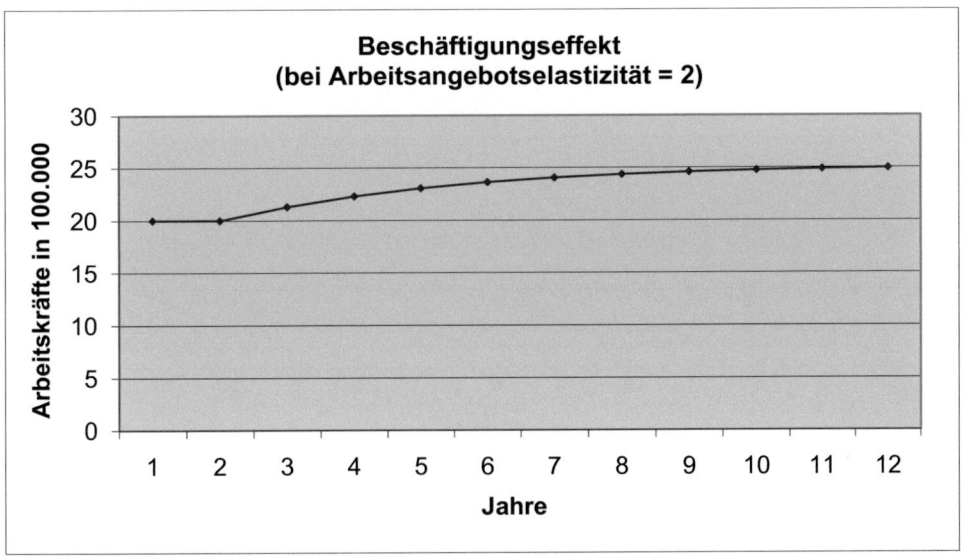

Abbildung 3.5: Zunahme der Beschäftigung bei einer Arbeitsangebotselastizität von 2
(Variante 1; vgl. HOHENLEITNER und STRAUBHAAR (2008, S. 111))

Die Abbildung zeigt eine Zunahme der Beschäftigung im Niedriglohnbereich im Verlauf von zehn Jahren von 2 Millionen auf 2,5 Millionen Vollzeitarbeitsplätze. Zum
Vergleich Variante 2: Bei einer Arbeitsangebotselastizität von 1 führt die Einführung
eines Grundeinkommens zu einer Zunahme der Beschäftigung auf 2,8 Millionen
(siehe Abbildung 3.6).

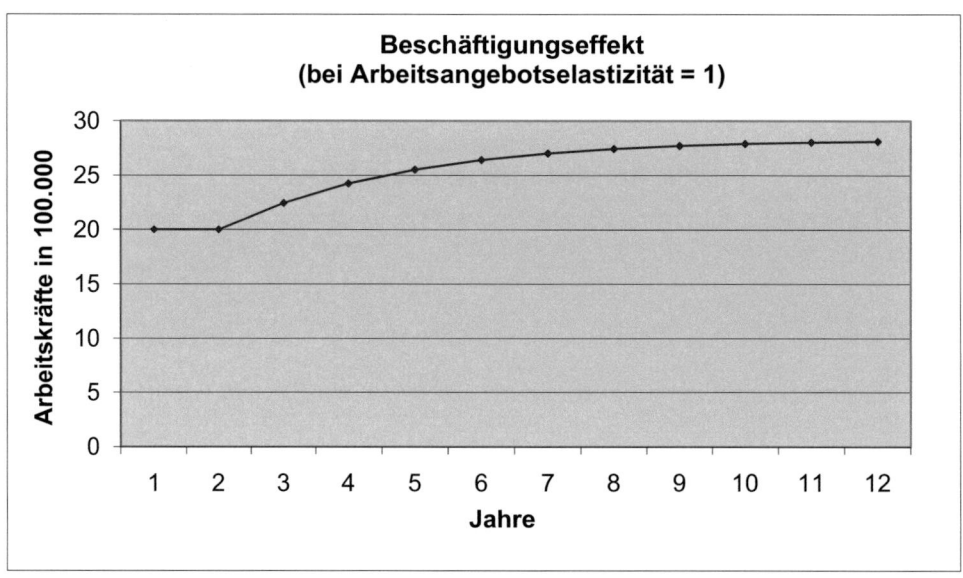

Abbildung 3.6: Zunahme der Beschäftigung bei einer Arbeitsangebotselastizität von 1
(Variante 2; vgl. HOHENLEITNER und STRAUBHAAR (2008, S. 112))

Variante 3 mit einer Arbeitsangebotselastizität von 0,5 weist den größten Effekt auf die Beschäftigung auf. Die Einführung eines Grundeinkommens führt nach den Berechnungen des HWWI bei dieser Angebotselastizität zu einer Zunahme der Zahl der Beschäftigten von 2,5 Millionen um 700.000 auf 3,2 Millionen (siehe Abbildung 3.7).

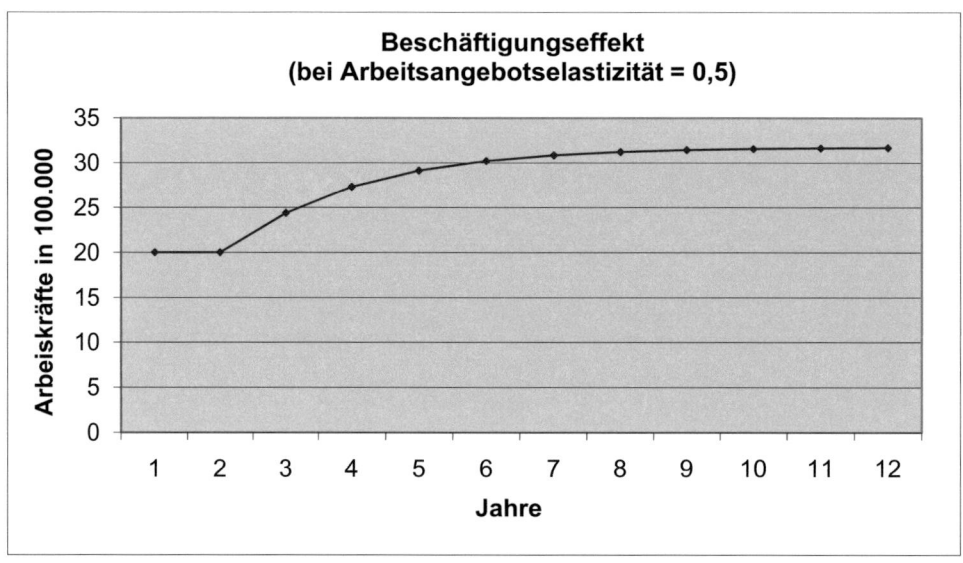

Abbildung 3.7: Zunahme der Beschäftigung bei einer Arbeitsangebotselastizität von 0,5
(Variante 3; vgl. HOHENLEITNER und STRAUBHAAR (2008, S. 113))

Für den Niedriglohnsektor erwarten HOHENLEITNER und STRAUBHAAR somit Beschäftigungseffekte, die zwar je nach der Elastizität des Arbeitsangebots der Arbeitnehmer unterschiedlich stark, jedoch in jedem Fall positiv ausfallen. Abbildung 3.8 zeigt die erwarteten Beschäftigungseffekte im Überblick.

SPERMANN (2007, S. 160) weist darauf hin, dass weitreichende Einschätzungen wie die zuvor erwähnten, und zwar sowohl die von HOHENLEITNER und STRAUBHAAR als auch die des SACHVERSTÄNDIGENRATES, „keinesfalls auf der Basis von statischen Mikrosimulationen getroffen werden können" und empfiehlt demzufolge einen Ausbau des bestehenden empirischen Instrumentariums. Im Rahmen einer Untersuchung zeigt er, dass die Beschäftigungswirkungen einer „zielgruppenorientierten negativen Einkommensteuer", die er als Einstiegsgeld bezeichnet, positiv sind (SPERMANN (2001, S. 172 f.) sowie SPERMANN und STROTMANN (2005), S. 27)). Ein solches Einstiegsgeld wird bedürfnisorientiert gewährt. Zur Abschätzung von Auswirkungen der Einführung eines solchen bedürfnisorientierten Grundeinkommens ist die genannte Untersuchung gut geeignet.

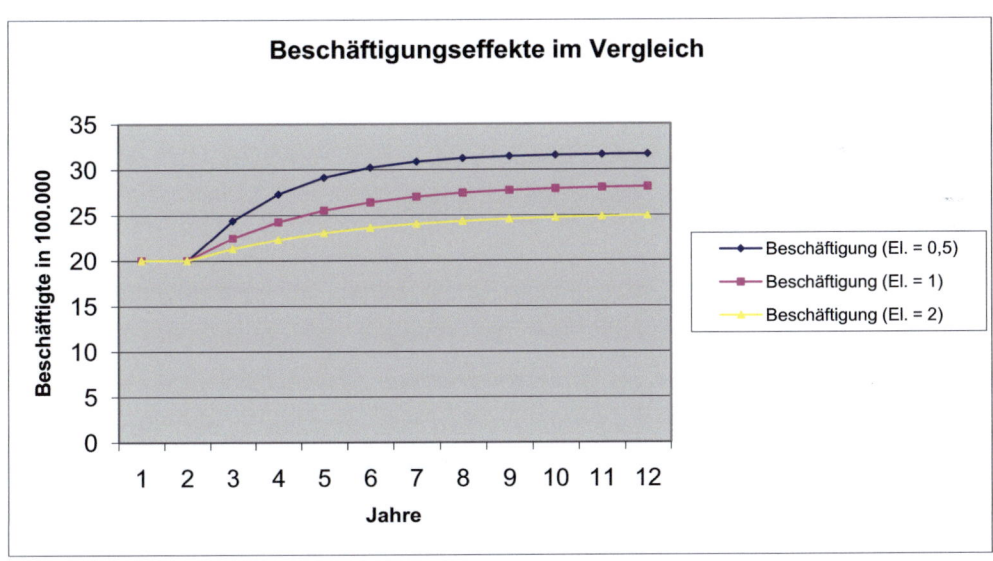

Abbildung 3.8: Unterschiedliche Beschäftigungseffekte in Abhängigkeit von der Elastizität des Arbeitsangebots der Arbeitnehmer (vgl. HOHENLEITNER und STRAUBHAAR (2008, S. 114))

Im folgenden Abschnitt soll nun auf einige Details der Entwicklung der Löhne, auch in Abhängigkeit von der Automationsfähigkeit von Arbeitsabläufen und den Präferenzen der Arbeitnehmer für Tätigkeiten, eingegangen werden.

3.3 Auswirkungen auf das Lohnniveau

Zu der Unterscheidung zwischen angenehmen und unangenehmen Tätigkeiten (vgl. Abschnitt 2.1) tritt eine weitere hinzu: die Automationsfähigkeit von Tätigkeiten. Für die nachfolgende Betrachtung ist weniger entscheidend, ob sich eine Automation bereits mit heutigen technischen Möglichkeiten realisieren lässt oder nicht. Generell gilt, dass im Gleichschritt mit technischem Fortschritt die Möglichkeit zur Automation von Tätigkeiten zunimmt (vgl. oben Abschnitt 2.2.1). Es geht in diesem Abschnitt zunächst um die Frage, welche Tätigkeiten überhaupt von Automaten übernommen werden können und welche nicht. Diese Frage ist von Bedeutung, da sich die Automation – auch bereits eine grundsätzlich gegebene Möglichkeit zur Automation – auf die Höhe der Löhne auswirkt, die von Arbeitnehmern für eine Tätigkeit erzielt werden können. So ist die Arbeit in zwischenmenschlicher Zuwendung, beispielsweise im Kindergarten oder in der Pflege, nicht automatisierbar.

Die Automationsfähigkeit einer Tätigkeit stellt umso mehr einen Ansatzpunkt für Forschungsfragen zum Unternehmertum dar, je höher die ökonomische Vorteilhaftigkeit der Automation ist – zum Beispiel bei steigendem Lohnniveau. Wird aufgrund steigender Löhne für eine Tätigkeit ihre Automation aus Sicht der Unternehmen ökonomisch vorteilhafter, steigen im Realisierungsfalle die Löhne für jene Berufsfelder, die in der Automation benötigt werden. Damit steigt, zeitlich verzögert, auch das Arbeitsangebot der Arbeitnehmer in diesen Berufsfeldern.

HOHENLEITNER und STRAUBHAAR gelangen, wie bereits im vorangegangenen Abschnitt erwähnt, zu dem Ergebnis, dass die Löhne für geringqualifizierte Tätigkeiten bei existenzsichernder Höhe des Grundeinkommens zunächst sinken würden. Wenn dann ein Grundeinkommen ausgezahlt werden soll, wird häufig die Frage gestellt, wer dann noch die unangenehmen Tätigkeiten erledigen würde. Diese müssten dann automatisiert oder besser bezahlt werden (vgl. ähnlich ENGELS (1976, S. 144 f.)).

Für automatisierbare Tätigkeiten kann gesagt werden, dass die Löhne möglicherweise weniger stark steigen als für nicht automatisierbare Tätigkeiten. Dies hat folgenden Grund: Wenn die Möglichkeit zur Automation grundsätzlich gegeben ist, stellt dies eine Alternative zur menschlichen Arbeit und somit eine Ausweichmöglichkeit für Unternehmen für den Fall dar, dass Arbeitnehmer höhere Löhne verlangen. Hierbei ist jedoch, wie gesagt, zu beachten, dass für die Tätigkeiten zur Durchführung der Automation, etwa die Entwicklung von Maschinen und der zu ihrem Betrieb erforderlichen Software, dann ebenfalls höhere Löhne erzielt werden können. Die finanzielle Vorteilhaftigkeit der Automation ist somit einerseits davon abhängig, als wie angenehm oder unangenehm eine Tätigkeit empfunden wird, und andererseits davon, als wie angenehm oder unangenehm jene Tätigkeiten empfunden werden, die für eine Automation erforderlich sind. Hierzu zählt beispielsweise die Tätigkeit von Ingenieuren und Programmierern. Wenn also – wie auch von HOHENLEITNER und STRAUBHAAR (siehe oben) angemerkt – Tätigkeiten, die bei der Automatisierung von Arbeit erforderlich sind, eine höhere Qualifikation erfordern als die zu automatisierende Arbeit, so können auch die Aufgaben bei Realisierung der Automation als Tätigkeiten klassifiziert werden, die als angenehmer empfunden werden als die Ausübung der zu automatisierenden Tätigkeit selbst. Dadurch kann es – im Falle steigender Löhne für eine als unangenehm empfundene Tätigkeit – zur Automatisierung der betreffenden Tätigkeit kommen. Beispielsweise werden Tätigkeiten in der Abfallbeseitigung häufig als unangenehm betrachtet, die Arbeit eines Ingenieurs hingegen, beispielsweise bei der Konstruktion eines automatischen Greifarms für ein Müllfahrzeug, als angenehm oder zumindest als angenehmer.

Die zu erwartende Entwicklung der Löhne für Tätigkeiten, die nicht automatisiert werden können – etwa die zwischenmenschliche Hinwendung in der Pflege – lässt sich nur schwer einschätzen. Einerseits entfällt für diese Tätigkeiten die Möglichkeit zur Automation, wodurch sie tendenziell besser bezahlt werden müssten. Andererseits bestünde für Arbeitnehmer durch ein Grundeinkommen die Möglichkeit, für eine bestimmte Tätigkeit einen geringeren Lohn zu verlangen, da durch das Grundeinkommen ihre Existenz gesichert ist (HOHENLEITNER und STRAUBHAAR (2008, S. 108)). Die Arbeitnehmer könnten dann diese Tätigkeit verstärkt in Teilzeit ausüben (siehe oben Abschnitt 3.1), wodurch die Tätigkeit als angenehmer empfunden werden könnte. Der Lohn für diese Tätigkeiten könnte also auch sinken, wenn sie dadurch als weniger unangenehm empfunden werden. Das tätigkeitsspezifische Arbeitsleid ist also grundlegend für die Beantwortung der Frage, wie sich die Löhne für eine bestimmte Tätigkeit entwickeln. Eine Differenzierung von Tätigkeiten nach dem ihnen innewohnenden Arbeitsleid erscheint insofern zielführend. Abbildung 3.9 enthält eine schematische Darstellung, welche Lohnentwicklung in Abhängigkeit von der Automationsfähigkeit und von tätigkeitsspezifischem Arbeitsleid erwartet werden kann.

		Die Präferenz zur Ausübung einer Tätigkeit ist eher ...	
		... gering	... hoch
Die Möglichkeit zur Automation einer Tätigkeit ist eher ...	... gering	Löhne für diese Arbeit steigen tendenziell (Zum Beispiel für Pflege- und Reinigungsdienstleistungen)	Löhne für diese Arbeit sinken tendenziell, jedoch weniger stark als bei hoher Automationsmöglichkeit
	... hoch	Löhne für diese Arbeit steigen tendenziell, jedoch weniger stark als bei geringer Automationsmöglichkeit	Löhne für diese Arbeit sinken tendenziell (Wenn Menschen sich mit der Tätigkeit stark identifizieren, können sie deren Ausübung weiterhin trotz grundsätzlich gegebener Automationsfähigkeit anbieten)

Abbildung 3.9: Tendenzen bei der Entwicklung der Löhne in Abhängigkeit von der Automationsfähigkeit einer Tätigkeit und der Arbeitspräferenz der Arbeitnehmer

Wenn eine Tätigkeit als unangenehm empfunden wird und diese nicht automatisierbar ist, werden die für diese Arbeit erzielbaren Löhne bei Einführung eines Grundeinkommens tendenziell eher steigen (Quadrant links oben). Dies liegt daran, dass die Arbeitnehmer durch ein Grundeinkommen eher die Möglichkeit haben, die Annahme einer Arbeit abzulehnen. Dies kann jedoch nur als tendenzielle Aussage gelten. Für Tätigkeiten, die nur eine geringe Qualifikation erfordern, können die Löhne, wie gesagt, durch Einführung eines Grundeinkommens sinken, auch wenn sie als unangenehm empfunden werden. Und zwar in dem Fall, dass das Arbeitsangebot der Arbeitnehmer entsprechend groß und die Arbeitsnachfrage der Unternehmen nach dieser Tätigkeit entsprechend gering ist.

Lässt sich eine Tätigkeit, die als unangenehm empfunden wird, automatisieren, steigen die Löhne hierfür weniger stark als wenn eine Automationsmöglichkeit nicht gegeben ist (Quadrant links unten). Durch die Fähigkeit, eine zunächst nicht automatisierte Tätigkeit finanziell vorteilhaft zu automatisieren, steigen die Entgelte und Löhne, die sich bei der Automatisierung dieser Tätigkeit, beispielsweise für Ingenieur- und Programmiertätigkeiten, erzielen lassen. Diese Tätigkeiten können als *substituierende* Tätigkeiten bezeichnet werden. Die verbleibende Arbeit an den neuen Anlagen kann gut bezahlt werden. Der finanzielle Anreiz zur Aufnahme solcher qualifizierter

Tätigkeiten nimmt also zu. Das bedeutet auch, dass der finanzielle Anreiz für die Arbeitnehmer, sich für solche Tätigkeiten zu qualifizieren, steigt.

Wird eine Tätigkeit als angenehm empfunden, können die Löhne für diese Tätigkeit durch die Einführung eines Grundeinkommens tendenziell sinken. Das Ausmaß der Absenkung der Löhne hängt jedoch auch davon ab, ob diese Tätigkeit sich automatisieren (Quadrant rechts unten) lässt oder nicht (Quadrant rechts oben): Sind sowohl die Automatisierungsmöglichkeit für eine Tätigkeit als auch die Arbeitspräferenz der Arbeitnehmer hoch, können sich geringere Löhne als vor Einführung eines Grundeinkommens einstellen, wenn Arbeitnehmer eine sehr hohe Arbeitspräferenz in diesen Bereichen haben. Durch die Einführung eines existenzsichernden bedingungslosen Grundeinkommens existiert keine Lohnuntergrenze mehr (HOHENLEITNER und STRAUBHAAR (2008, S. 42)).

Die Stärke der Steigerung oder Senkung der Löhne für die jeweiligen Tätigkeiten, in Abbildung 3.9 in Quadranten zusammengefasst, hängt auch von der Höhe des Grundeinkommens ab. Dabei gilt grundsätzlich: Je höher das Grundeinkommen, umso stärker können die Löhne für eine Tätigkeit sinken. Es ist zu beachten, dass bei einem sehr hohen Grundeinkommen die finanziellen Anreize zur Aufnahme von Erwerbsarbeit sehr stark beeinträchtigt werden können. Um schockartige Lohnentwicklungen zu verhindern, wie sie bei der Einführung eines Grundeinkommens in existenzsichernder Höhe möglicherweise zu befürchten sind (vgl. oben Abschnitt 2.1), könnte die schrittweise Einführung eines Grundeinkommens geeignet sein (vgl. unten Abschnitt 6.3). Ein sich langsam zu einer existenzsichernden Höhe steigerndes, substitutives (vgl. Abschnitt 3.1) Grundeinkommen kann im Vergleich zur Einführung eines sofort existenzsichernden Grundeinkommens vorteilhaft sein, wenn die mehr oder weniger erwünschten Entwicklungen am Arbeitsmarkt nicht mit sofortiger Wirkung eintreten (wie bei HOHENLEITNER und STRAUBHAAR (2008, S. 47 ff.)), sondern sich über den Zeitraum der schrittweisen Einführung erstrecken.

Veränderte Arbeitsmarktbedingungen durch ein bedingungsloses Grundeinkommen bedeuten einen radikalen Systemwechsel (HOHENLEITNER und STRAUBHAAR (2008, S. 56)). In diesem Zusammenhang stellt sich das Problem, welche der üblichen Annahmen eines Arbeitsmarktmodells in einer Volkswirtschaft ohne Grundeinkommen

auch in einem Modell mit Grundeinkommen gelten (vgl. zum Problem der mangeln-
den Übertragbarkeit zuvor gemachter Erfahrungen im Falle eines Systemwechsels
grundsätzlich LUCAS (1976, S. 41)). Im Fall eines neoklassischen Modells des Arbeitsmarktes (vgl. beispielsweise SIEBERT (1996, S. 333) und MANKIW (2001, S. 625))
ist – siehe auch Abschnitt 3.2 – der Arbeitsmarkt bei demjenigen Lohnsatz $\overline{w}$ geräumt, bei dem sich die Kurve L^A des Angebots von beziehungsweise die Kurve L^N
der Nachfrage nach Arbeitskräften schneiden, das heißt Angebot und Nachfrage
übereinstimmen; siehe Abbildung 3.10 mit dem Gleichgewichtspunkt $(\overline{L}, \overline{w})$.

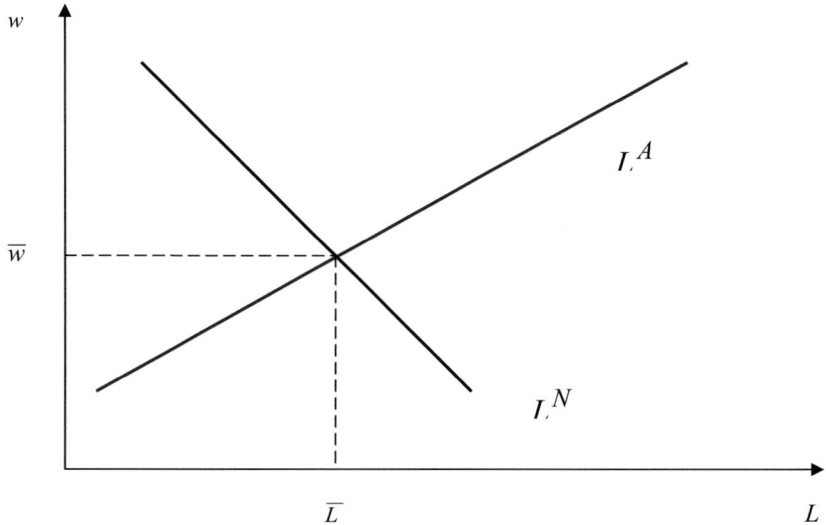

Abbildung 3.10: Neoklassisches Arbeitsmarktmodell
Es bezeichnet w den Lohnsatz, also den Lohn pro Arbeitsstunde, L die Anzahl der Arbeitsstunden, die Kurve L^N
die Nachfrage nach Arbeitsstunden durch die Unternehmer sowie die Kurve L^A das Angebot an Arbeitsstunden
durch die Arbeitnehmer

Hierbei wird unterstellt, dass Arbeitnehmer ihr Angebot reduzieren können, je weiter
der Lohnsatz sinkt. ORTLIEB (2006) kritisiert das Modell mit dem Argument, dass die
Arbeitsangebotsfunktion im Niedriglohnsektor nicht notwendigerweise eindeutig ist
und begründet dies damit, dass einkommensschwache Haushalte bei Lohnsatzsen-
kung gezwungen sein können, *mehr* anstatt *weniger* zu arbeiten; nur so können sie
ein auskömmliches Erwerbseinkommen erzielen. Die Arbeitsangebotskurve L^A der
Arbeitnehmer könnte hierdurch einen Verlauf annehmen, bei dem sie für jedes Vo-

lumen angebotener Arbeitsstunden oberhalb der Arbeitsnachfragekurve L^N der Unternehmen liegt (vgl. Abbildung 3.11).

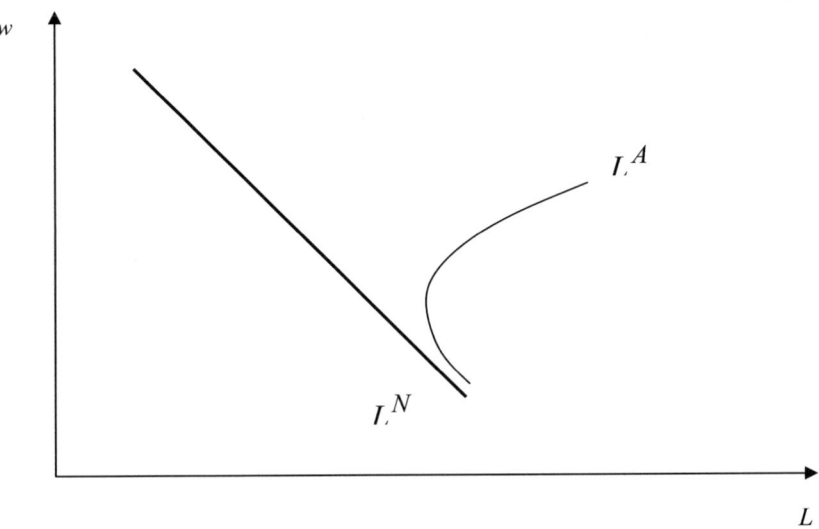

Abbildung 3.11: Angebotsverhalten der Arbeitnehmer bei Absenken des Lohnes nach ORTLIEB 2006 (Bezeichnungen wie in Abbildung 3.10)

Ein Gleichgewicht würde dann für keines der möglichen Arbeitsvolumina existieren. Der Lohnsatz könnte in diesem Fall immer weiter sinken, ohne dass der Arbeitsmarkt geräumt wird. In einem solchen Arbeitsmarkt gibt es einerseits keine Vollbeschäftigung, und andererseits können unter Umständen nicht einmal alle diejenigen Arbeitnehmer, die bereit sind, hinreichend viele Überstunden zu leisten, auskömmliche Löhne erzielen. Dies gilt zunächst insbesondere für den Sektor der gering qualifizierten Arbeitskräfte. Baut sich in diesem Sektor ein Lohnsenkungsdruck auf, sind die Gering-Qualifizierten zur Erzielung auskömmlicher Erwerbseinkünfte zunehmend gezwungen, nach anderen Einkommensquellen zu suchen. Dies kann zu einer Zunahme von Schwarzarbeit führen und zu einer Qualifikationsanstrengung seitens der Arbeitnehmer im Niedriglohnsektor. Letztere ist grundsätzlich zu begrüßen. Dies kann jedoch auch bewirken, dass der Lohnsenkungsdruck Arbeitnehmer mit mittlerer und schließlich höherer Qualifikation erreicht. Dies kann zur Folge haben, dass immer mehr Menschen trotz guter Qualifikation kein auskömmliches Erwerbseinkommen erzielen. Der Effekt „kaskadiert" dann gewissermaßen durch weitere Lohnsegmente und kann sich auf Bereiche ausweiten, in denen qualifizierte Arbeit geleistet wird (KUHR (2008), WERNER, HÄUßNER und PRESSE (2008), INSTITUT FÜR ARBEITSMARKT- UND BERUFSFORSCHUNG (2009)). Vor diesem Hintergrund erscheint möglicherweise sogar nachvollziehbar, freiwillige Arbeitszeitbeschränkung mit Lohneinbuße in Kauf zu nehmen (vgl. oben Abschnitt 3.1, insbesondere Abbildung 3.1), wenn dadurch in einer Volkswirtschaft so etwas wie „Vollbeschäftigung bei nicht auskömmlichen Löhnen" vermieden wird. Eine alternative Antwort kann in der Einführung eines bedingungslosen Grundeinkommens liegen.

Das neoklassische Arbeitsangebotsmodell geht implizit davon aus, dass die Menschen auf Erwerbseinkünfte nicht existenziell angewiesen sind, so dass sie im Extremfall die Möglichkeit haben, auf Erwerbseinkommen zu verzichten. Dies wäre der Fall, wenn sie über andere Einkünfte in auskömmlicher Höhe, etwa aus Kapitalvermögen, Vermietung und Verpachtung oder über öffentliche oder nichtöffentliche Transfereinkommen, verfügten. Das gilt aber für die Mehrzahl der Erwerbstätigen nicht. Zwar könnte die bestehende Sozialgesetzgebung mit einer „Grundsicherung im Bedarfsfalle" eine solche Wirkung haben. Durch das Zulassen so genannter „Aufstocker"-Erwerbsarbeitsverhältnisse ist diese Untergrenze jedoch außer Kraft gesetzt: Arbeitnehmer müssen jede „zumutbare" Arbeit annehmen; die Differenz zu auskömmlichen Einkommen wird durch öffentliche Transferzahlungen geleistet. Durch die Einführung eines Grundeinkommens hingegen würde eine der Prämissen erfüllt, die für die Gültigkeit und Funktionsfähigkeit des Arbeitsmarktes als eines freien Marktes erforderlich sind.

Eine weitere Fragestellung bezüglich der Auswirkungen der Einführung eines bedingungslosen Grundeinkommens verdient Beachtung: Der sich gegenwärtig in Deutschland entwickelnde Niedriglohnsektor hat zur Folge, dass Menschen für ein sehr geringes Entgelt arbeiten können beziehungsweise müssen. Dies verstärkt einerseits die Tendenz zu den genannten „Aufstocker"-Tätigkeiten (siehe oben). Andererseits führt es dazu, dass Unternehmen mit geringer Kapitalbildung Tätigkeiten ausführen lassen können, deren maschinelle Ausführung möglicherweise größere Investitionen erfordern, etwa in der Automobilreinigungsbranche. Die hier durch den Einsatz menschlicher Arbeit geringere Kapitalbindung kann dazu führen, dass Investitionsmitteln anderen, produktiveren Investitionsmöglichkeiten zugeführt werden können. Würde ein Grundeinkommen, wenn es zu Lohnsteigerungen führt, die Möglichkeiten für den Niedriglohnsektor einschränken oder, da es niedrige Reservationslöhne ermöglicht, ausweiten?

Die Frage wird an dieser Stelle nicht untersucht und muss insofern als unbeantwortet gelten. HOHENLEITNER und STRAUBHAAR (2008, S. 54) gelangen hinsichtlich dieser Frage zu dem Ergebnis, dass sich das Arbeitsangebot der Arbeitnehmer im Niedriglohnsektor ausweitet (vgl. hierzu auch unten Abschnitt 5.2) und die Löhne hierdurch sinken. Dies würde für eine Ausweitung von Spielräumen im Niedriglohnsektor sprechen und könnte dazu führen, dass die Notwendigkeit der Kapitalbindung für Tätigkeiten, die von Menschen statt von Maschinen ausgeführt werden können, sinkt.

3.4 Zwischenfazit „Auswirkungen auf den Arbeitsmarkt"

Die Ergebnisse der Analyse der Auswirkungen der Einführung eines Grundeinkommens fallen nicht eindeutig aus. Als Folge der Einführung eines Grundeinkommens kann es zu einer Erhöhung der Beschäftigung insbesondere im Niedriglohnsektor kommen. Diese kann sich in der Folge auf weitere Lohnsegmente ausweiten. Durch ein Grundeinkommen in existenzsichernder Höhe können Angebots- und Nachfrageverzerrungen, die etwa durch Lohnfixierung entstehen, vermieden werden. Die Auswirkungen der Umstellung eines Steuerwesens zu einer reinen Konsum- beziehungsweise Mehrwertbesteuerung, die im folgenden Abschnitt 4 behandelt wird, führen für ein Unternehmen zu einer Verringerung der Kosten des Faktors Arbeit. Begründung: Wenn die Einkünfte aus Erwerbsarbeit immer mehr von Steuern und Abgaben befreit werden, reduziert dies die Kosten der Unternehmen. Deren zu bezahlende Bruttolöhne sowie Lohnnebenkosten fallen und entwickeln sich in Richtung der Nettolöhne. Der Produktionsfaktor Arbeit würde von verzerrenden Belastungen befreit. Als Beispiel aus jüngerer Zeit diene Ungarn: Das Land senkte zum 1. Juli 2009 Lohnnebenkosten, die Gegenfinanzierung wird durch eine Erhöhung der Mehrwertsteuer geleistet. Zuvor wurden „Arbeitseinkommen durch die hohen Lohnnebenkosten stark belastet [...]. Diese Fiskalfalle senkt das Beschäftigungsniveau und beflügelt die Schattenwirtschaft." (SEISER (2009)) Der „Keil", der durch eine hohe Steuer- und Abgabenlast zwischen Brutto- und Nettolöhne getrieben wird und der die Beschäftigung senkt, kann durch eine Umstellung zur Konsum- beziehungsweise Mehrwertsteuer verkleinert werden. Offen bleibt, ob insgesamt durch die Einführung eines Grundeinkommens das Beschäftigungsniveau steigt (vgl. oben Abschnitt 3.2)

oder sinkt, etwa wenn durch Einführung eines Grundeinkommens der finanzielle Anreiz zur Aufnahme von Erwerbsarbeit zu sehr sinkt (STRAUBHAAR (2009)). Dabei spielt
die Höhe des Grundeinkommens eine entscheidende Rolle; vgl. hierzu die folgenden
Kapitel).

4. Die Idee des Grundeinkommens und das Steuer- und Abgabensystem

In Kapitel 2 wurde das Grundeinkommen im Zusammenhang mit einer Umstellung des Steuer- und Abgabensystems geschildert und aus dieser abgeleitet. Der hier in Betracht kommende Typ der Konsumbesteuerung in Form der Mehrwertsteuer soll noch genauer spezifiziert werden. HOMBURG (2007, S. 123) unterscheidet drei Typen einer Mehrwertsteuer: Die Mehrwertsteuer vom Wertschöpfungstyp (sie belastet die Bruttowertschöpfung der Unternehmen), die Mehrwertsteuer vom Einkommenstyp (sie belastet das gesamte im Unternehmen erwirtschaftete Einkommen) und die Mehrwertsteuer vom Konsumtyp. Letztere stellt das in einem Unternehmen erwirtschaftete Kapitaleinkommen steuerfrei und besteuert nur die Entnahme der Güter (Waren und Dienstleistungen) des Unternehmens. Die in Deutschland und weiten Teilen Europas etablierte Mehrwertsteuer entspricht Typ 3.

Die Literatur zur Konsum- beziehungsweise Mehrwertsteuer ist weit weniger umfangreich als die Literatur über die Lohn- beziehungsweise Einkommensteuer (KEEN (2009)). Dies kann einerseits daran liegen, dass diese Besteuerungsform von geringem wissenschaftlichem Interesse beziehungsweise ihre Bedeutung von wirtschaftswissenschaftlicher Seite noch nicht sehr stark reflektiert ist. Andererseits kann ein Grund sein, dass bei der Beauftragung einschlägiger Wirtschaftsforschungsinstitute mit steuerpolitischen Untersuchungen die meist öffentlichen Auftraggeber kaum Fragen zur Mehrwertsteuer stellen (PEICHL (2009)). Dies kann darauf zurückzuführen sein, dass bei der Transparenz eines Konsum- beziehungsweise Mehrwertsteuersystems dem politischen Personal weniger Spielraum für Gefälligkeiten gegenüber einzelnen Interessengruppen bleibt (KOTLIKOFF (2005)). Gleichwohl wurden und werden einzelne Aspekte der Konsum- beziehungsweise Mehrwertsteuer wissenschaftlich untersucht, etwa die Auswirkungen der Mehrwertsteuer in Entwicklungs- und Schwellenländern (BIRD und GENDRON (2007)). Diese legen nahe, die Einführung einer Mehrwertsteuer für die USA zu erwägen.[18] Erforscht werden auch Fragen der Lebenskonsumbesteuerung (ATTANASIO et al. (1999)), Generationengerechtigkeitsaspekte beim Vergleich von Lohnsteuer und Konsumsteuer (WIGGER (2004)), die Frage steigender oder sinkender Steuerbelastungen im Zuge einer Umstellung von be-

---

[18] KOTLIKOFF (2005) bezeichnet eine stärkere Besteuerung des Konsums als „einzige Option" für eine grundlegende Reform des US-Steuerrechts.

stehenden, im Wesentlichen auf Einkommensteuern basierenden Steuersystemen (KOTLIKOFF und RAPSON (2005)) sowie Reaktionen der Verbraucher auf die Konsumsteuer (WATRIN und ULLMANN (2008)). Die Frage, ob letztlich alle Steuern als Bestandteil der Wertschöpfung in den Produktpreisen enthalten sind und was dies für eine Reform des Steuerwesens bedeuten würde, wurde bisher wissenschaftlich kaum untersucht. Wenn sich die im vorliegenden Kapitel 4 dargelegte Überlegung als zutreffend erweist, dass alle Steuern im Wertschöpfungsprozess, ebenso wie andere Wertschöpfungsbestandteile auch, von Konsumenten getragen werden (vgl. oben Abschnitt 2.2), hätte dies weitreichende Konsequenzen für die Anforderungen an ein modernes, dem arbeitsteiligen Wirtschaftsleben gemäßes Steuersystem.

HOMBURG leitet in seinem Buch „Allgemeine Steuerlehre" das Kapitel über die Ausgabensteuer mit den folgenden Sätzen ein: „Die persönliche Ausgabensteuer (*expenditure tax*) ist eine gelegentlich vorgeschlagene Alternative zur Einkommensteuer. Sie belastet formell den Konsum und wird deshalb in der Literatur auch als *Konsumsteuer* (*consumption tax*) bezeichnet. Der Ausdruck *persönliche Ausgabensteuer* besagt, dass diese direkte Steuer, ähnlich wie die Einkommensteuer, auf die persönlichen Verhältnisse des Zensiten zugeschnitten und insbesondere progressiv ausgestaltet sein kann. Hierdurch unterscheidet sich die Ausgabensteuer von der indirekt erhobenen Mehrwertsteuer."[19] (vgl. HOMBURG (2007, S. 121) sowie zur Unterscheidung zwischen direkten und indirekten Steuern die Ausführungen unten in Abschnitt 4.1.1). HOMBURG führt damit einen wichtigen Kritikpunkt an der Mehrwertsteuer an, der mit Hilfe eines Grundeinkommens überwunden werden kann (vgl. unten Abschnitt 4.1.3). Zuvor soll jedoch allgemein auf die Auswirkungen einer Umstellung zur Konsum- beziehungsweise Mehrwertsteuer eingegangen werden.

4.1 Auswirkungen einer erhöhten Konsum- beziehungsweise Mehrwertsteuer

McGUINEAS (2007) fasst die Nachteile der Lohnbesteuerung und die Vorteile der Konsumbesteuerung mit den folgenden Worten zusammen: „Die Lohnsteuer ist regressiv, ineffizient, und ihre Einnahmen erfüllen nicht die beabsichtigten [sozialen] Aufgaben. Es macht wenig Sinn, lediglich kleine Veränderungen dieser Steuer vor-

---

[19] Die an dieses Zitat anschließenden Sätze erläutern die Vorgehensweise bei der Ermittlung der Bemessungsgrundlage einer Ausgabensteuer (vgl. HOMBURG (2007, S. 121)).

zunehmen. Um ihre Fehler zu vermeiden, ist eine grundlegende Steuerreform erforderlich. Durch die Eliminierung der Lohnsteuer und durch eine progressive Konsumbesteuerung würden die ökonomischen Vorteile einer Konsumsteuer mit fairen Steuertarifen verknüpft – eine für Steuerreformen seltene Win-Win-Situation."[20]

4.1.1 Grundsätzliche Überlegungen zur Besteuerung

Die Steuerlehre differenziert zwischen direkten und indirekten Steuern (HOMBURG (2007, S. 11)). Erstere sind für das Steuersubjekt ,direkt' wahrnehmbar, letztere gewissermaßen im Wertschöpfungsprozess ,versteckt' beziehungsweise zumindest für den Steuerträger nicht unmittelbar zu erkennen. Die Mehrwertsteuer mindert weder das Einkommen ,direkt' noch trifft sie im Wertschöpfungsprozess die Konsumenten indirekt beziehungsweise ,verdeckt' wie die frühere Umsatzsteuer vor Einführung der Mehrwertsteuer (vgl. unten Abschnitt 4.1.2).

Unternehmen müssen alle Kosten, die im Rahmen der Wertschöpfung beziehungsweise Wertbildung entstehen, aus den Erlösen für die von ihnen verkauften Güter und Dienstleistungen decken. Hierzu zählen die Kosten der im eigenen Unternehmen geleisteten Wertschöpfung, also insbesondere der Mitarbeitereinkommen, der Vorleistungen wie der Vorprodukte, der Maschinen, aber auch die Kosten der Leistungen aus der Nutzung der Infrastruktur wie beispielsweise Wasser, Strom, Gas sowie die Kosten der Finanzierung. Auch die im Wertschöpfungsprozess anfallenden Steuern werden letztlich aus Einnahmen bezahlt, die die Unternehmen durch den Verkauf ihrer Produkte und Dienstleistungen erzielen, in der Vergangenheit erzielt haben oder in der Zukunft erzielen werden. Dies gilt für die von den Mitarbeitern gezahlten Einkommensteuern ebenso wie für die von den Unternehmen gezahlten Steuern und Abgaben, insbesondere Sozialabgaben. Dies gilt auch – bei weiter aufgeschlüsselter Wertschöpfung – für die Kapitalertragssteuern auf Erträge, die Finanzinvestoren aus einem Investment in ein Unternehmen erzielen. Im Ergebnis werden die Steuern der Vorstufen zu Kostenbestandteilen des Endpreises und somit von den Konsumenten getragen.

---

[20] Im Original: „It is regressive, inefficient and insufficient to meet the needs of the programs it supports. It makes little sense to attempt only incremental changes in such a problem-plagued tax program. Addressing its shortcomings will require wholesale reform. By eliminating the payroll tax and replacing it with a progressive consumption tax, we could combine the economic benefits of a tax on consumption with the fairer tax structure that comes with progressive rates – creating a rare win-win situation in tax reform." Eine Realisierung der von MCGUINEAS angesprochenen „Progression" wird im Rahmen des in dieser Arbeit vorgestellten Ansatzes durch die Verknüpfung der Konsumbesteuerung mit der Auszahlung eines Grundeinkommens erreicht (vgl. unten Abschnitt 4.1.3).

Die Einkommensteuer belastet den Produktionsfaktor Arbeit. Das hat zur Folge, dass Produktionsentscheidungen beziehungsweise Entscheidungen über den Faktoreinsatz, die nach ökonomischen Kriterien erfolgen sollten, ausbleiben oder verzerrt werden. Eine Konsumsteuer wird erst am Ende des Wertschöpfungsprozesses erhoben. Sie trifft Wertschöpfungsbestandteile entsprechend ihrem Anteil an der Gesamtwertschöpfung (vgl. hierzu auch Abschnitt 2.1.2). Bei der Besteuerung nach abgeschlossener Wertschöpfung werden die Investitionsentscheidungen der Unternehmen sowie die Leistungs- und Arbeitsangebotsentscheidungen der privaten Haushalte allein mit Blick auf deren ökonomische Vorteilhaftigkeit getroffen und nicht von steuerlichen Erwägungen verzerrt (WERNER und HARDORP (2007)).

Fallen Unternehmen in ihrer wirtschaftlichen Leistungsfähigkeit zurück und erzielen sie keine Gewinne, sind sie im gegenwärtigen Steuersystem von der Gewinnbesteuerung befreit, obwohl sie nach wie vor die gesellschaftlich bereitgestellte Infrastruktur in Anspruch nehmen. Junge, leistungsstarke Unternehmen mit hohen Erträgen werden hingegen besteuert. HARDORP bezeichnet es als gesamtwirtschaftlich widersinnig, „die jungen, kapitalbildekräftigen Initiativen in ihrer Entwicklung durch Auferlegung der vollen Ertragssteuerlast gleich beim Start zu bremsen – und die alten und ermattenden (renditelosen) Initiativen von dieser Last freizustellen" (HARDORP (1991, S. 88 f.)). Eine konsequente Reduzierung und schließlich Abschaffung aller Unternehmenssteuern würde die steuerliche Benachteiligung junger Unternehmen vermeiden.

Jede Form der Besteuerung beeinflusst das Teilungsverhältnis zwischen öffentlichem und privatem Konsum: Stets treten hierdurch private Ausgaben zu Gunsten der Erfüllung öffentlicher Aufgaben zurück (HARDORP (2001), (2003), (2005a, S. 6) sowie ähnlich HOMBURG (2007, S. 1 und 5) und WIGGER (2006, S. 6 f.)). Dies ist nach HARDORP nicht nur bei jenen Steuern der Fall, für die es offensichtlich ist, also bei der Mehrwertsteuer und der Lohnsteuer, sondern auch bei allen anderen Steuerarten. Diese gehen, wie gesagt, in die Kalkulation der Unternehmen ein und sind damit in den Produktpreisen enthalten. Besteuerung kann nach dieser Auffassung *immer* als Konsumbesteuerung betrachtet werden, da sie einen Verzicht auf private Konsumausgaben zugunsten der Finanzierung öffentlicher Aufgaben erzwingt. Es stellt sich die Frage, welche Steuer die Initiative der Menschen am wenigsten beeinträchtigt (HARDORP (2007)).

Hinsichtlich der Art und Weise der Steuererhebungen bestehen verschiedene Konzepte (vgl. nochmals HOMBURG (2007, S. 121). FRANK (2007), ROSE (1991) und MACGUINEAS (2008) schlagen vor, die Erhebung der Konsumsteuer in der folgenden Weise durchzuführen: Zur Ermittlung des „zu versteuernden Konsums" sollen die Ersparnisse einer Person von ihren Einkünften abgezogen werden, um die Höhe des konsumierten Einkommens als Besteuerungsgrundlage zu erhalten.

KOTLIKOFF ((2005), (2007) und (2008)) und HARDORP sprechen sich hingegen für eine Konsumbesteuerungsform aus, bei der die persönlichen Einkünfte unberücksichtigt bleiben und die Steuer produkt- beziehungsweise konsumbezogen gezahlt wird. Dieser Ansatz wird im Folgenden genauer betrachtet.

4.1.2 Welche Auswirkung hätte die Umstellung des Steuersystems auf nur noch eine Steuer, die Konsumsteuer in der Form der Mehrwertsteuer?

JOKISCH und KOTLIKOFF (2007) zeigen, dass eine Reform des Steuerwesens hin zu einer Konsumbesteuerung positive Wohlfahrtseffekte für alle Einkommensklassen haben kann. Diese entstehen beispielsweise durch die steuerliche Entlastung der Einkommen und der Unternehmenserträge und die damit verbundenen Bedingungen für Investitionen, die wiederum zu einer Steigerung des Kapitalstocks führen.

Durch eine vollständige Umstellung des Steuersystems auf die Konsumsteuer in der Form der Mehrwertsteuer würde für das gesamte Steuersystem das vollzogen, was in Deutschland bei der früheren Umsatzsteuer durch die Einführung der Mehrwertsteuer – mit dem Ziel einer wettbewerbsneutralen Besteuerung – bereits 1968 geschehen ist (HARDORP (1999), (2007)): *Formal* wurde vor 1968 der jeweils hinzukommende Wertschöpfungsbeitrag von der Umsatzsteuer erfasst. *Besteuerungsziel* war und ist hingegen stets das Ende des Wertschöpfungsprozesses (HARDORP (1991, S. 90 f.)). Mit anderen Worten: Die Umsatzsteuer einer Wertschöpfungsstufe wurde durch den Preis des von der nachgelagerten Wertschöpfungsstufe erworbenen Produkts zu einem Bestandteil der Kosten. Auf dem Wege des Vorsteuerabzuges (§ 15 Umsatzsteuergesetz (UStG)) wird heute die Umsatzsteuer der vorgelagerten Wertschöpfungsstufe vom Finanzamt dem Unternehmen der nachgelagerten Wertschöpfungsstufe erstattet. Effektiv *getragen* wird die Steuerlast somit bereits im gegenwärtigen Steuersystem von den Konsumenten. Diesen wird die Umsatz- beziehungsweise Mehrwertsteuer *nicht* vom Finanzamt erstattet, das heißt *sie* sind die

Träger der auf der jeweiligen Rechnung ausgewiesenen Mehrwertsteuer sowie aller im Preis enthaltenen Vorsteuern.

Die Konsumbesteuerung in Form der Mehrwertsteuer bewirkt, dass „die Folgen der Umsatzsteuererhebung aus den Gestaltungsformen des Wertschöpfungsprozesses wirtschaftlich ganz verschwunden und an dessen Ende verlagert worden sind" (HARDORP (1991, S. 91)). Die Umstellung des Steuersystems auf nur noch eine Steuer, die Konsumsteuer, würde für die Konsumenten die Steuererhebung transparent machen, das heißt zumindest für die in Deutschland hergestellten und abgesetzten Konsumgüter (Waren und Dienstleistungen) das gesellschaftliche Teilungsverhältnis zwischen privatem und öffentlichem Konsum sichtbar machen.

Die gesamtwirtschaftliche Produktivität der Industrienationen hat ein Niveau erreicht, durch das Mangel als gesamtwirtschaftliches Phänomen – also als Folge des „Unvermögens zur Realversorgung" – nicht mehr existiert (Stichwort „Überflussgesellschaft"). Individuelle Armut hingegen gibt es weiterhin. Sie ist jedoch nicht mehr auf eine zu geringe Produktivität der Volkswirtschaft zurückzuführen, sondern beruht auf nicht mehr zeitgemäßen Finanzierungsverfahren (HARDORP (2005b)). Eine Konsumsteuer würde, wie gesagt, alle Wertschöpfungsbestandteile gemäß ihrem Anteil an der Produktion der Besteuerung unterziehen – und wäre so im Produktionsprozess wettbewerbsneutral. Der Faktor Arbeit würde dabei nicht mehr – wie dies gegenwärtig der Fall ist – belastet. Hierdurch würde es für Unternehmen wieder attraktiver, Mitarbeiter einzustellen.

Bei der Mehrwertsteuer handelt es sich unter Gerechtigkeitsgesichtspunkten um eine der „besten Steuern" (SINN (2004, S. 354)). Kritiker sehen für die Mehrwertsteuer ein Gerechtigkeitsdefizit, weil einkommensschwache Haushalte von Preissteigerungen ihrer Meinung nach in besonderem Maße getroffen werden. Dabei ist keineswegs sicher, dass eine Umstellung von der Einkommens- zur Konsumbesteuerung zu Preissteigerungen führt. Begründung: Bereits heute sind alle Kosten des Wertschöpfungsprozesses und damit auch die im Wertschöpfungsprozess anfallenden Steuern in den Preisen enthalten (siehe auch oben Abschnitt 2.1.2).

Werden die Kosten der Wertschöpfung durch den Wegfall von Steuern verringert, *muss* eine höhere Konsumsteuer nicht zu einem höheren Preisniveau führen (WERNER (2007, S. 203) sowie WERNER, HÄUßNER und PRESSE (2008)). Die folgende

Abbildung 4.1 enthält eine im Vergleich zu Abbildung 2.2 (Abschnitt 2.1.2) veränderte Wertschöpfungskette. Sie stellt schematisch den um einen Teil der Steuern und Abgaben kostenmäßig reduzierten Wertschöpfungsprozess beziehungsweise Wertbildungsstrom dar. Wird ein größerer Teil der öffentlichen Aufgaben, die durch Steuern und Abgaben finanziert sind, durch die Mehrwertsteuer finanziert, erhöht sich deren Steuersatz zwar. Dies muss aber nicht unbedingt zu einer Erhöhung des Preisniveaus führen: In den Preisen, auf die die Mehrwertsteuer draufgesattelt wird, sind ja jetzt von dem Unternehmen die abgeschafften Steuern und Abgaben nicht mehr zu berücksichtigen, sodass diese Preise in Abhängigkeit von der jeweiligen Konkurrenzsituation mehr oder weniger stark sinken werden.

Die Aufgabe, diese Überlegungen theoretisch, praktisch und anhand von Beispielen bis zu numerischen Ergebnissen weiterzuführen, ist eine Herausforderung für die weitere Forschung.

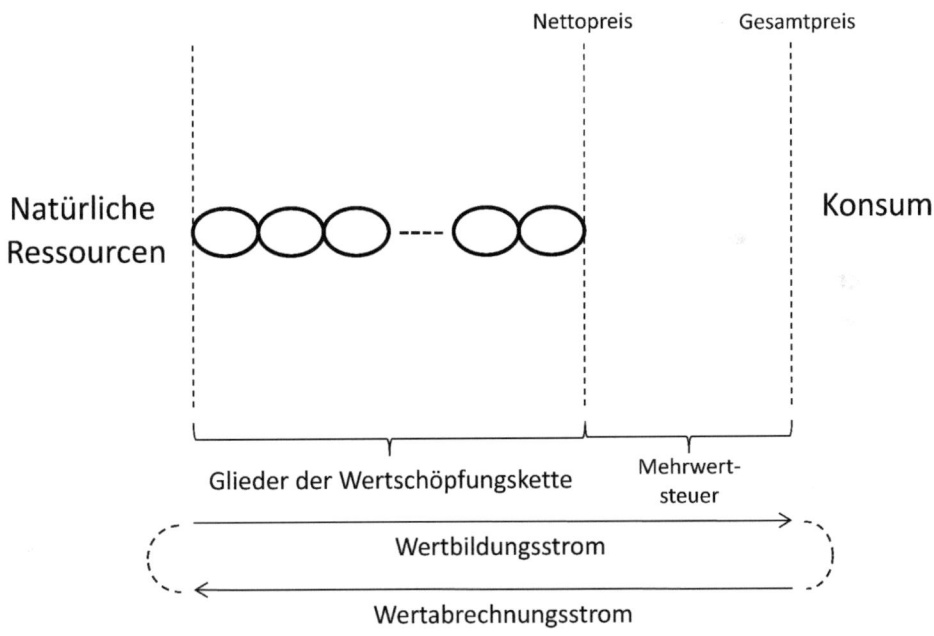

Abbildung 4.1: Schematische Darstellung einer Wertschöpfungskette mit Waren- und Geldkreislauf. Der Nettopreis ist im Vergleich zu Abbildung 2.2 um einen Teil der Steuern reduziert

Ein Argument gegen die Befürchtung, einkommensschwache Haushalte könnten von der Mehrwertsteuer überproportional betroffen sein, ist die Einführung eines Grundeinkommens. Durch eine personenbezogene Auszahlungsweise des Grundeinkommens erhalten Empfänger mit geringen Einkünften eine relativ zu ihren bestehenden Einkünften höhere Auszahlung.

Die Finanzierung öffentlicher Aufgaben und der Sozialversicherungen durch die Heranziehung des Lohnes für die Arbeit führt im gegenwärtigen System zu einer Verteuerung der Arbeit im Vergleich zu anderen Produktionsfaktoren (WERNER (2007)). In seiner Wirkung auf die Außenwirtschaftsbeziehungen wirkt das gegenwärtige Steuer- und Abgabensystem wie eine Importförderung (STEINGART (2007, S. 324 ff.)) beziehungsweise Exportbelastung. So werden Importe aus Ländern mit geringen Sozialstandards, etwa China, in Deutschland lediglich mit der Mehrwertsteuer belastet (vgl. WERNER (2008, S. 194)). Die Preise für in Deutschland hergestellte Produkte enthalten hingegen die Steuer- und Abgabenlast des deutschen Sozialstaates. Würde an Stelle aller Steuern und Sozialabgaben nur noch die Konsumsteuer verbleiben, würde diese voll auf die Importgüter angewandt. Die Erhöhung der Mehrwertsteuer zu Beginn des Jahres 2007 bei gleichzeitiger Absenkung der Beiträge zur Arbeitslosenversicherung entlastete den Faktor Arbeit von einem Teil der Sozialversicherungskosten. Die gute konjunkturelle Entwicklung des Jahres 2007 kann auch in Verbindung mit der Entlastung der Arbeit gesehen werden. UHLIG (2006) verweist auf die höhere wirtschaftliche Prosperität durch eine Entlastung der Arbeit.

Vor diesem Hintergrund und mit Blick auf volkswirtschaftliche Leistungsfähigkeit und individuelle Leistungsentfaltung wird deutlich, dass die Denkweise: „Ich arbeite, um Geld zu verdienen, damit ich mir davon etwas leisten kann, und der Staat besteuert meine Leistung nach meinen Einnahmen" in einem arbeitsteiligen Wirtschaftsleben die Entfaltung von Initiative behindert. Realwirtschaftlich betrachtet erbringen Wirtschaftsakteure ihre Leistungen, um damit ihrerseits früher oder später *Leistungen* anderer in Anspruch nehmen zu können, und zwar über den Zwischenschritt des Geldes als Ausweis der Anwartschaft auf die Leistungen anderer. Nur bei oberflächlicher Betrachtung geht es dem Leistenden im Wesentlichen um Geld, in Wirklichkeit ist er im Rahmen arbeitsteiliger Wertschöpfung an der – zeitlich verzögerten oder vorausgehenden – (Gegen-)Leistung interessiert. Die Konsumsteuer macht diese Tatsache bewusster. Der ihr zugrunde liegende Gedanke lautet: „Wenn ich Geld erhalte, erhalte ich hierdurch erst lediglich eine *Anwartschaft* auf diese Leistungen. Erst wenn ich dieses Recht auf Gegenleistungen in Anspruch nehme, greift die Besteuerung." Mit einem solchen Umdenken kann der Paradigmenwechsel von der Initiative hemmenden Leistungsbesteuerung weg und hin zur Initiative weckenden Konsumbesteuerung beschritten werden.

Der Tatbestand der Schwarzarbeit wäre nach vollständiger Umstellung zur Konsumbeziehungsweise Mehrwertsteuer nicht mehr gegeben, denn der Lohn für die Arbeit unterliegt je dann keinen Steuern und Abgaben mehr. Anders verhält es sich mit dem Tatbestand des Schwarzumsatzes. Für diesen gilt: Wenn im gegenwärtigen System unternehmerische Leistungen „schwarz", also unter Hinterziehung der hierfür anfallenden Mehrwertsteuer, erbracht werden, werden dabei auch die privaten Einnahmen aus dieser Leistung nicht der privaten Einkommensteuer unterzogen. Mit anderen Worten: Der finanzielle Anreiz für „Schwarzumsatz" steigt nicht zwangsläufig durch eine höhere Mehrwertsteuer, da bei einer Hinterziehung der Mehrwertsteuer auch heute zugleich die Einkommensteuer hinterzogen wird. Der Anreiz zu „Schwarzumsatz" ist deshalb im gegenwärtigen Steuersystem hoch.

Wenn sich die Finanzverwaltung zunehmend auf einen Ort der Besteuerung – den des Übergangs von der Produktions- in die Konsumsphäre – konzentrieren kann, können auch die Methoden der Überprüfung und Sanktionierung verfeinert und immer weiter verbessert werden. Zwar hat der Konsument – nach einer vollständigen Umstellung zur Mehrwertsteuer – seine gesamte Steuererklärung praktisch mit dem Erwerb des Produktes und damit auf dem „Kassenbon" gemacht. Hier sei ausdrücklich hervorgehoben, dass viele Millionen Staatsbürger(innen) die Last der Steuererklärungen los wären. Unternehmen müssten selbstverständlich weiterhin ordnungsgemäß über ihre Einnahmen und Ausgaben Buch führen. Sie zahlen für Vorprodukte zwar keine Mehrwertsteuer beziehungsweise erhalten diese zurückerstattet, müssen jedoch deren Verarbeitung und weiteren Verbleib wie schon heute in Buchführung und Bilanz dokumentieren. Somit werden auch Finanzbeamte und Steuerberater nicht überflüssig.

Der Vorschlag HARDORPS einer konsumsteuerbasierten Neuordnung des Steuerwesens ruht – neben der genannten ökonomischen Begründung – auf noch grundsätzlicheren Überlegungen. Diesen zufolge sind Steuern ein Ausdruck des Gemeinwesens und dienen der Entwicklung des Menschen. Jede Art der *Einkommensteuer* fragt, ihrem Wesen nach, nach der *Herkunft* der finanziellen Einnahmen: Was hat der einzelne *für sich selbst getan*? (HARDORP (2001)). Die *Konsumsteuer* hingegen fragt: „Was willst du mit der dir zugesprochenen Kaufkraft tun? Welchen Zielen wendest du dich mit ihr zu?" (HARDORP (2005, S. 5)). Insofern richtet sie den Blick des Menschen auf seine „Ziele als Möglichkeiten künftigen Lebens". Nach HARDORPs Auffassung zählt die Konsumbesteuerung dadurch zu den gesellschaftlichen Einrichtungen, die die menschliche Entwicklung stützen und die Initiative des Einzelnen und damit das Gemeinwohl fördern (ibid., S. 6).

Würde es zu einer Umstellung des Steuersystems zur Konsum- beziehungsweise Mehrwertsteuer als einziger Steuer kommen, müsste deren Verteilung zwischen den Gebietskörperschaften von Bund, Ländern und Gemeinden neu geregelt werden. Die Einnahmen aus der Konsumsteuer können, vergleichbar mit dem heutigen Verfahren, anhand von Zuteilungsschlüsseln aufgeteilt werden. Auch im gegenwärtigen Steuersystem bestehen Ansätze zu einer radikalen Vereinfachung, die eine Neuordnung der Finanzbeziehungen der Gebietskörperschaften des Bundes und der Länder und Gemeinden notwendig macht. So forderte der seinerzeitige Berliner Finanzsenator SARRAZIN (2007), sämtliche Steuern mit Ausnahme der Gemeindesteuern dem Bund zu überlassen. Der Bund würde nach diesem Vorschlag die Länder mit Finanzzuweisungen ausstatten, die sich zu 75 Prozent an der Einwohnerzahl und zu 25 Prozent an anderen Kriterien wie beispielsweise der Wirtschaftskraft orientieren sollen.

Die Einführung eines Grundeinkommens kann zu einer erheblichen Reduzierung der Kosten für die öffentlichen Körperschaften führen, beispielsweise der Personalkosten und der Sozialausgaben. Zudem fällt ein Teil jener Aufwendungen weg beziehungsweise wird im Grundeinkommen zusammengefasst, die für die steuerliche Bezuschussung der Renten und sonstiger Transferzahlungen heute aufgewendet werden.

Mit Blick auf die Debatte über die demographische Entwicklung, die Sicherheit der Renten und Pensionen und die Belastung heutiger und künftiger Beschäftigter weist HARDORP (2003) darauf hin, dass die seit Gründung der Bundesrepublik gestiegene Produktivität die Altersverssicherung tragbar macht. Die Zahl der Menschen, die auf einem gegebenen Wohlstandsniveau von den Leistungen der arbeitenden Bevölkerung leben können, ist hierdurch gestiegen. Ein Grundeinkommen ist für HARDORP eine Antwort auf die Frage, „wozu unsere ungeheuer gewachsene Fähigkeit der Werteerzeugung letztlich dienen soll." (siehe ähnlich WERNER (2008)).

Die Ausgaben der öffentlichen Hand können sich dadurch verringern, dass inländische Anbieter, von denen die öffentliche Hand Leistungen bezieht, von sinkenden Löhnen profitieren, mit geringeren Kosten produzieren und somit ihre Leistungen – bei unterstelltem Wettbewerb – zu geringeren Preisen anbieten können, beispielsweise im Rahmen von Ausschreibungen beim Bau und beim Unterhalt von Verwaltungsgebäuden und Straßen.

Eine zunehmende Besteuerung des Konsums findet mit der Einführung der Mehrwertsteuer bereits seit 1968 statt; seitdem ist der Mehrwertsteuersatz Schritt für Schritt von 10 auf 19 Prozent[21] angestiegen.

Ein weiteres Argument für die Mehrwertsteuer ist, dass sie durch eine höhere Transparenz eine bessere demokratische Kontrolle und Legitimation erfahren kann als ein Steuerwesen mit zahlreichen und teilweise unübersichtlichen Einzelsteuern. Eine Gemeinschaft mündiger Bürgerinnen und Bürger sollte sich des Teilungsverhältnisses ihrer Wertschöpfung bewusst sein, um es aktiv gestalten zu können (HARDORP (1991, S. 93)). Die Konsumsteuer macht die Besteuerung transparent und kann somit als eine Institution betrachtet werden, die einer nach Mündigkeit strebenden Gesellschaft förderlich ist (HARDORP und WERNER (2007, S. 12)).

4.1.3 Progressive Ausgestaltung der Konsum- beziehungsweise Mehrwertsteuer mit Hilfe des Grundeinkommens

SCHMIDT und HÄNI (2008) weisen auf den folgenden Sachverhalt hin: Wenn alle Bürger(innen) ein Grundeinkommen gleicher Höhe erhalten und dieses Grundeinkommen sowie ihren Hinzuverdienst voll für Konsumgüter ausgeben, so sehen sie sich bei konstantem Mehrwertsteuersatz einer progressiven Steuer gegenüber. Dies lässt sich aus Tabelle 4.1 ablesen. Sie enthält eine Reihe von Beispielen für die Steuerbelastung von Zensiten in Abhängigkeit von ihren Konsumausgaben und bei einem Grundeinkommen in Höhe von 1000 Euro.

---

[21] Regel- beziehungsweise Normalsatz.

(1) Grundein- kommen (in Euro)	(2) Hinzu- verdienst	(3) Konsum- ausgaben	(4) Steuerlast I (bei 50 % Steueranteil)	(5) Steuerlast II ((4) abzgl. Grundeink.)	(6) Steuerlast in Prozent ((5)*100/(3))
1000	0	1000	500	-500	-50
1000	500	1500	750	-250	-16,67
1000	1000	2000	1000	0	-
1000	2000	3000	1500	500	16,67
1000	4000	5000	2500	1500	30
1000	8000	9000	4500	3500	38,89
1000	19000	20000	10000	9000	45

Tabelle 4.1: Progressive Steuerbelastungswirkung der Mehrwertsteuer anhand eines Beispiels: Grundeinkommen 1000 Euro, Mehrwertsteueranteil 50 Prozent, Mehrwertsteuersatz 100 Prozent (eigene Darstellung in enger Anlehnung an Schmidt und Häni (2008), alle Angaben bis auf die letzte Spalte in Euro)

Die Steuerlast in Prozent der Konsumausgaben steigt mit wachsendem Hinzuverdienst gegen 50 Prozent. Der grundlegende Unterschied und damit verbunden die Aufforderung an ein „Umdenken", das mit einer solchen Umstellung im Steuerwesen verbunden ist, ist der Übergang von der Betrachtung der *Einkünfte* hin zur Betrachtung der (Konsum-)*Ausgaben* eines Haushalts.

Erwähnenswert ist, dass sich die Tabelle 4.1 auf einen Steueranteil von 50 Prozent, gemessen am (konsumierten) Gesamteinkommen, bezieht. Etwa 50 Prozent beträgt im Steuersystem der Bundesrepublik auch die Belastungsquote der Bevölkerung durch Steuern und Abgaben (BUND DER STEUERZAHLER (2009)) sowie die Staatsquote (vgl. auch oben Kapitel 2).

Das hierbei erforderliche Umdenken kann als Paradigmenwechsel bezeichnet werden, der aufgrund der veränderten Leistungsbeziehungen im Wirtschaftsleben (vergleiche oben Abschnitt 2.1.1) notwendig wird. Arbeitsteilung und wachsende Produktivität können zu zunehmender Wertschöpfung bei abnehmender Erfordernis menschlicher Arbeit führen, das heißt zu weniger Möglichkeiten der Erzielung auskömmlicher Einkommen durch Erwerbsarbeit, von abnehmender Verhandlungsmacht potenzieller Arbeitnehmer ganz zu schweigen (vgl. oben die Abschnitte 2.1, 2.2.1 und 3.3 sowie ähnlich HOMBURG (2007, S. 116)).

Mit anderen Worten: Bei gegebener Wirtschaftsleistung und zunehmender Produktivität bleibt die Wertschöpfung als Besteuerungsbasis erhalten, und diese Basis „bringt" auch die notwendigen Steuereinnahmen über die Mehrwertsteuer, aber die (Erwerbs-)Arbeits*leistung* als Besteuerungsbasis kann zurückgehen.

4.2 Auswirkungen der Finanzierung eines bedingungslosen Grundeinkommens aus der Konsum- beziehungsweise Mehrwertsteuer

Die folgenden Beispiele sind rechnerisch einfach gehalten, da es zunächst um die Erläuterung des *Prinzips* der Auswirkungen geht. Wenn, analog dem Beispiel oben in Abschnitt 3.1, ein Unternehmen bei heutigen Rahmenbedingungen einem Mitarbeiter ein monatliches Nettogehalt in Höhe von 1.500 Euro zahlt, entstehen dem Unternehmen im gegenwärtigen Steuer- und Abgabensystem in Deutschland Kosten in etwa doppelter Höhe: Zum einen muss dann das Bruttogehalt bei etwa 2.500 Euro liegen. Hiervon gehen etwa 500 Euro Steuern und 500 Euro Sozialversicherungsbeiträge ab.[22] Das Bruttogehalt umfasst jedoch noch nicht die gesamten Kosten des Unternehmens für den betreffenden Mitarbeiter. Hinzu kommen Lohnfortzahlungen im Krankheitsfall, bezahlte Urlaubstage, Krankheitstage etc. Da das Unternehmen die Sozialabgaben in etwa paritätischer Weise trägt, also die Sozialversicherungskosten des Arbeitnehmers noch einmal in etwa gleicher Höhe zu tragen hat, hat es weitere Kosten in Höhe von etwa 500 Euro. Insgesamt entstehen einem Unternehmen damit Kosten für Mitarbeitereinkommen (WERNER 2009) im gewählten Beispielfall in Höhe von etwa 3.000 Euro monatlich. Mit anderen Worten: Der Anteil von Steuern und Abgaben an den Kosten, die den Unternehmen bei der Zahlung von Mitarbeitereinkommen entstehen, liegt bei etwa 50 Prozent. Diese Zahl gilt für das gewählte Beispiel. Nach Angaben des BUNDES DER STEUERZAHLER liegt die Steuer- und Abgabenquote für Deutschland für das Jahr 2009 bereits deutlich über 50 Prozent (BUND DER STEUERZAHLER (2009)). Vom Betrag des Nettoeinkommens aus gerechnet liegt die Steuer- und Abgabenlast somit bei etwa 100 Prozent.

---

[22] Die Höhe der Steuern liegt im Falle beispielsweise eines Alleinverdieners mit Steuerklasse I unter 500 Euro, die Kosten für Sozialabgaben darüber. Es geht an dieser Stelle, wie gesagt, lediglich um die Verdeutlichung des Prinzips. Die Steuerprogression und weitere Details sind an dieser Stelle nicht berücksichtigt.

Etwa die Hälfte der Preise für im Inland erbrachte und verkaufte Wertschöpfung besteht aus Steuern und Sozialabgaben. Begründung: Die Öffentliche Hand kann auf Dauer nur Geld ausgeben, das sie über Steuern und Abgaben an Aufkommen erzielt. Eine Staatsquote beziehungsweise ein Staatsanteil von etwa 50 Prozent führt – im Prinzip, und von Einzelaspekten bei im- und exportierten Gütern einmal abgesehen (siehe unten) – somit dazu, dass in den Preisen, die die Konsumenten für Güter und Dienstleistungen zahlen, etwa je zur Hälfte Steuern plus Abgaben enthalten sind. Dies jedoch oft so intransparent, etwa durch die für den Konsumenten nicht „sichtbaren" Einkommens- und Ertragssteuern der einzelnen Wertschöpfungsstufen, dass den Konsumenten diese Belastungsquote nicht bewusst ist. Ein Produkt, dessen Wertschöpfung vollständig von Menschen im Inland erbracht wird, würde nach dieser Betrachtungsweise einer Belastung von etwa 50 Prozent unterliegen beziehungsweise trägt mit etwa der Hälfte seines Preises zur Finanzierung öffentlicher Aufgaben bei. Wird ein Produkt aus einem Land mit geringen Sozialstandards wie etwa China importiert und hierauf der Mehrwertsteuerregelsatz von 19 Prozent erhoben, trägt dieses Produkt nur mit rund einem Sechstel seines Bruttopreises zu den Steuereinnahmen im Inland und damit zur Finanzierung öffentlicher Aufgaben bei. Man könnte auch sagen: Inländische Kaufkraft fließt, da der inländischen öffentlichen Hand das Aufkommen aus den im Ausland hergestellten Einkommens- und Ertragssteuern nicht zufließt, ins Ausland und steht somit nicht mehr zur Finanzierung der inländischen öffentlichen Infrastruktur zur Verfügung. Im Falle vollständiger oder zumindest teilweiser Wertschöpfungsbeteiligung des Auslands – dies ist der Regelfall des globalisierten Wirtschaftslebens – steht bei diesen Produkten nur das Aufkommen der Mehrwertsteuer dem Inland vollständig zur Verfügung. Die inländische Produktion wird vom gegenwärtigen ertrags- und einkommensbasierten Steuer- und Abgabensystem gegenüber ausländischen Gütern und Dienstleistungen benachteiligt. Nach einer vollständigen Umstellung hin zur Mehrwertsteuer würde die inländische und ausländische Wertschöpfung der gleichen Besteuerung unterliegen und die Preise der im Inland abgesetzten Produkte – ob aus inländischer oder ausländischer Produktion – würden den gleichen Anteil zur Finanzierung der inländischen öffentlichen Infrastruktur (der „öffentlichen Aufgaben") enthalten. Die Benachteiligung der inländischen Wertschöpfung im gegenwärtigen Steuer- und Sozialabgabensystem wäre hierdurch überwunden. Schon durch erste Schritte einer solchen Umstellung würde der durch das gegenwärtige Steuer- und Abgabensystem verursachte Wettbewerbs-nachteil inländischer Produktion gegenüber ausländischer Produktion verringert.

Im Inland kann auf die gesunkenen Nettopreise ein höherer Mehrwertsteuersatz er-hoben werden. Das Preisniveau bleibt also für einen bestimmten erhöhten Mehrwert-steuersatz stabil. Auf Produkte aus ausländischer Produktion wird der gestiegene Mehrwertsteuersatz ebenfalls erhoben. Wenn im Ausland kein Grundeinkommen eingeführt wird, können die Nettopreise dieser Produkte nicht wie die inländischen Produkte von Preissenkungen profitieren. Ausländische Hersteller können somit we-gen der gestiegenen Mehrwertsteuer ihre Preise nicht halten und müssen Umsatz-rückgänge in Kauf nehmen – insbesondere dann, wenn vergleichbare Produkte von inländischen Unternehmen angeboten werden. Auf diese Weise erhalten inländische Hersteller einen Wettbewerbsvorteil gegenüber ausländischen Herstellern. Mit ande-ren Worten: Inländische Hersteller holen auf oder überholen sogar die Konkurrenz.

Diese Sachlage kann die ausländischen Hersteller dazu veranlassen, von ihrer Re-gierung ebenfalls eine Modifikation des Steuer- und Abgabenwesens zu fordern. In-ländische Unternehmen können zu den infolge des Grundeinkommens gesunkenen Nettopreisen ihrer Produkte im Ausland mehr verkaufen.

Der Mehrwertsteuersatz würde im Zuge der Umstellung des Steuersystems erhöht. Bei unverändertem Staatsanteil müsste dieser bei etwa 100 Prozent liegen (siehe oben), wenn alle Steuern und Abgaben bis auf die Mehrwertsteuer weggefallen sind. Wie man sieht, sollte eine Umstellung zur Mehrwertsteuer keinesfalls schockartig vollzogen werden, sondern schrittweise.

Der geschilderte Sachverhalt „erhöhter Mehrwertsteuersatz hier, sinkendes Netto-preisniveau dort", soll in seiner Wirkung an einem Beispiel verdeutlicht werden: Für ein Produkt beträgt der Preis vor einer Umstellung beziehungsweise vor dem ersten Schritt der Umstellung 100 Euro netto, also vor Mehrwertsteuer. Hinzu kommt die gegenwärtige Mehrwertsteuer mit dem Regelsatz von 19 Prozent, insgesamt liegt der Preis also bei 119 Euro. Sinkt nun der (Netto-)Preis des Produkts aufgrund der zuvor beschriebenen Wirkung der Einführung eines Grundeinkommens, kann der Mehr-wertsteuersatz von 19 Prozent auf einen Steuersatz erhöht werden, der den ur-sprünglichen (Brutto-)Preis unverändert ließe beziehungsweise das ursprüngliche Bruttopreisniveau wieder herstellt.

Es sinke der Preis (vor Mehrwertsteuer) des betreffenden Produkts von 100 Euro auf 90 Euro. Wie hoch dürfte dann der Mehrwertsteuersatz von 19 Prozent (siehe oben) steigen, um den ursprünglichen Preis von 119 Euro wieder herzustellen? Auf rund 32,3 Prozent! Würden, wie im Rahmen einer Umstellung vorgeschlagen, andere Steuern parallel zur Mehrwertsteuererhöhung gesenkt, könnte der Mehrwertsteuersatz steigen, ohne dass sich hierdurch die gesamte Steuerbelastung erhöht. Der erhöhte Mehrwertsteuersatz führt dann auch nicht zu einem Anstieg des Preisniveaus.

Steigt der Mehrwertsteuersatz und sinken die Lohn- und Lohnnebenkosten in der beschriebenen Weise, kann sich hierdurch die Wettbewerbsfähigkeit der inländischen Unternehmen gegenüber dem Ausland verbessern. Andere Volkswirtschaften könnten sich hierdurch veranlasst sehen, das Steuersystem in ähnlicher Weise zu überdenken. Diese Vermutung wird durch die Reaktion Frankreichs auf die Erhöhung des deutschen Mehrwertsteuerregelsatzes auf 19 Prozent im Jahr 2007 nahegelegt. Dort wurde nach der Erhöhung der Mehrwertsteuer in Deutschland eine stärkere Finanzierung des Sozialsystems aus den Einnahmen einer erhöhten Mehrwertsteuer diskutiert (BERSCHENS (2006)).

Die in Deutschland geleistete Arbeit könnte bei einem solchen Vorgehen, also insbesondere durch die Einführung eines Grundeinkommens, schrittweise immer preisgünstiger werden: Die Löhne können sinken und Einstellungen für Unternehmen sowie für die öffentliche Hand erleichtert werden, ohne dass hierfür das Gesamteinkommen der Menschen sinken müsste. Für die Unternehmen kann dies die oben beschriebenen Auswirkungen haben. Für öffentliche Einrichtungen wie beispielsweise Kindergärten, Schulen, Hochschulen, Krankenhäuser, Pflegeheime etc., die ihre Leistungen besonders personalintensiv erbringen, hätte dies einen besonders positiven Effekt. Erhält beispielsweise eine Krankenschwester gegenwärtig 1.200 Euro Nettoeinkommen, verursacht dies – analog zum obigen Beispiel – Kosten für das Krankenhaus in Höhe von etwa 2.400 Euro. Wenn nun durch ein Grundeinkommen in Höhe von 600 Euro der Lohn der Krankenschwester zugleich ein wenig gesenkt werden würde, könnte das Krankenhaus mehr Krankenschwestern einstellen. Personalintensive Betriebe wie die genannten Kindergärten und Schulen etc. können personell verstärkt werden und deren „Kunden" würden hiervon profitieren. Eine zum Teil dramatische Situation etwa in Schulen, Krankenhäusern und Pflegeheimen

(Stichwort: Pflegenotstand) könnte auf diese Weise grundlegend verbessert werden. Die „Kulturarbeit", um diesen Begriff noch einmal aufzugreifen, könnte hierdurch starke Impulse erhalten. Welche Löhne jedoch bei Einführung und Erhöhung tatsächlich gezahlt werden beziehungsweise in welche Richtung sie sich entwickeln, hängt von der jeweiligen Qualifikation und der Situation beziehungsweise der Nachfrage nach dieser Qualifikation am Arbeitsmarkt ab (vgl. oben Abschnitt 3.2).

4.3 Zwischenfazit zur Auswirkung der Veränderungen bei der Besteuerung

Die Konsum- beziehungsweise Mehrwertsteuer trägt, wie gesagt, der Veränderung der Leistungsbeziehungen im Wirtschaftsleben Rechnung, das durch Industrialisierung und Spezialisierung zu einem arbeitsteiligen Wirtschaftsleben geworden ist. Im Unterschied zur Selbstversorgungswirtschaft, in der Steuer*zahler* (zum Beispiel in Form von Naturalsteuern, etwa dem „Zehnten") und Steuer*träger* identisch sind, ist in einem arbeitsteiligen Wirtschaftsleben stets der Konsument der Träger im Sinne einer „Realeinkommensbesteuerung" (siehe oben). Eine konsequente Umstellung hin zu einer reinen Konsum- beziehungsweise Mehrwertbesteuerung erscheint insofern zielführend, als sie diesen realen Zusammenhang auch nominell beziehungsweise fiskalisch sichtbar, das Steuersystem dadurch transparenter, nachvollziehbarer und damit gestaltbarer macht.

5. Bisherige Ansätze zur Finanzierung eines Grundeinkommens

5.1 Das Modell von STRENGMANN-KUHN

In der internationalen Literatur zur Finanzierung eines Grundeinkommens schlagen ATKINSON (1995) und SCUTELLA (2004) diese Finanzierung aus den Einnahmen einer „Basic Income Flat Tax" (BIFT) auf alle Einkünfte vor. Für Deutschland wird dieser Vorschlag von STRENGMANN-KUHN (2007) vorgetragen.

Das Modell von STRENGMANN-KUHN sieht für Kinder einen reduzierten Grundeinkommensbetrag vor. Ausgehend von einem Grundeinkommen in Höhe von 800 Euro für Erwachsene und in Höhe von 400 Euro für Kinder ist nach seinen Berechnungen mit Kosten in Höhe von 700 Mrd. Euro zu rechnen (STRENGMANN-KUHN (2007, S. 146)). Da die Kosten in diesem Modell durch die Einnahmen der BIFT zu decken sind, bedeutet dies bei dem von ihm zugrunde gelegten Volkseinkommen in Höhe von 1.600 Mrd. Euro, dass die Steuereinnahmen insgesamt 50 Prozent des Volkseinkommens ausmachen müssen. 100 Mrd. Euro dienen in diesem Modell der Finanzierung weiterer Staatsausgaben.

STRENGMANN-KUHN (2007) hat die Kosten eines Grundeinkommens und die hierfür erforderlichen Steuersätze anhand verschiedener Grundeinkommenshöhen errechnet. Aus den von ihm berechneten Kosten für ein Grundeinkommen in Höhe von 500, 650, 800 und 950 Euro werden für diese Arbeit exemplarisch die Zahlen für ein Grundeinkommen in Höhe von 800 Euro herangezogen. Dies ermöglicht eine bessere Vergleichbarkeit mit anderen Finanzierungsmodellen (Abschnitte 5.2 bis 5.4), da in allen vorgestellten Modellen zur Finanzierung eines Grundeinkommens in Deutschland eine Variante mit einem Grundeinkommen in Höhe von 800 Euro vorgesehen ist.

Nach Einschätzung STRENGMANN-KUHNS eignet sich die Einkommensteuer besser als eine Konsumsteuer zur Finanzierung eines Grundeinkommens. Er begründet dies damit, dass sie besser zur Umverteilung geeignet sei. Tatsächlich zielt der in der vorliegenden Arbeit vorgestellte Ansatz der Finanzierung eines Grundeinkommens aus der Mehrwertsteuer nicht primär auf eine Umverteilung. Durch die vorgeschlagene

Umstellung des Steuerwesens auf eine Mehrwertsteuer (vgl. Abschnitt 2.1 und Kapitel 4) kann so viel menschliche Initiative und Leistung freigesetzt werden – sie ist ja von belastenden Steuern und Abgaben befreit –, dass im Ergebnis sowohl die oberen als auch die unteren Einkommensklassen Einkommenszuwächse erzielen (vgl. ähnlich Abschnitt 5.6). Allerdings kann auch mit der Mehrwertsteuer in Verbindung mit der Auszahlung eines Grundeinkommens eine Politik der Umverteilung betrieben werden. Nach Angaben der GESELLSCHAFT FÜR KONSUMFORSCHUNG (2006) geben Haushalte mit einem höheren Einkommen mehr Geld für Konsum aus als Haushalte mit einem geringeren Einkommen. Konkret gaben beispielsweise im Jahr 2005 die Haushalte des oberen Einkommensquintils etwa dreimal mehr für Konsum aus als die Haushalte des unteren Quintils.[23] Somit tragen Haushalte mit höheren Einkommen mehr zum Mehrwertsteueraufkommen bei als Haushalte mit geringerem Einkommen, würden jedoch pro Kopf den gleichen Grundeinkommensbetrag erhalten. Im Ergebnis kann es also beim Vergleich der Höhe der Belastungswirkung beziehungsweise der Einkommenseffekte der verschiedenen Einkommensklassen zu einer Umverteilung kommen.

Bezogen auf den einzelnen Haushalt bemisst sich die Höhe der Mehrwertsteuerzahlung nach der Menge der erworbenen Güter (Waren und Dienstleistungen). In jedem einzelnen Fall bestimmt somit der einzelne Haushalt durch seine Konsumwahl die Höhe seiner Mehrwertsteuerzahlung. Umverteilung kann also durch eine Mehrwertsteuer tatsächlich nicht in jedem Falle garantiert werden. Geht man jedoch davon aus, dass sich das Konsumverhalten durch die Einführung eines Grundeinkommens nicht grundlegend ändert – es insbesondere nicht zu einer Verlagerung des Konsums ins Ausland kommt, wenn das Preisniveau, wie gesagt, stabil bleibt (vgl. Abschnitt 4.2) – kann es zu einem Umverteilungseffekt kommen. Die Behauptung, dass die Einkommensteuer besser für eine Politik der Umverteilung geeignet sei als die Mehrwertsteuer, trifft also nicht in jedem Falle zu.

In Bezug auf die Belastung der Haushalte *relativ* zu ihrem Einkommen gilt zwar: Haushalte mit hohen Einkommen geben im Allgemeinen im Unterschied zu Haushalten mit kleinem Einkommen einen kleineren Teil ihres Einkommens für Konsumgüter

---

[23] Diese Angaben beziehen sich auf Ausgaben für den Nicht-Nahrungsmittel-Bereich.

aus. In *absoluten Zahlen* weisen Haushalte mit hohen Einkommen jedoch, wie gesagt, deutlich höhere Konsumausgaben auf als Haushalte mit niedrigen Einkommen. Häufig wird der Einwand erhoben, Haushalte mit geringeren Einkünften würden relativ stärker von den Steigerungen des Konsum- beziehungsweise Mehrwertsteuersatzes betroffen als Haushalte mit höheren Einkünften, da letztere einen relativ geringeren Teil ihrer Einkünfte für Konsum ausgeben. Dies gilt jedoch nur für den Fall, dass es bei Erhöhung der Konsum- beziehungsweise Mehrwertsteuersätze zu Preissteigerungen kommt. Die Erhöhung der Mehrwertsteuersätze geht in dem in dieser Arbeit vorgestellten Ansatz mit dem Wegfall anderer Steuern einher, die vor der Umstellung zur Mehrwertsteuer noch in den Preisen enthalten sind. Der Wegfall anderer Steuern kann, wie gesagt, bei Wettbewerb unter den Anbietern bewirken, dass das Preisniveau bei bestimmtem Anstieg der Mehrwertsteuersätze konstant bleibt (vgl. erneut Abschnitt 4.2).

Als weiterer Grund für die Einkommensbesteuerung führt STRENGMANN-KUHN (2007) an, dass bei einer Konsumsteuerfinanzierung mit langen Übergangsfristen zu rechnen sei. Auf der Basis der bestehenden Einkommensbesteuerung kann nach seiner Auffassung ein Grundeinkommen in existenzsichernder Höhe bereits zum gegenwärtigen Zeitpunkt eingeführt werden.

5.2   Das Modell von HOHENLEITNER und STRAUBHAAR (HWWI)

Das Hamburgische Weltwirtschaftsinstitut (HWWI) gelangt in einer Analyse zur Finanzierung des Sozialbudgets in Deutschland zu dem Ergebnis, dass alles getan werden müsse, um die Lohnnebenkosten massiv zu senken (HOHENLEITNER und STRAUBHAAR (2008, S. 18), ähnlich oben Abschnitt 3). Als Ansatz zur Realisierung dieser Forderung hat das HWWI ein Modell vorgelegt, das wie das Modell von STRENGMANN-KUHN von einem einheitlichen Steuersatz auf Einkünfte (BIFT) ausgeht. Diese Besteuerung könne zudem schon an der Quelle erfolgen, da durch das Grundeinkommen als Quasi-Steuerfreibetrag keine weitere Differenzierung der persönlichen Einkommensteuersätze vorgenommen werden muss. Dieser Vorschlag entspricht dem der negativen Einkommensteuer (FRIEDMAN (1962) sowie oben Abschnitt 2.1 und Kapitel 4). Mit anderen Worten: Indem jedem Bürger ein Grundeinkommen ausgezahlt wird, kann der einheitliche Steuersatz (BIFT) auf alle Einkünfte erhoben werden, ohne dass hierbei persönliche Steuersätze oder Freibeträge zu berücksichtigen sind. Der „Steuerfreibetrag" ergibt sich aus der Höhe des Einkommensteuersatzes und des Grundeinkommens. Beispiel: Bei einem Grundeinkommen von 600 Euro und einem Steuersatz von 50 Prozent auf Einkommen, die zusätzlich zum Grundeinkommen anfallen, sind insgesamt 1.200 Euro steuerfrei. Bei Einkünften in Höhe eines unter dieser Einkommensgrenze liegenden Betrages übersteigt das Grundeinkommen als „negative Einkommensteuer" den Betrag der gezahlten Einkommensteuer, was netto zu einer Transferzahlung seitens des Staates an den Bürger führt. Erst bei einem Einkommen von über 1.200 Euro führt der Einkommensteuersatz von 50 Prozent dazu, dass der Betrag der gezahlten Einkommensteuer über dem Betrag des Transfers (Grundeinkommen) liegt. Erst dann wird der Bürger zum Nettozahler.

Dies kann anhand zweier Beispiele verdeutlicht werden: Bei einem Grundeinkommen von 600 Euro führt ein Erwerbseinkommen von 1200 Euro in diesem Vorschlag dazu, dass das Erwerbseinkommen um 50 Prozent, also 600 Euro, gemindert wird und somit die Höhe der gezahlten Einkommensteuer der Höhe des erhaltenen Grundeinkommensbetrages entspricht. Mit anderen Worten: Die Belastungsquote liegt dann bei Null. Unterhalb von 1200 Euro Erwerbseinkommen zahlt der Bürger als Steuerzahler weniger, als er als Grundeinkommensempfänger erhält. Oberhalb von 1200 Euro Erwerbseinkommen verhält sich dies umgekehrt.

HOHENLEITNER und STRAUBHAAR betrachten ihr Modell als radikale Alternative zu den gegenwärtigen, nach ihrer Auffassung nicht mehr zukunftsfähigen Systemen der sozialen Sicherung. Nach ihrem Modell erhalten alle Staatsangehörigen unabhängig von Geschlecht und Einkommen ein Grundeinkommen in Höhe des Existenzminimums. Dieses soll, anders als bei STRENGMANN-KUHN, unabhängig vom Alter gezahlt werden. Es soll ohne Bedingung, ohne Gegenleistungen und ohne Antrag ausbezahlt werden und helfen, den finanziellen Aufwand der Sozialbürokratie stark zu senken. Nach HOHENLEITNER und STRAUBHAAR ist die Höhe des Grundeinkommens eine politische und keine ökonomische Entscheidung. Über das Grundeinkommen hinaus gehende Einkünfte würden mit einem einheitlichen und gleich bleibenden Steuersatz belegt. Auf diese Weise sollen „Fehlanreize in Form hoher Grenzsteuerbelastungen" vermieden werden. Zudem fallen alle bisherigen Steuerfreibeträge weg, das heißt das Grundeinkommen ist dann eine Art „Steuerfreibetrag [...] für höhere Einkommen" (HOHENLEITNER und STRAUBHAAR (2008, S. 24)). Einkünfte können somit in Form einer Quellensteuer erfasst werden, da über das Grundeinkommen hinaus keine Steuerfreibeträge anzurechnen und damit keine individuellen Steuersätze zu berücksichtigen sind.

HOHENLEITNER und STRAUBHAAR bezeichnen das Grundeinkommen als „sozialpolitischen Universaltransfer", durch den nahezu alle anderen steuer- und abgabenfinanzierten Sozialleistungen abgeschafft werden sollen. Hierzu zählen insbesondere die gesetzliche Renten-, Arbeitslosen- und Pflegeversicherung sowie das Arbeitslosengeld II, Sozialhilfe, Wohn- und Kindergeld. Für die Kranken- und Unfallversicherung wird im Modell eine Grundversicherungspflicht eingeführt. In dem Grundeinkommen in Höhe von 800 Euro ist ein Gutschein über 200 Euro Krankenversicherungsbeitrag enthalten (HOHENLEITNER und STRAUBHAAR (2008, S. 28)). Diesen ‚Versicherungsgutschein' können sie bei einer Kranken- beziehungsweise Unfallversicherung ihrer Wahl einlösen. Der Vorschlag des HWWI sieht vor, dass alle Krankenkassen zu deren Annahme verpflichtet sind, sie also einem Diskriminierungsverbot und Kontrahierungszwang unterliegen (HOHENLEITNER und STRAUBHAAR (2008, S. 96)).

Im Modell des HWWI ist als eine Variante ein Grundeinkommen in Höhe von 800 Euro vorgesehen, also wie gesagt 600 Euro plus ein Gutschein über 200 Euro Krankenversicherungsbeitrag (siehe oben). Im Modell von ALTHAUS wird dieses „Gutschein"-Modell für die Krankenversicherung als „Gesundheitspauschale" bezeichnet (vgl. Abschnitt 5.4). Im Folgenden wird von der Variante eines Grundeinkommens in Höhe von 800 Euro brutto (einschließlich 200 Euro Gesundheitspauschale) ausgegangen. HOHENLEITNER und STRAUBHAAR ermitteln hierfür Kosten in Höhe von 791,65 Mrd. Euro und setzen diese ins Verhältnis zum Sozialbudget für die Bundesrepublik Deutschland. Dieses belief sich im Jahr 2007 auf etwa 709,1 Mrd. Euro, im Jahr 2008 auf 721,4 Mrd. Euro und wird für das Jahr 2009 voraussichtlich 754,0 Mrd. Euro und im Jahr 2012 voraussichtlich mehr als 790,1 Mrd. Euro betragen (BUNDESMINISTERIUM FÜR ARBEIT UND SOZIALES (2009, S. 254)). Das Sozialbudget wird gegenwärtig zu 60 Prozent aus Sozialversicherungsbeiträgen und zu 40 Prozent aus Steuermitteln finanziert (HOHENLEITNER und STRAUBHAAR (2008, S. 15)). In dem hierdurch verursachten Abzug von den Bruttoentgelten in Höhe von insgesamt etwa 42 Prozent sehen HOHENLEITNER und STRAUBHAAR eine einseitige Belastung der Schultern der Arbeitskräfte, wodurch sich die Arbeitslosigkeit verstärkt (vgl. hierzu auch Abschnitt 3.3 dieser Arbeit).

Das Modell geht von einem ausgeglichenen Staatshaushalt aus. Den Bruttokosten eines Grundeinkommens stellen HOHENLEITNER und STRAUBHAAR Einspareffekte gegenüber. Zur Deckung der entstehenden Finanzierungslücke errechnen HOHENLEITNER und STRAUBHAAR auf Grundlage eines Volkseinkommens von 1.658,4 Mrd. für das Jahr 2005 einen Steuersatz von zusätzlich 10 Prozent. Zur Deckung der unter Berücksichtigung der Einnahmen aus indirekten Steuern entstehenden Kosten für das Grundeinkommen in Höhe von 800 Euro und die übrigen Staatsausgaben in Höhe von insgesamt 1.003,92 Mrd. Euro errechnen HOHENLEITNER und STRAUBHAAR einen Gesamtsteuersatz von 61 Prozent auf alle Einkünfte.

Der Steuersatz erscheint hoch. Das Grundeinkommen als Quasi-Steuerfreibetrag führt jedoch zu einer mit der heutigen Steuer- und Abgabenlast vergleichbaren Nettobelastung (HOHENLEITNER und STRAUBHAAR (2008, S. 34)). Insbesondere die Bezieher niedriger und mittlerer Einkommen stellen sich im Vergleich zu heute besser. Ein Kritikpunkt an diesem Modell könnte die hohe Steuerbelastung der oberen Einkünfte sein. Diese kann politisch gewünscht sein, etwa aus Gründen der Umverteilung (vgl. oben Abschnitt 5.1). Anmerkung des Verfasser der vorliegenden Arbeit: Durch eine Umstellung des Steuersystems hin zu einer verstärkten Konsum- beziehungsweise Mehrwertbesteuerung ließe sich auch die in diesem Modell vorgesehene steuerliche Belastung höherer Einkünfte reduzieren.

Durch die Einführung eines Grundeinkommens erwarten HOHENLEITNER und STRAUBHAAR den Wegfall aller sozialpolitisch motivierten Arbeitsmarktregulierungen wie zum Beispiel des Kündigungsschutzes, der Flächentarifverträge, Sozialklauseln und Mindestlöhne. Diese behindern nach ihrer Auffassung das „freie Spiel der Marktkräfte". An die Stelle des Kündigungsschutzes setzen HOHENLEITNER und STRAUBHAAR betrieblich zu vereinbarende Abfindungsregelungen, und an die Stelle von Flächentarif und Mindestlöhnen treten frei verhandelbare Löhne.

„Wer sicher ist, dass ein Misserfolg nicht zu einem bodenlosen Fall in Not und Armut führt, wird mehr wagen [...] und kommende Herausforderungen eher als Chance und

weniger als Bedrohung bewerten." (HOHENLEITNER und STRAUBHAAR (2008, S. 18))
Die Befreiung der Marktkräfte kann als ein primäres Ziel des Modells bezeichnet
werden – im Unterschied zum Modell von STRENGMANN-KUHN, das insbesondere auf
Umverteilung zielt, das aber bei der Ermittlung der Kosten für eine Einführung eines
Grundeinkommens zu vergleichbaren Ergebnissen gelangt. Offene und freie Märkte
sorgen für eine optimale Primärverteilung und -verwendung von Einkommen. Auf
dieser Grundlage kann der Staat für eine über Steuern finanzierte Sekundärvertei-
lung sorgen. Die gegenwärtigen Sozialsysteme verfehlen nach der Auffassung des
HWWI die Realität der Gegenwart und die Zukunft der Arbeitswelt, indem sie von
ununterbrochener, lebenslanger Beschäftigung ausgehen. Anderen Vorschlägen der
mit einer sozialen Sicherung verknüpften Arbeitsmarktpolitik stehen HOHENLEITNER
und STRAUBHAAR skeptisch gegenüber. So seien Mindestlöhne beschäftigungsfeind-
lich, wenn sie zu hoch, und für betroffene Arbeitnehmer von Nachteil, wenn sie zu tief
liegen.

Im Modell entfallen die Abgaben für die Sozialversicherungen, wodurch Lohnnebenkosten gesenkt werden. Damit kann die Arbeitslosigkeit reduziert werden. Mit Hilfe
des Grundeinkommens nach diesem Modell würden Anreize zur Annahme von Nied-
riglohnjobs entstehen, als Zuverdienst zum Grundeinkommen. Die Wirtschaftsakteure gewännen an Handlungsfreiheit: „Arbeitnehmer können gegenüber dem Arbeitgeber selbstbewusster auftreten [...]." STRAUBHAAR (2006a) weist auf die positiven gesamtwirtschaftlichen Effekte hin. Eine Untersuchung der langfristigen Effekte auf dem
Arbeitsmarkt lässt eine höhere Beschäftigung als vor der Einführung eines Grundeinkommens erwarten (vgl. oben Abschnitt 3.3).

5.3   Das Modell von FISCHER und PELZER

Das Modell von FISCHER und PELZER wird auch als Transfergrenzenmodell (TGM)
bezeichnet, da im Unterschied zu den beiden zuvor erläuterten Modellen der Steuersatz nicht über alle Einkommenshöhen einheitlich ist, sondern ab einer bestimmten
Einkommenshöhe ein abweichender Steuersatz gewählt wird (FISCHER und PELZER
(2007)). Die Transfergrenze (TG) ermittelt sich aus der Höhe des Grundeinkommens
und der so genannten Transferentzugsrate, also dem Steuersatz bei der Besteuerung von Einkünften unterhalb dieser Einkommensgrenze. Bei einem Grundeinkom-

men in Höhe von beispielsweise 800 Euro und einem Steuersatz (Transferentzugsra-te) von 50 Prozent befindet sich die Transfergrenze bei 1.600 Euro: Alle über das Grundeinkommen hinaus erzielten Einkünfte unterliegen bis zu dieser Grenze einer Besteuerung in Höhe von 50 Prozent. Bei einem Einkommen von 1.600 Euro beträgt die steuerliche Belastung 800 Euro und entspricht damit der Grundeinkommenshöhe. Bei diesem Einkommen nehmen Steuerbelastung und Grundeinkommen den glei-chen Wert an.

Menschen mit einem Einkommen unterhalb der Transfergrenze sind somit Nettoemp-fänger, Menschen mit einem Einkommen jenseits der Transfergrenze Nettozahler. An einer solchen Transfergrenze kann eine Änderung des Steuersatzes im Verlauf des Steuertarifs erfolgen und zugleich eine Modifikation der Höhe des Grundein-kommens vorgenommen werden (vgl. auch Abschnitt 5.4).

Wie die vorherigen Modelle, so sieht auch das Modell von FISCHER und PELZER un-terschiedliche Höhen für das Grundeinkommen vor: 600, 800 und 1.000 Euro. Aus Gründen der Vergleichbarkeit mit den übrigen Modellen wird auch hier von einem Grundeinkommen in Höhe von 800 Euro ausgegangen. Das Modell sieht – wie das Modell des HWWI – hierfür Beträge von 800 Euro für Erwachsene und 400 Euro für Kinder vor. FISCHER und PELZER (2008) errechnen hierfür einen Finanzierungsbedarf in Höhe von 710 Mrd. Euro jährlich.

PELZER bezieht sich bei der Herleitung und Begründung des Modells auf das Prinzip der Rückkopplung. Übertragen auf die Wirtschaft besagt es nach PELZER, dass „Wirt-schaftswachstum [...] bei fortschreitender Automation und globalen Waren- und Fi-nanzmärkten künftig keine Vollbeschäftigung mehr" sichert (PELZER (2006)). Darauf jedoch baue das gegenwärtige System der sozialen Sicherung der Bundesrepublik. Die Vollzeitarbeit als Fundament des Generationenvertrages bei der Alterssicherung und die Solidarsysteme der Kranken- und Arbeitslosenversicherung seien einem Erosionsprozess unterworfen und die daraus folgende Belastung der verbliebenen Vollerwerbsarbeitsplätze verteuere die Erwerbsarbeit weiter.

Zusätzlich zu den Einnahmen aus der Einkommensteuer können andere Einnahmen in die Berechnung einbezogen werden, etwa eine Wertschöpfungsabgabe oder Mittel, die durch einen Wegfall anderer steuerfinanzierter Sozialtransfers frei werden (PELZER und SCHARL (2005)). Die Beiträge zur Arbeitslosenversicherung entfallen und zusätzliche, über das Grundeinkommen hinaus gehende Alterssicherungen werden von den Arbeitnehmern beziehungsweise Arbeitgebern im Rahmen betrieblicher Altersvorsoge, wie diese bereits bestehen, vorgenommen. Wohngeld wird für sozial Schwache gewährt (HOFMANN (2006)). Bei einem Grundeinkommen in Höhe von 800 Euro monatlich und einer Transferentzugsrate – PELZER bezeichnet diese als Basissteuersatz (BSS) I oder Sozialabgabe I – von 50 Prozent ergibt sich für Einkommen jenseits der Transfergrenze ein Steuersatz (BSS II) von 8,48 Prozent zusätzlich zur bisherigen Steuerbelastung.

Der Unterschied des Steuersatzes im Vergleich zu den Berechnungen STRENGMANN-KUHNS, der zur Finanzierung eines Grundeinkommens in gleicher Höhe einen einheitlichen Steuersatz von 50 Prozent auf alle Einkünfte nennt (vgl. Abschnitt 5.1) erklärt sich aus der Tatsache, dass die von FISCHER und PELZER veranschlagten Sätze wie gesagt *zusätzlich zur bisherigen Steuerbelastung* erhoben werden. Die Gesamtsteuerbelastung liegt also deutlich über dem „BSS II". FISCHER und PELZER kommen auf der Grundlage der Daten des Sozioökonomischen Panels (SOEP) zu ihren Ergebnissen.

Ziel von FISCHER und PELZER ist es, den Bürgern ein Leben und eine Tätigkeit in Freiheit zu ermöglichen. Die Angst, durch den Verlust von Erwerbsarbeit abzurutschen, lähmt nach PELZERS Auffassung die Menschen. Zudem gehe durch ein Grundeinkommen der Leistungswille der Menschen nicht verloren. Es ermögliche eine menschenwürdige Existenz, jedoch nicht mehr (vgl. hierzu auch STRAUBHAAR (2006b)), und der Anreiz zur Aufnahme von Arbeit für Langzeitarbeitslose steige. Vom Zuerwerb verbleiben dann 50 statt bisher 10 bis 30 Prozent. Das von PELZER als entwürdigend bezeichnete Nachweisen der Bedürftigkeit bliebe den Bürgern erspart. Alleinerziehende und Eltern sollen durch ein Grundeinkommen besser gestellt werden. Die häusliche Erziehungsleistung oder Pflege wäre mit geringeren Einkommenseinbußen verbunden. Auf dem Arbeitsmarkt könnten sich Löhne auf der Grundlage von Angebot und Nachfrage bilden (vgl. auch Abschnitt 3.2), Arbeitgeber profitieren von einer Entlastung bei den Lohnnebenkosten. Da niemand mehr einen sozialen Absturz ins Bodenlose befürchten muss, erwartet PELZER einen Innovationsschub (vgl. ähnlich STRAUBHAAR (2006b)). Die unterstützende Ausübung von Tätigkeiten an Schulen und Hochschulen würde durch ein Grundeinkommen erleichtert (vgl. oben Abschnitt 2).

Das Modell von FISCHER und PELZER sieht zudem die Einbeziehung einer Konsumsteuer vor. Hierzu wurde es um einen Parameter für „andere Einnahmequellen" erweitert. Dieser stellt einen Anknüpfungspunkt für eine Finanzierung des Grundeinkommens aus den Einnahmen der Konsum- beziehungsweise Mehrwertsteuer dar und ermöglicht zudem einen ersten Schritt von der Finanzierung aus den Einnahmen eines überwiegend einkommensteuerbasierten Steuersystems (FISCHER und PELZER (2007)) hin zu einem konsumsteuerbasierten Steuersystem.

5.4 Das Modell von ALTHAUS („Solidarisches Bürgergeld") und die finanzpolitische Analyse des Modells durch OPIELKA und STRENGMANN-KUHN

Der damalige Thüringer Ministerpräsident ALTHAUS stellte im Jahr 2006 ein Modell für die Einführung eines unter der Bezeichnung „Solidarisches Bürgergeld" diskutierten Grundeinkommens vor. Dieses enthält sowohl das Element der Transfergrenze (vgl. Abschnitt 5.3) als auch die Idee einer Gesundheitspauschale (vgl. Abschnitt 5.2). Ein neues Element im Vergleich zu den bisher vorgestellten Modellen ist die vorgesehene *Wahlmöglichkeit* zwischen zwei „Tarifen" mit unterschiedlichen Kombinationen aus Grundeinkommen und Steuersatz. Die Grundeinkommensempfänger können wählen zwischen einem Grundeinkommen in Höhe von 800 Euro (inklusive 200 Euro Gesundheitspauschale; vgl. oben Abschnitt 5.2) bei einem Steuersatz auf sonstige Einkünfte von 50 Prozent (Tarif A) und einem Grundeinkommen in Höhe von 400 Euro (ebenfalls inklusive 200 Euro Gesundheitspauschale) bei einem Steuersatz auf sonstige Einkünfte in Höhe von 25 Prozent (Tarif B). Diese sollen aufkommensneutral und überwiegend aus Mitteln der Einkommensteuer finanziert werden (THÜRINGER STAATSKANZLEI (2007)).

Aufgrund der unterschiedlichen ökonomischen Vorteilhaftigkeit für verschiedene Einkommensklassen ist damit zu rechnen, dass sich die Wahlmöglichkeit in der Weise auswirkt, dass Menschen mit einem Einkommen (ohne Grundeinkommen) von bis zu 1.600 Euro Tarif A und bei einem Einkommen über 1.600 Euro Tarif B wählen. Praktisch bedeutet dies die Umsetzung der Idee des Transfergrenzenmodells aus dem vorangegangenen Abschnitt 5.3. OPIELKA und STRENGMANN-KUHN (2007, S. 75 ff.) unterscheiden in Ihrer Studie über das Solidarische Bürgergeld zudem zwischen einem Grundmodell 1 mit einem Grundeinkommen in Höhe von 800 Euro inklusive einer Gesundheitsprämie in Höhe von 200 Euro und einem Grundmodell 2 mit einem Grundeinkommen in Höhe von 600 Euro und einer anderweitigen Finanzierung der Krankenversicherung. Die Gesundheitskosten sollen dann durch eine separate Gesundheitssteuer gedeckt werden (OPIELKA und STRENGMANN-KUHN (2007, S. 78)). Wegen der besseren Vergleichbarkeit mit den vorherigen Modellen wird im Folgenden nur Grundmodell 1 betrachtet.

„Das Solidarische Bürgergeld entspricht finanztechnisch einer ‚Negativen Einkommensteuer', womit Personen unterhalb eines bestimmten Betrages [an Erwerbseinkünften] einen Betrag als ‚negative' Steuer erhalten. [...] Durch die Ausgestaltung als Negativsteuer werden die Einnahmen aus der Einkommensteuer unmittelbar mit den Ausgaben des Bürgergeldes verrechnet" (OPIELKA und STRENGMANN-KUHN (2007, S. 6 f. und S. 8 f.)). Individuelle Steuerfreibeträge bestehen nach diesem Modell nicht mehr. Der Steuerfreibetrag für die Bezieher höherer Einkommen ist, wie in den vorherigen Modellen, das Grundeinkommen. Kinder und Jugendliche erhalten ein Grundeinkommen in Höhe von 300 Euro und somit inklusive der Gesundheitsprämie ein Bürgergeld in Höhe von 500 Euro (OPIELKA und STRENGMANN-KUHN (2007, S. 7)).

OPIELKA und STRENGMANN-KUHN legen zur Finanzierung des Solidarischen Bürgergeldes einen Steuersatz von 50 Prozent für alle über das Grundeinkommen hinausgehenden Einnahmen zugrunde. Auf dieser Basis ergibt sich wie in den beiden vorangegangenen Modellen (vgl. oben Abschnitt 5.2 und 5.3) eine Transfergrenze von 1.600 Euro. Bei einem über das Grundeinkommen hinausgehenden Einkommen in Höhe von 1.600 Euro entspricht die Steuerlast somit gerade der Höhe des Grundeinkommens (vgl. oben Abschnitt 5.3). Der Grundeinkommensberechtigte wird von einem Netto-Empfänger zu einem Netto-Zahler, sobald sein Bruttoeinkommen die Transfergrenze übersteigt.

Um zu einer Aussage über die Finanzierbarkeit des Modells von ALTHAUS zu gelangen, legen OPIELKA und STRENGMANN-KUHN die Zahlen über das Volkseinkommen für das Jahr 2004 zugrunde. Zu den Löhnen und Gehältern in Höhe von 924,2 Mrd. Euro addieren sie die Sozialversicherungsbeiträge der Arbeitgeber (78,3 Mrd. Euro), die Einkommen aus selbständiger und Nebenerwerbstätigkeit (162,6 Mrd. Euro) sowie die Einkünfte aus Vermögen (57,4 Mrd. Euro), betrieblichen und privaten Renten (21,1 Mrd. Euro) und den zu versteuernden Anteil der Bestandsrenten (etwa 103 Mrd. Euro). Im Modell besteht Bestandsschutz für die gegenwärtigen Rentenansprüche, die dadurch in voller Höhe erhalten bleiben (OPIELKA und STRENGMANN-KUHN (2007, S. 6, 9, und 64. f.)). Auf diese Weise gelangen sie zu einer besteuerbaren Bemessungsgrundlage von 1.346,7 Mrd. Euro (OPIELKA und STRENGMANN-KUHN (2007 S. 66)) und auf der Basis dieser Bemessungsgrundlage bei einem Einkommensteuersatz von 25 beziehungsweise 50 Prozent (siehe oben) zu einem Einkommensteueraufkommen in Höhe von 408 Mrd. Euro (OPIELKA und STRENGMANN-KUHN (2007, S. 76)) aus der Besteuerung der Einkünfte. Das Einsparvolumen bei den steuerfinanzierten Sozialleistungen nach Einführung des Grundeinkommens beziffern OPIELKA und STRENGMANN-KUHN (2007, S. 73) auf 204 Mrd. Euro. Für die Auszahlung eines Solidarischen Bürgergeldes nach Grundmodell 1 wurden in der Studie Kosten in Höhe von 400,2 Mrd. Euro für das Grundeinkommen und 196,8 für die Kosten der Gesundheitsprämie ermittelt. Die Gesamtkosten liegen somit bei 597 Mrd. Euro und damit 189 Mrd. Euro über den Einnahmen von 408 Mrd. Euro. Zur Schließung dieser Finanzierungslücke schlagen OPIELKA und STRENGMANN-KUHN vor, die Transferentzugsrate sowie den Steuersatz zu erhöhen und somit die Transfergrenze herabzusetzen. Weitere Vorschläge sind die mehrstufige Gestaltung der Transferentzugsrate beziehungsweise des Steuersatzes sowie die Finanzierung der Gesundheitskosten über eine Gesundheitssteuer (Grundmodell 2, OPIELKA und STRENGMANN-KUHN (2007, S. 83 ff., beziehungsweise mit Modifikationen S. 91 ff.).

Neben der Volkswirtschaftlichen Gesamtrechnung (VGR) greifen OPIELKA und STRENGMANN-KUHN auf die Datenbasis des Sozio-oekonomischen Panels (SOEP) zurück, die wiederum mit der Lohn- und Einkommensteuerstatistik der Einkommens- und Verbrauchsstatistik (EVS) übereinstimmt. OPIELKA und STRENGMANN-KUHN (2007, S. 63) weisen darauf hin, dass in allen drei Datensätzen mit einer Untererfassung zu rechnen ist, die sich für die Vermögenseinkünfte auf 40-50 Prozent belaufen könne. Auch MITSCHKE (1997, S. 43) weist darauf hin, dass bei der Erfassung der Bemessungsgrundlagen nach dem seinerzeitigen – und bis heute im Prinzip weitgehend unveränderten – Steuersystem eine Untererfassung in Höhe von etwa einem Viertel des Volkseinkommens vorliegt. Hierin kann sowohl für die einkommens- wie für die konsumbesteuerungsbasierten Grundeinkommensmodelle weiteres Bemessungspotenzial gesehen werden.

Die Transfergrenze des von ALTHAUS vorgeschlagenen Modells unterscheidet sich von der Transferentzugsrate bei FISCHER und PELZER insofern, als bei letzteren die Höhe des Grundeinkommens unverändert bleibt, jedoch die Netto*zahler* keine Gesundheitspauschale erhalten. Hierdurch reduzieren sich im Modell von FISCHER und PELZER die Kosten für ein Grundeinkommen für Nettozahler von 800 auf 600 Euro. Im Modell von ALTHAUS hingegen bleibt die Gesundheitspauschale in Höhe von 200 Euro auch den Nettozahlern erhalten. Sie beziehen jedoch ein von 600 auf 200 Euro reduziertes Grundeinkommen, weshalb sich im Modell von ALTHAUS der Gesamtbetrag von 800 auf 400 Euro verringert.

Auch im Modell von ALTHAUS liegt die Transfergrenze bei 1.600 Euro. In diesem Modell kann jedoch ab diesem Betrag das Grundeinkommen *wahlweise* auf 400 Euro und der Einkommensteuersatz auf 25 Prozent reduziert werden: Sowohl bei einem Grundeinkommen von 800 Euro und einem Einkommensteuersatz in Höhe von 50 Prozent als auch bei einem Grundeinkommen von 400 Euro und einem Einkommensteuersatz in Höhe von 25 Prozent liegt die Transfergrenze bei 1.600 Euro. Im Modell von PELZER hängt die tatsächliche Transfergrenze für Nettozahler vom persönlichen Einkommensteuersatz ab, da die Sozialabgabe in Höhe von 8,48 Prozent zusätzlich zum persönlichen Steuersatz erhoben wird (vgl. oben Abschnitt 5.3).

Hinsichtlich der Ausgestaltungsmöglichkeiten des Grundeinkommens verweisen OPIELKA und STRENGMANN-KUHN (2007, S. 37- 42) auf die Möglichkeit zur Variierung der Höhe eines Grundeinkommens auf einen Betrag sowohl unterhalb als auch oberhalb des Existenzminimums (vgl. VANDERBORGHT und VAN PARIJS (2005, S. 40) sowie unten Abschnitt 6.5). Weitere Gestaltungsspielräume bestehen bei der Frage, ob die Höhe des Bürgergeldes beziehungsweise Grundeinkommens vom jeweiligen Haushaltskontext abhängig sein und ob es sich um eine pauschalierte oder bedarfsgerechte Leistung handeln soll. Auch im Hinblick auf die institutionelle Ausgestaltung (das heißt ob als eigenständige Leistung oder in Verrechnung mit anderen Leistungen) und die Finanzierung (zum Beispiel über eine Steuer oder über Beitragsleistungen) können sich die Verfasser der Studie unterschiedliche Ausprägungen vorstellen.

In ihrem Gutachten untersuchen OPIELKA und STRENGMANN-KUHN, ob das Modell *kostenneutral* finanzierbar ist. Auf Basis der Daten des SOEP für das Jahr 2004 gelangt die Studie zu dem Ergebnis, dass ein Bürgergeld nach Grundmodell 1 kostenneutral zu finanzieren ist. Es zeigt sich jedoch auch, dass zur Finanzierung der Gesundheitsprämie die Steuersätze des ALTHAUS–Modells erhöht werden müssten.

Zur Finanzierung der Gesundheitsprämie zusätzlich zum Grundeinkommen nach Modell 1 wäre im Ergebnis eine Transferentzugsrate von 80 Prozent und ein Spitzensteuersatz von 35 Prozent oder alternativ eine Transferentzugsrate von 70 Prozent bei einem Spitzensteuersatz von 40 Prozent erforderlich. OPIELKA und STRENGMANN-KUHN weisen darauf hin, dass trotz dieser über dem Vorschlag von ALTHAUS befindlichen Steuersätze die Durchschnittsbelastung deutlich *unterhalb* der gegenwärtigen Belastungsquoten liegt. Alternativ schlagen OPIELKA und STRENGMANN-KUHN (2007, S. 10) die Finanzierung der Gesundheitsprämie unabhängig vom Bürgergeld vor (Grundmodell 2) und darüber hinaus die Einführung einer Lohnsummensteuer bei den Unternehmen oder eine Sozialsteuer, die sie sich auch in Form einer Konsumsteuer vorstellen können.

HOHENLEITNER und STRAUBHAAR (2007, S. 105) betrachten bezüglich der Berechnungen von OPIELKA und STRENGMANN-KUHN das von diesen zugrunde gelegte Vorsichtsprinzip und weisen darauf hin, dass sich „[die] Einnahmesituation des Fiskus [...] dabei um etwa 170 bis gut 300 Mrd. Euro günstiger darstellen [dürfte] als im Gutachten ausgewiesen". Im Hinblick auf hierzu erforderliche weitere Finanzierungsquellen kann einer der Anknüpfungspunkte die von WERNER und HARDORP vorgetragene Finanzierungsform auf dem Wege einer Konsum- beziehungsweise Mehrwertsteuer sein.

Der Vorschlag von ALTHAUS stellt eine Abkehr von den gegenwärtig überwiegend beitragsfinanzierten Sozialversicherungssystemen dar, nämlich hin zu einer verstärkten Einkommensteuerfinanzierung. Vor diesem Hintergrund kann das Modell von

ALTHAUS als ein Zwischenschritt zur Realisierung eines konsumsteuerfinanzierten Grundeinkommens betrachtet werden.

Bevor einige Modelle aus der internationalen Literatur in den Abschnitten 5.6 bis 5.8 dargestellt werden, soll noch ein weiteres Modell erwähnt werden. Dieses sieht zwar kein vollständig bedingungsloses Grundeinkommen vor und soll auch nicht an alle Bürger eines Gemeinwesens gezahlt werden. Es sei dennoch erwähnt, da es nur besonders „weiche" Bedingungen stellt.

5.5   Das Modell von FRIEDRICH

FRIEDRICH (2009a und 2009b) versteht unter einem *effektiven Grundeinkommen* ein Grundeinkommen, das durch die folgenden Merkmale gekennzeichnet ist:

1.) Finanzieller Aufwand bei Einführung und in den Folgejahren so gering wie möglich,

2.) wesentliche Erhöhung der Nettoeinkommen von Geringverdienern,

3.) moderate Erhöhung der Nettoeinkommen der Besserverdienenden,

4.) Vermeidung von Nettoeinkommen-Defekten.

Punkt 4 besagt, dass für je zwei Einkommensbezieher A und B gelten muss: Hat B vor der Durchführung von 2. und 3. ein höheres Nettoeinkommen als A, dann auch danach. Haben beide vor der Durchführung von 2. und 3. ein gleichhohes Nettoeinkommen, dann auch danach. Mit anderen Worten: Das effektive Grundeinkommen ist anreizkompatibel.[24]

Die Punkte 1.) bis 4.) stellen nur wenige und zudem ‚schwache' Grundbedingungen dar; völlig bedingungslos ist das effektive Grundeinkommen also nicht. Dafür weist es aber auch nicht – wie FRIEDRICH betont – die Finanzierungslücken und andere Schwächen der Modelle 5.1 bis 5.5 auf.

---

[24] Auch bei den übrigen in dieser Arbeit vorgestellten Grundeinkommensmodellen stellen sich jene, die einer Erwerbsarbeit nachgehen, mit Grundeinkommen besser als jene, die keiner Erwerbsarbeit nachgehen. Allerdings kann es bei einem dann funktionierenden Arbeitsmarkt sektorspezifisch dazu kommen, dass einzelne Berufsgruppen und Tätigkeiten weniger Einkommen erhalten als zuvor, wenn die Nachfrage nach den entsprechenden Tätigkeiten zu einem geringeren Lohnsatz führt als dieser im gegenwärtigen, stark „verkrusteten" Arbeitsmarkt, beispielsweise aufgrund von Tariflöhnen, gezahlt werden muss. Dass dies für die betroffenen Arbeitnehmer nicht notwendigerweise schlecht ist, zeigt sich daran, dass diese durch ein solches Grundeinkommen finanziell abgesichert sind sowie aufgrund der sich durch ein Grundeinkommen verbessernden Aus- und Weiterbildungsmöglichkeiten (vgl. oben Abschnitt 5.2 und 3.3) leichter als im bestehenden Arbeitsmarkt eine alternative Tätigkeit anstreben können.

Als Prototyp eines effektiven Grundeinkommens wurde von FRIEDRICH (2008a, 2008b, 2009a, 2009b) das „Allgemeine Grundeinkommen mit der Strategie Unterstützen, Entlasten und Belasten", AGE (UEB), entwickelt.

Das AGE (UEB) lautet nach FRIEDRICH (2009b):

- „Bürger mit einem Bruttoeinkommen unterhalb einer Entlastungsgrenze (Unterstützungsbereich) erhalten das Grundeinkommen; ihr Bruttoeinkommen wird durch Transferentzug mit einer berechenbaren Transferentzugsrate reduziert.
- Bürger mit einem Bruttoeinkommen oberhalb einer Entlastungsgrenze (Entlastungsbereich) erhalten kein Grundeinkommen; sie werden steuerlich gemäß einer festzulegenden Entlastungsrate, die auch Null sein kann, entlastet.
- Bürger mit Bruttoeinkommen oberhalb einer Belastungsgrenze (Belastungsbereich) erhalten kein Grundeinkommen, aber einen Ausgleichsbetrag; sie werden steuerlich gemäß einer festzulegenden Belastungsgrenze, die auch Null sein kann, belastet.
- Die Renten errechnen sich nach der Formel: neue Rente = alte Rente + festzulegender Rentenfaktor x Grundeinkommen."

FRIEDRICH (2009b) weist nach, dass das AGE (UEB), also das Allgemeine Grundeinkommen mit der Strategie Unterstützen, Entlasten, Belasten, ein effektives Grundeinkommen ist.

Das AGE (UEB) geht von den aktuellen Steuertarifen und den gegenwärtigen Renten- und Pensionsregelungen aus. Da das AGE (UEB) sich nur auf die Höhe der Bruttoeinkommen bezieht, kann von einem vergleichsweise bedingungs*armen* Grundeinkommen gesprochen werden. „Dadurch kann das AGE (UEB) den weitgehenden Wegfall von Verwaltungs- und Verteilungsbürokratie ermöglichen, was den Staatshaushalt in zweistelliger Milliardenhöhe entlasten würde." (FRIEDRICH (2009b))

FRIEDRICH (2009b) zeigt, dass das Bedingungslose Grundeinkommen von WERNER (2008) „in sehr guter Näherung aus dem AGE (UEB) abgeleitet werden kann, wenn man die Entlastungsgrenze genügend groß und die Entlastungsrate und die Belastungsrate gleich Null wählt."

5.6 Das Modell von HAMMOND (USA)

Alaska wurde im Jahr 1867 von Russland an die USA verkauft und im Jahr 1959 der 49. Bundesstaat der USA. In den darauffolgenden Jahren wurden umfangreiche Ölvorkommen auf dem Territorium des Bundesstaates entdeckt. Der Verkauf von Konzessionen zur Ölförderung führte zu öffentlichen Einnahmen, die zunächst in den regulären Haushalt des Bundesstaates einflossen. Nachdem jedoch Einnahmen in Höhe von 900 Millionen USD, die der Bundesstaat während der Verlegung der Trans-Alaska-Pipeline 1970 von den Förderunternehmen für Konzessionen zur Ölförderung erhalten hatte, aus Sicht der Bürger verschwendet worden waren, wurde der Alaska Permanent Fund (APF) eingerichtet, um die Einnahmen künftig verantwortlicher zu verwalten. Unter dem Eindruck der Mittelverschwendung stimmten die Bürger Alaskas 1976 für die Einrichtung des Fonds zur Verwaltung der Einnahmen aus der Ölförderung (ALASKA PERMANENT FUND CORPORATION (2007, S. 2)). Im Jahre 1977 wurde auf dem größten Ölvorkommen Nordamerikas, einem in Besitz des Bundesstaates Alaska befindlichen Gebiet namens Prudhoe Bay, mit der Ölförderung begonnen. JAY STERNER HAMMOND, Alaskas damaliger Gouverneur (1974-1982), hatte zuvor als Bürgermeister der Stadt Bristol Bay (1972-1974) durchgesetzt, dass die Umsätze aus dem in der Stadt umgeschlagenen Fischfang mit einer Abgabe belegt, die Einnahmen daraus in einem Bürgerfonds angespart und die Erträge aus diesem Fonds an die Bürger der Stadt ausgezahlt wurden. Der Erfolg, den HAMMOND auf diese Weise bei der Bekämpfung der Armut in Bristol Bay erzielte, verhalf ihm zum Sieg bei seiner Kandidatur für das Amt des Gouverneurs (SUPLICY (2006, S. 33)).

Ziel des aus den Einnahmen insbesondere der Ölförderung gespeisten Fonds war und ist es, diese Einnahmen anzulegen und die Erträge hieraus als nachhaltige Einnahmequelle für künftige Generationen zu sichern. Die Erträge des Fonds werden an ca. 600.000 Einwohner ausbezahlt und stellen durchschnittlich 6 Prozent des Einkommens eines Haushalts in Alaska dar (GOLDSMITH (2004, S. 1)).

Mindestens 25 Prozent aus den Erlösen des Verkaufs natürlicher Ressourcen durch den Bundesstaat fließen in den Fonds. Ausgezahlt werden ausschließlich die Dividenden aus der Anlage der Mittel, nicht die Erlöse aus dem Verkauf der Ressourcen. Der Fonds wuchs in den ersten beiden Jahren nur langsam und verfügte 1979 über ein Kapital in Höhe von 137 Mio. USD. Durch den Ölpreisanstieg erhöhte sich das Volumen jedoch rapide. Im Jahre 1980 betrug das Volumen bereits 1 Mrd., im Jahre 2005 über 32 Mrd. USD (SUPLICY (2006, S. 33)). Aufgrund der Turbulenzen an den internationalen Kapitalmärkten konnte sich der Fonds bis 2009 nicht wesentlich weiterentwickeln. Immerhin konnte das Fondsvolumen in den Jahren zwischen 2005 und 2009 in etwa gehalten werden. Am 23. Juli 2009 betrug das Fondsvolumen 32,07 Mrd. USD (ALASKA PERMANENT FUND CORPORATION (2009a)).

Die Fondsverwaltung kompensiert die Wirkung der Inflation auf das Fondsvolumen durch die Einbehaltung einer Rücklage. Die Mittel des Fonds sind durch Investments in Aktien und festverzinsliche Geldanlagen international diversifiziert angelegt. Kritiker des Fonds fordern die Investition der Gelder in Infrastrukturmaßnahmen und Bildung. HAMMONDS ursprünglichem – als „Alaska Inc." bezeichneten – Vorschlag zufolge wäre die Auszahlung an die Verweildauer eines Einwohners im Bundesstaat gekoppelt gewesen (vgl. ähnlich HOHENLEITNER und STRAUBHAAR (2008, S. 28)). Dieser Plan wurde jedoch zugunsten einer einheitlichen Auszahlungshöhe verworfen, da er nach Auffassung der US-Gerichte dem Gleichbehandlungsgrundsatz widersprach. Die Höhe der ersten Auszahlung im Jahre 1982 belief sich auf 1.000 USD und fiel im Jahr darauf auf 386 USD pro Einwohner. Im Jahr 1995 wurde der ursprüngliche Auszahlungsbetrag mit 990 USD wieder annähernd erreicht. Der höchste Auszahlungsbetrag seither wurde im Jahre 2008 mit 2069 USD erreicht (ALASKA PERMANENT FUND CORPORATION (2009b)).

Der Auszahlungsmodus des Fonds ist seit seiner Auflegung unverändert. Die Hälfte der durchschnittlichen Erträge der vorangegangenen fünf Jahre wird ausbezahlt. Die Erträge aus dem Fonds stehen allen Einwohnern Alaskas als konstitutionelles Anrecht (vgl. Abschnitt 1.1 und DAHRENDORF (1986)) zu. Voraussetzung ist, Einwohner zu sein. Die Kindern zukommenden Auszahlungen werden an die Eltern gezahlt. Die Auszahlungen unterliegen zwar der Steuer, die Belastung ist jedoch gering, da auf bundesstaatlicher Ebene in Alaska keine Einkommensteuer erhoben wird. Der Nach-Steuer-Vermögenseffekt begünstigt Haushalte mit niedrigen Einkommen oder einer hohen Zahl von Kindern (GOLDSMITH (2004, S. 7)). Einwanderer erhalten dieses Recht auf Auszahlung nach einem Aufenthalt von einem Jahr (SUPLICY (2006, S. 33)).

Aus politischen Gründen ist es bislang zu keiner Erhebung darüber gekommen, wofür die Empfänger der Zahlung das Geld ausgeben. Die Auszahlung wird als ein jedem persönlich zustehendes Anrecht und deren Verwendung als „private Angelegenheit" betrachtet; die Absicht einer Untersuchung würde als Hinweis darauf interpretiert werden können, etwas an der Struktur oder Auszahlung des Fonds zu ändern, was als unpopulär gilt (GOLDSMITH (2004, S. 13)). Die Befürchtungen einiger Politiker, die Einwohner Alaskas würden das Geld verschwenden, wurde nicht bestätigt. Die Umsätze in jenen Wirtschaftssektoren, in denen sich dies nach ihrer Befürchtung ausgewirkt hätte (zum Beispiel für Alkohol und Rauchwaren), sind nicht gestiegen.

Die Auswirkungen auf das Arbeitsangebot wurden bislang nicht untersucht. Ein Grund hierfür ist die Vermutung, dieser Effekt sei vernachlässigbar, nicht zuletzt aufgrund des Auszahlungsmodus und -termins. Die Auszahlungen werden nicht monatlich sondern jährlich vorgenommen, kurz vor Beginn der Weihnachtseinkäufe, wodurch die Einwohner die Auszahlung tendenziell eher als Geschenk denn als regelmäßiges Einkommen betrachten (GOLDSMITH (2004, S. 9)). Weiterhin wird die Abschätzung der Effekte auf den Arbeitsmarkt durch die offene Grenze zu den übrigen US-Bundesstaaten erschwert. Die Auszahlungen des Fonds könnten einerseits reduzierend auf das Lohnniveau wirken, wenn Arbeitgeber hierdurch die Löhne senken können. Sie könnten andererseits jedoch das Lohnniveau auch erhöhen, wenn aufgrund dieser partiellen Entkopplung von Einkommen und Arbeit das Arbeitsangebot zurückginge. Es gibt Hinweise dafür, dass die Löhne aufgrund der Auszahlungen des APF gesunken sind. Dies würde die Berechnungen von HOHENLEITNER und STRAUBHAAR (vgl. Abschnitt 3.2) stützen, wonach die Löhne mit Hilfe des Grundeinkommens sinken könnten.

Im Unterschied zu den Auswirkungen auf das Arbeitsangebot und die Löhne sind die Vermögenseffekte der Auszahlungen des APF dokumentiert. Das Einkommen des unteren Quintils der alaskischen Bevölkerung ist in dem von GOLDSMITH betrachteten Zeitraum um 28 Prozent gestiegen, während das Einkommen des oberen Quintils ebenfalls stieg, jedoch lediglich um 7 Prozent. In der Vergleichsperiode stiegen in den USA die Einkommen des ärmsten Quintils um lediglich 12 Prozent, die des oberen Quintils um 26 Prozent (ECONOMIC POLICY INSTITUTE (2007, S. 15)).

Der APF wird im Rahmen dieser Arbeit als das Modell von HAMMOND bezeichnet, da dieser seine Erfahrungen als Bürgermeister mit einem institutionell vergleichbar gestalteten Fonds für Bristol Bay bei der Konzeption des APF eingebracht hatte und der Fonds seine Struktur der Idee HAMMONDS verdankt. Der Fonds wird aus Erträgen aus dem Verkauf natürlicher Ressourcen gespeist. Für viele Länder ist deren Ausbeutung nicht so ergiebig wie für den US-Bundesstaat Alaska. SIMON (2000), Träger des Nobelpreises für Wirtschaftswissenschaften (1978), der sich ebenfalls für die Einführung eines Grundeinkommens aussprach, merkt diesbezüglich an, dass die Finanzierung eines Grundeinkommens in jedem Falle aus der Wertschöpfung erfolgt und neben natürlichen Ressourcen auch andere Erhebungsmöglichkeiten innerhalb der Wertschöpfung bestehen. An diesen Gedanken könnte die Finanzierung eines Grundeinkommens aus den Einnahmen der Mehrwertsteuer anknüpfen.

5.7 Das Modell von SUPLICY (Brasilien)

EDUARDO MATARAZZO SUPLICY ist Professor der Wirtschaftswissenschaften, Abgeordneter der Regierungspartei im brasilianischen Parlament und der einflussreichste Befürworter des Grundeinkommens in Brasilien. SUPLICY veröffentlichte 2002 ein Gespräch mit MILTON FRIEDMAN, in dem dieser das Grundeinkommen als einen möglichen Weg zur Realisierung der von ihm propagierten Idee einer negativen Einkommensteuer bezeichnet (SUPLICY (2002, S. 262 ff.)). Die vom brasilianischen Parlament im Jahr 2003 beschlossene Einführung des Grundeinkommens wird von SUPLICY koordiniert.

Ziel SUPLICYS ist es, ein bedingungsloses, existenzsicherndes Grundeinkommen für alle Einwohner Brasiliens einzuführen. Sein Ansatz mit Blick auf die Realisierbarkeit ist es, die Etablierung eines Grundeinkommens in mehreren Etappen zu vollziehen. Die erste Etappe war die Zusammenfassung bestehender sozialer Programme Brasiliens – für Schulbildung, Ernährung und Gasversorgung – zu einer sogenannten „Bolsa Familia", was so viel bedeutet wie „Familienbörse" (im Sinne von Geldbörse) zur Verhinderung von Armut. Im Rahmen dieses Programms erhält jede Familie, deren monatliches Einkommen unter 100 brasilianischen Reais (R$) liegt, 50 R$ sowie 15 R$ pro Kind an finanzieller Unterstützung. Zur Wahrung des Anspruchs auf die Zahlung für Kinder müssen diese, sofern sie über sechs Jahre alt sind, geimpft sein und sich regelmäßig einer Gesundheitskontrolle unterziehen. Kinder im Alter zwischen 6 und 16 Jahren unterliegen für einen Auszahlungsanspruch zudem der Schulpflicht (SUPLICY (2006, S. 8)).

Bei Einführung der Bolsa Familia erhielten 2,3 Millionen Familien Zuwendungen aus einem der oben genannten Programme. Im Dezember desselben Jahres waren es bereits 8,7 Millionen und im Juni 2006 11,2 Millionen Familien, was beinahe der Zahl aller brasilianischen Familien in Armutsverhältnissen und mit etwa 45 Millionen Menschen einem Viertel der brasilianischen Bevölkerung entspricht. Der durchschnittliche Auszahlungsbetrag liegt bei 64 R$ je Familie und Monat. Die Gesamtkosten des Programms in Höhe von 9 Mrd. R$ (ohne Verwaltungskosten) werden aus dem laufenden Staatshaushalt bestritten. Ein Teil der Gelder zu ihrer Finanzierung wird durch eine Steuer auf finanzielle Transaktionen (TOBIN-Steuer) aufgebracht. Von dieser Steuer in Höhe von 0,38 Prozent werden jedoch nur 0,08 Prozent zur Deckung der Kosten der Bolsa Familia verwendet. 0,3 Prozent fließen in die Finanzierung des brasilianischen Gesundheitssystems (SUPLICY (2006, S. 46) und SUPLICY (2007, S. 2)).

Ziel des 2003 verabschiedeten und vom brasilianischen Präsidenten im Januar 2004 unterzeichneten Gesetzes ist die monatliche Auszahlung eines existenzsichernden Grundeinkommens an alle Einwohner (und Einwanderer, sofern sie fünf Jahre in Brasilien leben) unabhängig von ihrer sozialen oder wirtschaftlichen Situation. Zu den von SUPLICY angestrebten Vorzügen dieses Modells zählen die Vermeidung der Bürokratie zur Überprüfung der Anspruchsberechtigung, die Vermeidung von Stigmatisierungen der Empfänger des Grundeinkommens, die Verringerung beziehungsweise Vermeidung von Abhängigkeiten als Folge von Arbeitslosigkeit und Armut sowie die Verringerung der Kriminalität (vgl. hierzu auch Abschnitt 1.3). Zu den ökonomischen Vorteilen der verfassungsmäßigen Verankerung eines solchen Rechts auf ein Grundeinkommen zählt SUPLICY die positive Beschäftigungsentwicklung sowie die positiven Effekte auf das Wirtschaftswachstum. Desweiteren betont er die Stärkung der Wettbewerbsfähigkeit der Volkswirtschaft durch ein Grundeinkommen sowie die Bedeutung der finanziellen Unterstützung beziehungsweise Anerkennung von gesellschaftlich bedeutsamen Tätigkeiten wie der elterlichen Fürsorge, der Betreuung älterer Familienmitglieder sowie des ehrenamtlichen Engagements (SUPLICY (2006, S. 11 f.)).

In Abstimmung mit Finanzminister PALOCCI wurde eine Einigung innerhalb der Regierung Brasiliens bezüglich der Umsetzung des Modells von SUPLICY und damit der gesetzlichen Verankerung des Grundeinkommens erreicht. Kernpunkt der Strategie ist eine *graduelle Umsetzung* auf dem Wege der Einführung zunächst der Bolsa Familia und daran anknüpfend die allmähliche Ausweitung der Basis der Anspruchsberechtigten. Nächstes Ziel ist es, ein Grundeinkommen in Höhe von 40 R$ an jeden anspruchsberechtigten Einwohner Brasiliens auszuzahlen. Mit einem dafür veranschlagten Betrag von 88,8 Mrd. R$ liegt dieser Betrag um etwa das Zehnfache über den Kosten für das Bolsa-Familia-Programm im Jahr 2006. SUPLICY betont jedoch, dass selbst dieser hohe Betrag noch deutlich unter dem liege, was sein Land für die Zahlung von Zinsen für die bestehende Staatsverschuldung aufwendet. Zur Finanzierung schlägt er in Anlehnung an das in Alaska verwendete Modell von HAMMOND (vgl. Abschnitt 5.6) vor, 50 Prozent der Einnahmen aus Konzessionen sowie aus dem Verkauf natürlicher Ressourcen sowie 50 Prozent aus den Miet- und anderen Einnahmen der öffentlichen Hand zur Finanzierung des Grundeinkommens zu verwenden.

5.8   Das „Modell von KYDLAND" (Norwegen)

Der größte staatliche Pensionsfonds Norwegens ist an internationalen Aktiengesellschaften beteiligt und hält Anleihen. In den Fonds, der nicht börsennotiert ist und sich in staatlichem Besitz befindet, fließen Einnahmen aus Steuern, Lizenzen und der Förderung von Öl und Erdgas vor der Küste Norwegens.

Die norwegische Regierung lässt derzeit die Einführung eines Grundeinkommens nach dem Vorbild des APF (vgl. Abschnitt 5.6) prüfen. Das von RIIS und MOEN geleitete Projekt wird von KYDLAND, Wirtschaftsnobelpreisträger des Jahres 2004, wissenschaftlich begleitet, weshalb es hier als „Modell von KYDLAND" bezeichnet wird. Der vom norwegischen Staat beauftragte Ausschuss untersucht, ob ein Teil der Gewinne des derzeit weltweit größten Pensionsfonds jährlich an die Bevölkerung ausgeschüttet werden soll. Vorbild ist der Alaska Permanent Fund (vgl. FRANKFURTER ALLGEMEINE ZEITUNG (2006).

Während der Fertigstellung dieses Abschnitts wurde kurzzeitig erwogen, ein weiteres Modell aufzuführen. Während der Präsidentschaftswahlen in der Islamischen Republik Iran im Jahr 2009 trat einer der Kandidaten, MEHDI KARROUBI, mit der Forderung an die Öffentlichkeit, die Einnahmen aus dem Verkauf von Erdöl an alle volljährigen Bürgerinnen und Bürger des Landes auszuzahlen (UNITED STATES BASIC INCOME GUARANTEE NETWORK (USBIG) 2009). Die Hinweise diesbezüglich sind jedoch so wenig aussagekräftig, dass es nicht als Modell sondern allenfalls als Vorschlag kategorisiert werden kann und daher hier nicht weiter berücksichtigt wird.

5.9   Zwischenfazit „Finanzierungsmodelle"

Allen zur Finanzierung eines Grundeinkommens in Deutschland vorgestellten Modellen ist gemeinsam, dass sie sich überwiegend aus den Einnahmen der Einkommensteuer finanzieren. Dies hat negative Auswirkungen auf die finanziellen Anreize zur Beschäftigungsaufnahme (SCUTELLA (2004) und HOHENLEITNER und STRAUBHAAR (2008, S. 47)). Es ist bemerkenswert, dass sowohl STRAUBHAAR (2007a) als auch FISCHER und PELZER (2007, S. 170) sowie OPIELKA und STRENGMANN-KUHN (2007, S. 33) die Bedeutung einer mit einem Grundeinkommen einhergehenden Umstellung zur Konsumsteuer anerkennen.

6. Finanzierungsfragen zum Grundeinkommen aus quantitativer, mathematisch-statistischer Sicht

Die bisherigen Überlegungen der vorliegenden Arbeit waren überwiegend konzeptioneller Art. Im Vordergrund des Interesses standen nicht so sehr empirisch fundierte Zahlen aus der volkswirtschaftlichen Gesamtrechnung/Statistik als *qualitative* Betrachtungen zum Grundeinkommen und zur Konsumsteuer beziehungsweise Mehrwertsteuer. Diese Betrachtungen wurden im Wesentlichen verbal durchgeführt. Sie stellen das Denkgebäude für das Folgende dar.

Im Folgenden wird auf der Basis der vom Statistischen Bundesamt in Wiesbaden ermittelten Zahlen der Einkommens- und Verbrauchsstichprobe 2003 (EVS 2003) gerechnet. Die EVS wird alle fünf Jahre durchgeführt. Die Zahlen der EVS 2008 stehen erst Laufe des Jahres 2010 zur Verfügung. Die Methoden und Ergebnisse der folgenden Abschnitte 6.1 bis 6.9 können dann auf die EVS 2008 angewandt beziehungsweise mit ihr verglichen werden.

6.1   Die hier genutzten Zahlen der EVS 2003

Aus dem umfangreichen Zahlenwerk der EVS 2003 wurden für die Zwecke der vorliegenden Arbeit nur die folgenden Daten und Zahlen zusammengeführt; vgl. Tabelle 6.1.

Haushalte (HH), Personen mit durchschnittlichem monatlichen Haushaltsnettoeinkommen in Euro

	a	b	c	d	e	f	g	h	i
Erfasste Haushalte	53432	unter 900	900 bis 1300	1300 bis 1500	1500 bis 2000	2000 bis 2600	2600 bis 3600	3600 bis 5000	5000 bis 18000
Hochgerechnete HH	38110000	3041000	4669000	2321000	5298000	5609000	7323000	5540000	4308000
Durchschn. Personenzahl je HH	2,1212	1,0864	1,2848	1,4236	1,6648	2,0641	2,5258	2,8934	3,0889
Personen insgesamt	80839000	3304000	5999000	3304000	8820000	11578000	18496000	16029000	13307000

(1) Durchschnittliche Bruttoeinkommen einschließlich öffentlicher und nichtöffentlicher Transferzahlungen in Euro

	a	b	c	d	e	f	g	h	i
je HH, monatlich	3561	811	1282	1714	2151	2822	3885	5414	8729
alle HH, monatlich	136 Mrd.								
alle HH, jährlich	1629 Mrd.								
pro Kopf in HH, monatlich	1679	747	998	1204	1292	1367	1538	1871	2826

(2) Durchschnittliche Nettoeinkommen, das heißt (1) abzüglich Einkommensteuer, Kirchensteuer, Solidaritätsabgabe, Pflichtbeiträge zur Sozialversicherung, in Euro

	a	b	c	d	e	f	g	h	i
je HH, monatlich	2833	704	1111	1401	1743	2295	3063	4202	6847
alle HH, monatlich	108 Mrd.								
alle HH, jährlich	1296 Mrd.								
pro Kopf in HH, monatlich	1336	648	865	984	1047	1112	1213	1452	2217

(3) Durchschnittliche Bruttoeinkommen ohne öffentliche Transferzahlungen je Haushalt, monatlich, in Euro

	a	b	c	d	e	f	g	h	i
aus unselbständiger Arbeit	1862	183	409	764	981	1308	2180	3222	4725
aus selbständiger Arbeit	210	24	24	29	52	90	136	271	1043
aus Vermögen	399	16	50	100	171	276	442	691	1196
aus nichtöff. Transferzahlungen	183	79	91	106	117	123	149	225	558
Summe	2654	302	574	999	1321	1797	2907	4409	7523
alle HH, monatlich	101 Mrd.								
alle HH, jährlich	1214 Mrd.								
pro Kopf in HH, monatlich	1251	278	447	702	793	871	1151	1524	2435

Tabelle 6.1: Einkommensverteilung in Deutschland 2003

Quelle: Statistisches Bundesamt in Wiesbaden: Einkommens- und Verbraucherstichprobe 2003 (EVS 2003)

Tabelle 6.1 ermöglicht einen Vergleich der Einkommensverteilung in Deutschland im Jahr 2003, gezogen über acht Einkommensklassen, und zwar für

(1) die durchschnittlichen Bruttoeinkommen (einschließlich öffentlicher und nicht-öffentlicher Transferzahlungen) in Euro,

(2) die durchschnittlichen Nettoeinkommen (das heißt (1) abzüglich Einkommensteuer, Kirchensteuer, Solidaritätsabgabe, Pflichtbeiträge zur Sozialversicherung) in Euro,

(3) die durchschnittlichen Bruttoeinkommen *ohne* öffentliche Transferzahlungen in Euro.

Bei den durchschnittlichen Einkommen (1), (2) und (3) handelt es sich jeweils in der ersten Zeile um monatliche Haushaltseinkommen, und zwar in Spalte a bezogen auf alle Haushalte, in Spalten b bis i auf die Haushalte der jeweiligen Haushaltsklasse. In Spalte a wird bei (1) und (2) in den Zeilen 2 und 3 jeweils die Summe der monatlichen beziehungsweise jährlichen Haushaltseinkommen aufgeführt. Bei (3) werden die durchschnittlichen monatlichen Haushaltseinkommen (d. m. H.) jeweils als Summe der d. m. H. aus

– unselbständiger Arbeit,

– selbständiger Arbeit,

– Vermögen,

– nichtöffentlichen Transferzahlungen

angegeben. Diese detaillierte Darstellung wird für eine Überlegung in Abschnitt 6.2 gebraucht.

Besonders wichtig für Fragen der Finanzierung bereits vorliegender oder gerade entwickelter Grundeinkommenskonzepte ist die jeweils letzte Zeile (1), (2), (3): Sie gibt die durchschnittlichen monatlichen Einkommen *pro Kopf* aller (hochgerechneten) 80,839 Millionen Personen (Spalte a) beziehungsweise aller (hochgerechneten) Anzahlen an Personen in den acht Einkommensklassen (Spalten b bis i) wieder.

6.2 Erste Erkenntnisse aus dem in 6.1 dargestellten Zahlenwerk und Überlegungen zur Mehrwertsteuer

6.2.1 Erste Erkenntnisse aus dem in 6.1 dargestellten Zahlenwerk

Eine erste Analyse der Tabelle 6.1 führt zu den folgenden Erkenntnissen (i) - (iii).

(i) Vergleicht man die durchschnittlichen monatlichen Bruttoeinkommen pro Kopf in (1), also einschließlich öffentlicher und nichtöffentlicher Transferzahlungen, mit den durchschnittlichen monatlichen Bruttoeinkommen pro Kopf in (3), also *ohne* die öffentlichen Transferzahlungen, so sieht man:

Die öffentlichen Transferzahlungen hatten zur Folge, dass pro Kopf im Durchschnitt pro Monat

1679 Euro minus 1251 Euro = 428 Euro (vgl. (1)a und (3)a)

mehr Bruttoeinkommen vorlag als im Fall *ohne* öffentliche Transferzahlungen. Das waren *monatlich* insgesamt

1679 Euro · 80,8 Mio. minus 1251 Euro · 80,8 Mio. (vgl. (1)a mit (3)a)

= 136 Mrd. Euro minus 101 Mrd. Euro = 35 Mrd. Euro

und jährlich rund (vgl. (1) a und (3) a)

1629 Mrd. Euro minus 1214 Mrd. Euro = 415 Mrd. Euro.

Die öffentlichen Transferzahlungen bewirkten also, dass im Jahr 2003 rund 415 Mrd. Euro mehr *Brutto*einkommen zur Verfügung stand als aus (siehe (3))

– unselbständiger Arbeit,

– selbständiger Arbeit,

– Vermögen und

– nichtöffentlichen Transferzahlungen (z. B. Betriebsrenten)

floss. Dieses Mehr an jährlichem Bruttoeinkommen ging allerdings durch die Einkommensteuer, Kirchensteuer, Solidaritätsabgabe und die Pflichtbeiträge zur Sozialversicherung zu 80 Prozent wieder verloren: Netto blieben von den 1629 Mrd. Euro (vgl. (1)) nur 1296 Mrd. Euro (vgl. (2)); die Differenz von 333 Mrd. Euro macht wie gesagt 80 Prozent der oben bestimmten 415 Mrd. Euro aus.

Es ist bemerkenswert, dass im Jahre 2003 immerhin

415 Mrd. Euro minus 333 Mrd. Euro = 82 Mrd. Euro

mehr an *Netto*einkommen bei den Haushalten verblieb als ihnen ohne öffentliche Transferzahlungen *brutto* zufloss; vgl. (2) a und (3) a. *Es stand (und steht!) für die Haushalte als Ganzes erheblich mehr an Nettoeinkommen zur Verfügung als sie durch (unselbständige und selbständige) Arbeit und aus Vermögen und nichtöffentlichen Transferzahlungen brutto erzielten (erzielen).*

Wie kann das sein? Der Grund liegt auf der Hand: *Die Wertschöpfung unserer Volkswirtschaft ist so erheblich, die damit zusammenhängenden (Nichteinkommensteuer-)Steuereinnahmen sind so immens, dass neben allen sonstigen Staatsausgaben mehr verfügbares Einkommen an die Privathaushalte als Ganzes verteilt werden kann als diesen aus Arbeitseinkommen, Vermögen und nichtöffentlichen Transferzahlungen brutto zukommt.*

(ii) Vergleicht man die durchschnittlichen monatlichen Bruttoeinkommen pro Kopf (d. m. B. p. K.) der Tabelle 6.1, (1), also die d. m. B. p. K. einschließlich öffentlicher und nichtöffentlicher Transferzahlungen, mit den d. m. B. p. K. *ohne öffentliche Transferzahlungen* (Tabelle 6.1, (3)), ergibt sich folgendes Bild:

- Die d. m. B. p. K. ohne öffentliche Transferzahlungen (Tabelle 6.1, (3)) werden durch die öffentlichen Transferzahlungen von 1251 Euro auf 1679 Euro (vgl. Tabelle 6.1, (3) a, (1) a), also um 428 Euro angehoben, also für alle 80,8 Mio. Personen um rund 35 Mrd. Euro monatlich und 415 Mrd. Euro jährlich (siehe oben).

- Die d. m. B. p. K. ohne öffentliche Transferzahlungen (Tabelle 6.1, (3)) in den acht Einkommensklassen b bis i der Tabelle 6.1 erhöhen sich dank der öffentlichen Transferzahlungen wie folgt:

b	c	d	e	f	g	h	i
469	551	502	499	496	387	347	391, alles Euro.

Fazit: Würde im Fall der durchschnittlichen Bruttoeinkommen ohne öffentliche Transferzahlungen ein monatliches Grundeinkommen von rund 503 Euro pro Kopf an die fünf unteren Einkommensklassen b bis f (33,005 Mio. Personen) und von knapp rund 375 Euro pro Kopf an die drei oberen Einkommensklassen (47,832 Mio. Personen) ausgezahlt werden, so erhielte man (bis auf wenige Euro genau) die Zahlenreihe der durchschnittlichen monatlichen Bruttoeinkommen pro Kopf einschließlich öffentlicher und nichtöffentlicher Transferzahlungen (vgl. Tabelle 6.1, (1)).

(iii) Wir vergleichen noch einmal die durchschnittlichen Bruttoeinkommen in Tabelle 6.1, (1) und (3), und zwar diesmal zunächst pro Haushalt und Monat in Euro, also:

	a	b	c	d	e	f	g	h	i
(1)	3561	811	1282	1714	2151	2822	3885	5414	8729
(3)	2654	302	574	999	1321	1797	2907	4409	7523.

Die Differenz der in den Spalten stehenden Eurobeträge ist jeweils das zum durchschnittlichen monatlichen Bruttoeinkommen ohne öffentliche Transferzahlungen hinzukommende durchschnittliche monatliche Haushaltseinkommen aus öffentlichen Transferzahlungen, also in Euro:

907 509 708 715 830 1025 978 1005 1206.

Zu diesen Einkommen betrachten wir jeweils die weiteren durchschnittlichen monatlichen Haushaltseinkommen aus Nichtarbeit, das heißt aus Vermögen (siehe Tabelle 6.1, (3)) in Euro:

399 16 50 100 171 276 442 691 1196

und aus nichtöffentlichen Transferzahlungen (siehe Tabelle 6.1, (3)) in Euro:

183 79 91 106 117 123 149 225 558.

Die Summen der Spalten der letzten drei Zahlenzeilen, also:

1489 604 849 921 1118 1424 1569 1921 2960,

sind die durchschnittlichen monatlichen Einkommen in Euro *aus Nichtarbeit* aller Haushalte (Spalte a) beziehungsweise der acht Einkommensklassen (Spalten b bis i).

Die letzte Zahlenzeile, das heißt die durchschnittlichen monatlichen *Nichtarbeitseinkommen*, vergleichen wir jetzt mit der folgenden Zeile der jeweils entsprechenden durchschnittlichen monatlichen Haushalts-Bruttoeinkommen aus (unselbständiger oder/und selbständiger) *Arbeit* (siehe Tabelle 6.1, (3), erste zwei Zeilen) in Euro:

2072 207 433 793 1033 1398 2316 3493 5768.

Für jede der acht Einkommensklassen betrachten wir jetzt der Reihe nach den Quotienten aus Arbeitseinkommen und Nichtarbeitseinkommen:

$$\frac{207}{605} = 0{,}34$$

$$\frac{433}{849} = 0{,}51$$

$$\frac{793}{921} = 0,86$$

$$\frac{1033}{1118} = 0,92$$

$$\frac{1398}{1424} = 0,98$$

$$\frac{2316}{1569} = 1,48$$

$$\frac{3493}{1921} = 1,82$$

$$\frac{5768}{2960} = 1,95.$$

Ergebnis: Das durchschnittliche Haushaltseinkommen (d. m. H.) aus Arbeit ist pro Euro des d. m. H. aus Nichtarbeit umso größer, je größer das d. m. H. aus Nichtarbeit ist.

Dieses empirische Ergebnis kann als Gegenargument zur häufig zu hörenden Meinung dienen, dass umso weniger Arbeitswillige zu finden sein werden, je höhere Einkommen aus Nichtarbeit bereitstehen.

6.2.2 Überlegungen zur Mehrwertsteuer

In diesem Abschnitt werden die Auswirkungen einer Anhebung des Mehrwertsteuersatzes auf die staatlichen Einnahmen für den folgenden Fall untersucht: Die Mehrwertsteuer für Konsumausgaben wird bis zu einer bestimmten Höhe erstattet. Hierzu wird zunächst angenommen, dass noch keine Mehrwertsteuer erhoben wird und dass unter dieser Voraussetzung 500 Euro pro Kopf und Monat als „Konsumausgabenminimum" auskömmlich sind. Unter Konsumgütern verstehen wir hier diejenigen Waren und Dienstleistungen für den Konsum, wie sie dem Verbraucherpreisindex zugrunde liegen. Nun wird eine Mehrwertsteuer mit einem Satz von 19 Prozent auf alle Konsumgüter erhoben (von verschieden hohen Mehrwertsteuersätzen sehen wir hier ab). Bei einer entsprechenden Erhöhung des Konsumgüterpreisniveaus steigt das Konsumausgaben-Minimum von 500 auf 595 Euro, also um 95 Euro. Soll dieser Betrag zum Beispiel in Deutschland an alle 82,5 Mio. Personen ausgezahlt werden, entstehen hierdurch Kosten in Höhe von monatlich 7,8375 Mrd. Euro oder jährlich 94,05 Mrd. Euro. Da nach einer Faustregel ein Prozentpunkt Mehrwertsteuer in

Deutschland Steuereinnahmen von 8 bis 10 Mrd. Euro erbringt, entstehen der öffentlichen Hand aus einer Erhöhung der Mehrwertsteuer um 19 Prozent Einnahmen in Höhe von 152 Mrd. Euro, wenn man vorsichtigerweise den unteren Wert von 8 Mrd. Euro zugrunde legt. Werden hiervon die Kosten für die Befreiung des Konsumausgaben-Minimums von der Mehrwertsteuer in Höhe von 94,05 Mrd. Euro abgezogen, bleiben pro Jahr 57,95 Mrd. Euro an Steuereinnahmen übrig, das heißt pro Prozentpunkt des Mehrwertsteuersatzes 3,05 Mrd. Euro.

Eine Erhöhung des Mehrwertsteuersatzes von 19 auf 25 Prozent hätte unter den obigen Annahmen jährliche Steuermehreinnahmen in Höhe von 18,3 Mrd. Euro zur Folge.

Wenn die öffentliche Hand pro Prozentpunkt des Mehrwertsteuersatzes Einnahmen in Höhe von 10 Mrd. Euro erzielt, also 190 Mrd. Euro jährlich, würden nach Abzug der Steuererstattung von 94,05 Mrd. Euro für das Konsumausgabenminimum 95,95 Mrd. Euro verbleiben, pro Prozentpunkt also 5,05 Mrd. Euro. Eine Erhöhung der Mehrwertsteuer von 19 auf 25 Prozent hätte dann jährliche Steuermehreinnahmen in Höhe von 30,3 Mrd. Euro zur Folge.

6.3 Grobe zeichnerische Darstellung der Verteilung des durchschnittlichen Nettoeinkommens

Die durchschnittlichen monatlichen Nettoeinkommen pro Kopf in Euro (vgl. Tabelle 6.1, (2), letzte Zeile), das heißt die durchschnittlichen monatlichen Bruttoeinkommen pro Kopf (vgl. Tabelle 6.1, (1), letzte Zeile) abzüglich Einkommensteuer, Kirchensteuer, Solidaritätsabgabe, Pflichtbeiträge zur Sozialversicherung pro Kopf in Euro, veranschaulichen wir jetzt in der Reihenfolge der acht Einkommensklassen b bis i in einem Koordinatensystem, auf dessen Abszisse („X-Achse") die 80,839 Mio. Personen abgetragen sind, auf die die EVS 2003 die einschlägige Bevölkerung hochgerechnet hat. Auf der Ordinate („Y-Achse") des Koordinatensystems sind die durchschnittlichen monatlichen Nettoeinkommen in Euro pro Kopf von 0 bis 3000 abgetragen (vgl. Abbildung 6.1). Aufgrund der gewählten Einheiten auf den beiden Achsen entsprechen jedem Basis-Quadrat des der Zeichnung unterlegten Musters 100 Mio. Euro, das sind 50 Euro mal 2 Mio. (Personen).

Die Höhen der acht in das Diagramm der Abbildung 6.1 eingezeichneten Rechtecke sind der Reihe nach die durchschnittlichen monatlichen Nettoeinkommen pro Kopf der Tabelle 6.1, (2), letzte Zeile, also die folgenden Eurobeträge der Spalten b bis i:

648   865   984   1047   1112   1213   1452   2217.

Die Breiten dieser Rechtecke entsprechen der Reihe nach den Anzahlen der Personen in der jeweiligen Einkommensklasse (vgl. Tabelle 6.1, Zeile: „Personen insgesamt"), also in Millionen:

3,304   5,999   3,304   8,820   11,578   18,496   16,029   13,307.

Die monatlichen Nettoeinkommen in Mrd. Euro werden also in jeder Einkommensklasse durch den Flächeninhalt (= Höhe mal Breite) des jeweiligen Rechtecks dargestellt:

2,141   5,189   3,251   9,235   12,875   22,436   23,274   29,502.

Die Summe dieser Flächeninhalte ist 108 Mrd. Euro; vgl. Tabelle 6.1, (2). Also wurde monatlich nach den Hochrechnungen der EVS 2003 im Jahr 2003 in der Bundesrepublik Deutschland insgesamt ein Nettoeinkommen von monatlich rund 108 Mrd. Euro und von jährlich rund 1296 Mrd. Euro erzielt. Das durchschnittliche monatliche Nettoeinkommen war je Haushalt 2833 und pro Kopf 1336 Euro; vgl. Tabelle 6.1, (2), Spalte a.

Im Folgenden interessieren wir uns mit Blick auf die Situation des Nettoeinkommens und dessen Verteilung in Deutschland im Jahr 2003, wie sie die Tabelle 6.1, (2) und die Abbildung 6.1 sowie unsere verbale Darstellung schildern, für Fragen der Finanzierbarkeit eines

(i)   bedingungslosen Grundeinkommens gleicher Höhe für alle (Abschnitt 6,4),

(ii)   (fast) bedingungslosen Grundeinkommens gestaffelter Höhen (Abschnitt 6,5),

(iii)   bedingten Grundeinkommens (Abschnitte 6.7, 6.8, 6.9).

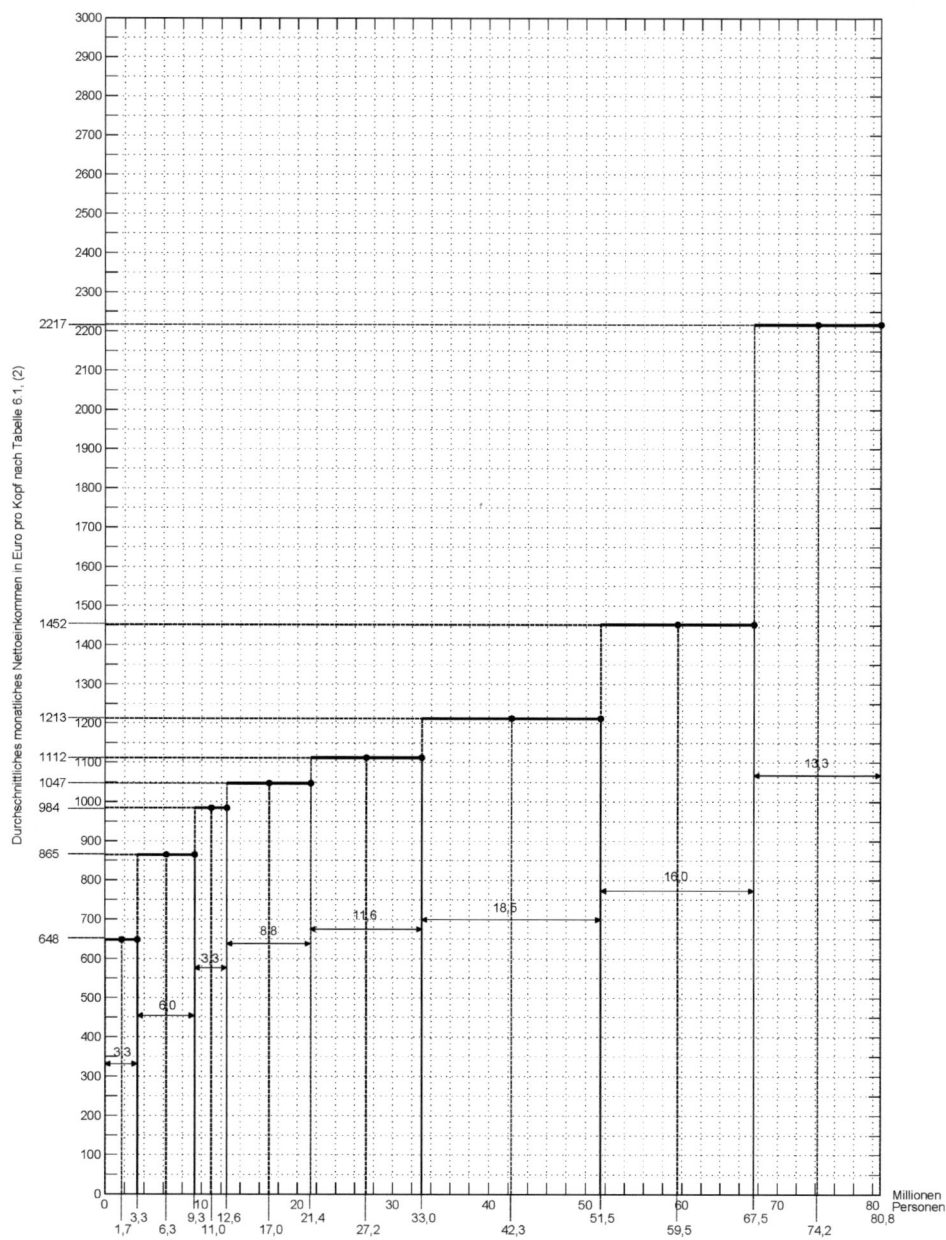

Abbildung 6.1: Graphische Darstellung des Verlaufs der durchschnittlichen monatlichen Nettoeinkommen pro Kopf in Deutschland im Jahr 2003. Grundlage: Die acht Einkommensklassen in der
Tabelle 6.1 (2). Jedes Basis-Quadrat des der Zeichnung unterlegten Musters entspricht 50 Euro
mal 2 Millionen (Personen) = 100 Millionen Euro

6.4 Frage der Finanzierbarkeit bedingungslosen Grundeinkommens gleicher Höhe für alle

Viele Befürworter der Einführung eines bedingungslosen Grundeinkommens sind der Auffassung, dass die Höhe dieses Grundeinkommens für alle gleich sein soll. Gegnern dieser „Wohltat für Reiche" antworten sie: Die Steuerfreibeträge bei der Einkommensteuer, die ebenfalls für alle, also auch für „die Reichen" gelten, müssten sie dann ebenfalls anprangern.

Die Frage der Kosten eines bedingungslosen Grundeinkommens für alle ist leicht zu beantworten für den Fall, dass es steuer- und sozialabgabenfrei bleiben soll.
Ist $x = N$ die Anzahl der für das monatliche Grundeinkommen von $y = G$ ins Auge gefassten Bevölkerung, so sind die monatlichen Kosten des Grundeinkommens gleich $G \cdot N$ und die jährlichen Kosten gleich $12 \cdot G \cdot N$. Zum Beispiel würde ein monatliches Grundeinkommen der Höhe $G = 500 \, Euro$ für die $N = 80{,}839 \, Mio.$ Personen (EVS 2003) kosten:

$$G \cdot N = 500 \cdot 80{,}839 \, Mio. = 40{,}420 \, Mrd. Euro,$$

das heißt jährlich:

$$12 \cdot 500 \cdot 80{,}839 \, Mio = 485{,}034 \, Mrd. Euro.$$

Selbst bei diesem hohen Aufwand wäre übrigens nicht gesichert, dass jede der 80,839 Personen in 2003 ein Einkommen von monatlich mindestens 800 Euro gehabt hätte: Die 648 Euro der untersten Einkommensklasse (3,304 Mio. Personen, vgl. Abbildung 6.1) sind ja monatliche Durchschnittseinkommen pro Kopf. Würden die 12,16 Mio. Kinder des Alters von 0 bis unter 15 Jahren (Deutschland, 2003) pro Kopf nur 250 Euro Grundeinkommen erhalten, reduzierten sich die obigen monatlichen Grundeinkommenskosten von 40,42 Mrd. Euro auf 37,380 Mrd. Euro und die jährlichen Grundeinkommenskosten von 485,034 Mrd. Euro auf 448,554 Mrd. Euro.

Werden auf die Summe aus dem bisher zu versteuerndem Einkommen und dem bedingungslosen Grundeinkommen jeweils Einkommensteuer und Sozialabgaben erhoben, so wäre das bedingungslose Grundeinkommen von dem Makel einer „Wohltat für Reiche" teilweise befreit; dafür würde ja insbesondere die Progression der Einkommensteuer sorgen. Dann würde mindestens ein Drittel des ausgezahlten

Grundeinkommens wieder in die Staatskasse(n) zurückfließen, also im oben behandelten Beispiel für das Jahr 2003 mindestens rund 162 Euro von 485 Mrd. Euro.

Die beiden vorgerechneten Beispiele bedingungslosen Grundeinkommens für alle *sind auf absehbare Zeit nicht finanzierbar*. Im ersten Fall kämen zu den Nettoeinkommen der privaten Haushalte des Jahres 2003 in Höhe von 1296 Mrd. Euro (vgl. Tabelle 6.1, (2) a) noch 485 Mrd. Euro (siehe oben) hinzu, also *weit mehr als ein Drittel*, im zweiten Fall noch rund 323 Mrd. Euro (= 485 Mrd. Euro minus 162 Mrd. Euro), also *rund ein Viertel*. In beiden Fällen wäre die Summe mehr als 1.601 Mrd., das ist das Volkseinkommen des Jahres 2003. Ein Fünftel bis ein Viertel dieser 1.601 Mrd. Euro aber brauchte in 2003 der Staat für andere Aufgaben als Grundeinkommensauszahlungen.

Mit anderen Worten: *Selbst wenn der Staat weit weniger als 500 Euro pro Monat – siehe Beispiele oben – auf alle bestehenden Nettoeinkommen „draufsatteln" wollte, so müsste er seine Aufgaben/Ausgaben des Status quo einschränken. Dazu wird er, wenn überhaupt, nur in Maßen bereit sein.*

Die obigen Überlegungen haben die Konsequenz: Ein für alle langsam auf 500 Euro oder mehr wachsendes bedingungsloses Grundeinkommen kann nur eingeführt werden,

(i) wenn das Volkseinkommen pro Kopf in Zukunft mit einer größeren durchschnittlichen Wachstumsrate wächst als die (noch von Ausgaben für Grundeinkommen freien) Staatsausgaben und/oder

(ii) wenn die derzeitigen öffentlichen Transferzahlungen im Gleichschritt mit langsam wachsendem Grundeinkommen adäquat reduziert werden; vgl. hierzu Tabelle 6., (1) und (3), sowie die Darlegungen in Abschnitt 6.2.

Da die Zeit für (i) und (ii) (noch) nicht reif ist, aber schon jetzt (und eigentlich schon früher) darüber nachgedacht werden muss, was es kosten würde, die finanzielle Armut privater Haushalte beziehungsweise Personen in einem reichen Industrieland wie Deutschland möglichst rasch zu stoppen, widmen sich die folgenden Abschnitte 6.5 und 6.7 bis 6.9 genau diesem Thema.

6.5 Frage der Finanzierbarkeit (fast) bedingungslosen Grundeinkommens gestaffelter Höhen

6.5.1 Finanzierung eines fast bedingungslosen Grundeinkommens in gestaffelten Höhen

Aus Abbildung 6.1 geht hervor: Finanzielle Armut einzelner Personen – sagen wir weniger Nettoeinkommen als 900 Euro im Monat – kann nur in den beiden niedrigsten (Netto-)Einkommensklassen vorkommen, das heißt in den Klassen b und c (vgl. Tabelle 6.1, Spalten b und c):

Klasse b besteht aus 3,3 Mio. Personen mit einem monatlichen Durchschnittseinkommen von netto 648 Euro, *Klasse c* aus 6,0 Mio. Personen mit einem monatlichen Durchschnittseinkommen von netto 865 Euro. Gehen wir an dieser Stelle davon aus, dass ein Mensch mit einem monatlichen Nettoeinkommen von 900 Euro oder mehr im Jahr 2003 nicht als finanziell arm zu bezeichnen war (und erst recht nicht ein privater Haushalt mit mehreren Personen, von denen bei Gleichverteilung des Haushaltsnettoeinkommens jede monatlich ein Nettoeinkommen von mehr als 900 Euro hatte), dann liegt zur Armutsbekämpfung folgendes Vorgehen nahe:

- Jede Person der niedrigsten Einkommensklasse erhält ein monatliches Grundeinkommen von

$$900\,\text{Euro} - 648\,\text{Euro} = 252\,\text{Euro},$$

womit das durchschnittliche monatliche Nettoeinkommen pro Kopf von 648 Euro auf 900 Euro ansteigt; vgl. Abbildung 6.1.

- Jede Person der zweitniedrigsten Einkommensklasse erhält ein monatliches Grundeinkommen von

$$900\,Euro - 865\,Euro = 35\,Euro,$$

das heißt auch hier steigt das durchschnittliche monatliche Nettoeinkommen auf 900 Euro an.

Wir sprechen in beiden Fällen vom *fast bedingungslosen Grundeinkommen*, weil geprüft werden muss, wie hoch das durchschnittliche monatliche Nettoeinkommen ist.

Die Kosten dieses Vorgehens wären

- *monatlich*: $252\,Euro \cdot 3{,}3\,Mio.\,Personen = 831\,Mio.\,Euro$

     plus $35\,Euro \cdot 6{,}0\,Mio.\,Personen = 210\,Mio.\,Euro,$

     also $831{,}6\,Mio.\,Euro + 210{,}0\,Mio.\,Euro = 1{,}0416\,Mrd.\,Euro,$

     das heißt

- *jährlich*: $12 \cdot 1{,}0416\,Mrd.\,Euro = 12{,}4992\,Mrd.\,Euro,$

     also rund $12{,}5\,Mrd.\,Euro,$

also bei gutem Willen *ohne weiteres finanzierbar.*

Dieses Vorgehen hätte bei näherem Hinsehen eine Reihe von Mängeln:

a) Alle diejenigen Personen, die in der niedrigsten Einkommensklasse mit ihrem monatlichen Nettoeinkommen unter dem Durchschnittseinkommen von 648 Euro liegen, bleiben trotz des Grundeinkommens von 252 Euro (siehe oben) im Armutsbereich.

b) Dasselbe gilt für alle diejenigen Personen, die in der zweitniedrigsten Einkommensklasse weniger als das Durchschnittseinkommen von 865 Euro haben und dazu das Grundeinkommen von 35 Euro (siehe oben) erhalten.

c) Wer in der niedrigsten Einkommensklasse mit seinem monatlichen Nettoeinkommen über dem Durchschnittseinkommen von 648 Euro liegt, stellt sich nach Erhalt des Grundeinkommens von 252 Euro besser als alle die Personen der zweitniedrigsten Einkommensklasse, die unter b) genannt sind.

Mit anderen Worten: Das oben beschriebene Vorgehen würde weder die finanzielle Armut vollständig beseitigen noch wäre es anreizkompatibel; Person A verspürt ganz sicher dann keinen Anreiz, ein höheres Einkommen als Person B zu erzielen, wenn B wegen des geringeren Einkommens ein so viel höheres Grundeinkommen als A erhält, dass B schließlich besser gestellt ist als A.

d) In den Haushalten der dritten und höherer Einkommensklassen liegt zwar das durchschnittliche Pro-Kopf-Einkommen über dem Betrag von 900 Euro. Dennoch können einzelne Mitglieder jener Haushalte über ein Einkommen von unter 900 Euro verfügen (beispielsweise ein nicht erwerbstätiger Ehepartner, mit dem nicht geteilt wird). Im Fall einer Einführung des Grundeinkommens für lediglich die unteren Einkommensklassen würden sie unberücksichtigt bleiben. Um dies zu verhindern wäre es geboten, ihnen auf Antrag ebenfalls ein Grundeinkommen zu gewähren. Dies könnte jedoch als sozial ungerecht empfunden werden, da hierdurch ein ohnehin relativ gut gestellter Haushalt vom Grundeinkommen profitieren könnte. Ein Ansatz, dies zu entkräften, könnte sein, in einem solchen Fall ein Grundeinkommen zu gewähren und dafür das Ehegattensplitting bei der Einkommensteuer des betreffenden Paares aufzuheben. Auch der nicht erwerbstätige Ehepartner kann somit auf Antrag ein Grundeinkommen erhalten. Dann jedoch wird er bei der Berechnung der (persönlichen Einkommen-)Steuerlast des erwerbstätigen Ehepartners nicht mehr berücksichtigt, wodurch letzterer mehr Steuern zu zahlen hätte.

6.5.2 Finanzierung eines bedingungslosen Grundeinkommens gestaffelter Höhen und die Kritik des Sachverständigenrates

Es kann der Einwand gemacht werden, dass ein auf Antrag gezahltes Grundeinkommen nicht mehr bedingungslos ist. Allerdings sind andere Vorschläge zur Einführung des Grundeinkommens häufig ebenso an Bedingungen geknüpft, etwa an die Erwerbsarbeit (vgl. oben Abschnitt 5.5) oder das Alter (vgl. WERNER und PRESSE (2008)). Über diesen „Mangel" der Bedingtheit kann man vorübergehend hinwegsehen, wenn man einen methodischen Zwischenschritt einfügt und zwei Sachverhalte gedanklich voneinander trennt: erstens die Ermittlung der Kosten eines substitutiven Grundeinkommens in existenzsichernder Höhe und zweitens die Frage nach der Schrittlänge und Schrittfolge seiner Einführung. Anders gesagt: Das eine ist die Bestimmung der Höhe der „zusätzlichen Kosten" der Einführung eines Grundeinkommens im Vergleich zum bestehenden System; vgl. hierzu die Abschnitte 6.7, 6.8 und 6.9. Das andere ist die Frage, auf welchen Pfaden sich ein solches Grundeinkommen realisieren lässt.

Der SACHVERSTÄNDIGENRAT ZUR BEGUTACHTUNG DER GESAMTWIRTSCHAFTLICHEN LAGE hat in seinem Herbstgutachten 2007 (SACHVERSTÄNDIGENRAT ZUR BEGUTACHTUNG DER GESAMTWIRTSCHAFTLICHEN LAGE (2007, S. 224 ff.) und vgl. oben Abschnitt 3.2) die

Auswirkungen und die Finanzierbarkeit eines bedingungslosen Grundeinkommens in existenzsichernder Höhe nach dem Vorschlag der Thüringer Staatskanzlei (vgl. oben Abschnitt 5.4) kritisch untersucht. Diese Kritik trifft zwar nicht notwendigerweise auf die anderen Vorschläge zur Finanzierung eines bedingungslosen Grundeinkommens zu (vgl. oben Kapitel 5). Sie sollte jedoch ernst genommen werden, um nach Möglichkeiten zur Lösung der durch den SACHVERSTÄNDIGENRAT aufgezeigten Probleme suchen zu können. Kernpunkte der Kritik des SACHVERSTÄNDIGENRATes sind die möglicherweise negativen Effekte der Einführung eines Grundeinkommens auf dem Arbeitsmarkt beziehungsweise eine Finanzierungslücke in Höhe von 227 Mrd. Euro.

Ein Ansatz zur Lösung dieser Probleme kann die zuvor genannte schrittweise Einführung eines Grundeinkommens sein. Ein Grundeinkommen, das allmählich auf einen existenzsichernden Betrag ansteigt, führt zu weniger starken beziehungsweise zu sich wesentlich langsamer vollziehenden Effekten auf dem Arbeitsmarkt (vgl. oben Abschnitt 3.4). Ein zweiter Ansatz ist die teilweise oder vollständige Finanzierung aus den Einnahmen der Konsum- beziehungsweise Mehrwertsteuer (vgl. oben Kapitel 4). Hierdurch kann eine zu starke Besteuerung der Arbeitseinkommen vermieden werden, was insbesondere dazu führen kann, dass die befürchteten negativen Effekte im Arbeitsangebotsverhalten am Arbeitsmarkt nicht eintreten.

6.6   Grundlagen mathematisch-geometrisch-statistischer Art

Im Folgenden wird beabsichtigt, aus dem Graphen der Treppenfunktion in Abbildung 6.1 den Graphen einer Funktion zu formen, die streng monoton wächst, der Reihe nach durch die Mittelpunkte der acht Einkommensklassen-Intervalle läuft, und die weitere Eigenschaften besitzt, die im Folgenden diskutiert werden. Die Wahl der Mittelpunkte der Einkommensklassen-Intervalle bietet sich an, wenn man die Verteilungen der Einkommen in den Klassen nicht kennt und man davon ausgehen kann, dass diese Verteilungen, wenn überhaupt, nicht besonders schief sind. Das nehmen wir an.

Es liegt nahe, die genannten Punkte geradlinig zu verbinden und dabei ganz links bis zum Schnitt mit der Y-Achse und ganz rechts bis zum Schnitt mit x=80,8 zu gehen. Dann erhält man als Graphen einer streng wachsenden Funktion g den von links unten nach rechts oben verlaufenden Streckenzug in Abbildung 6.2. Die so im Intervall von x=0 bis x=80,8 definierte Funktion g hat die Eigenschaft, dass zum Beispiel der Inhalt der Fläche zwischen dem Intervall $I = \{x|51,5 \leq x \leq 67,5\}$ der X-Achse und dem Graphen von g oberhalb I um 5,35% vom Inhalt des Rechtecks über I abweicht. Da die Inhalte der Rechtecke die Summe der durchschnittlichen monatlichen Netto-einkommen der jeweils betreffenden Personen repräsentieren, sind für einen befrie-digenden Übergang von der Treppenfunktion (siehe Abbildung 6.1) zu einer streng monoton wachsenden Funktion (siehe Abbildung 6.2) die obigen Abweichungen zu groß.

Deshalb wird im Folgenden eine Funktion f konstruiert, die die folgenden Eigenschaf-ten E.1-E.4 besitzt:

E.1   Die Funktion f ordnet jedem Punkt des Intervalls $\{x|0 \leq x \leq 80,8\}$ der X-Achse (vgl. Abbildung 6.1) genau einen Funktionswert f(x) zu, der im Intervall $\{y|0 \leq y \leq 2700\}$ der Y-Achse (vgl. Abbildung 6.1) liegt.

E.2   Die Funktion f wächst streng monoton.

E.3   Für f gilt: f(1,7)=648, f(6,3)=865, f(11,0)=984, f(17,0)=1047, f(27,2)=1112, f(42,3)=1213, f(59,5)=1452, f(74,2)=2217.

Diese Eigenschaften E.1 bis E.3 besitzt, wie man sieht, die Streckenzugfunktion in Abbildung 6.2.

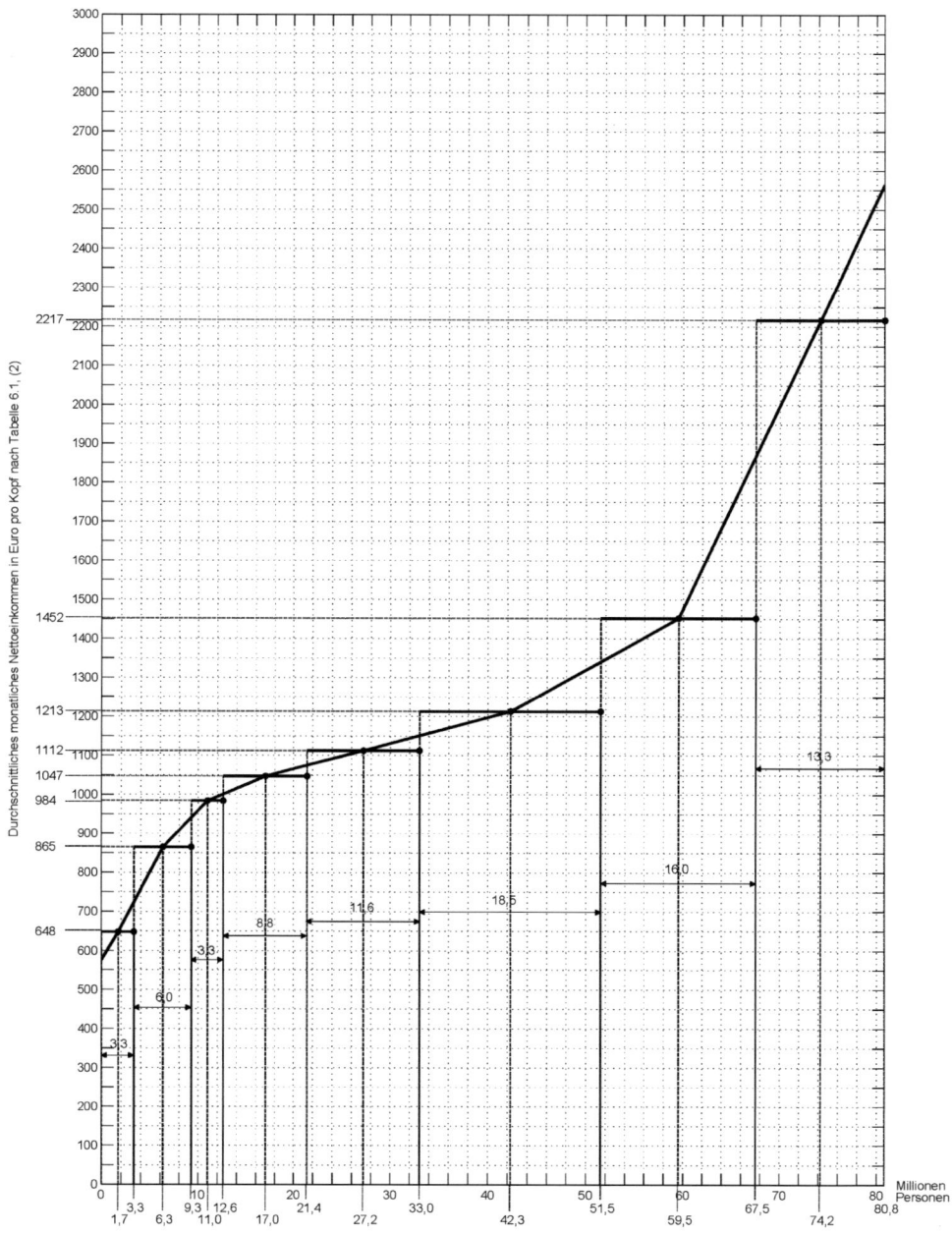

Abbildung 6.2: Polygonzug g über die Einkommensverteilungen und graphische Darstellung des Verlaufs der durchschnittlichen monatlichen Nettoeinkommen pro Kopf in Deutschland im Jahr 2003. Grundlage: Die acht Einkommensklassen in der Tabelle 6.1, (2). Jedes Basis-Quadrat des der Zeichnung unterlegten Musters entspricht 50 Euro mal 2 Millionen (Personen) = 100 Millionen Euro.

126

Die Streckenzugfunktion in Abbildung 6.2 hat, wie gesagt, den Nachteil, dass die Flächeninhalte der empirisch fundierten Rechtecke und die entsprechenden Inhalte der Flächen zwischen dem Grundintervall des jeweiligen Rechtecks und dem entsprechenden Streckenzugteil öfters erheblich differieren; das ist zum Beispiel wie gesagt beim Grundintervall $\{x|51{,}5 \leq x \leq 67{,}5\}$ der Fall mit 5,35% Abweichung vom Flächeninhalt des Rechtecks. Wir fordern deshalb zusätzlich zu E.1 bis E.3:

E.4   Die Funktion f sei so beschaffen, dass ihr Graph die acht Punkte (siehe E.3 und Abbildung 6.2):

(1,7; 648), (6,3; 865), (11,0; 984), (17,0; 1047),   (1)

(27,2; 1112), (42,3; 1213); (59,5; 1452), (74,2; 2217)

nicht der Reihe nach durch Geradenstücke verbindet, sondern durch Parabelstücke wie folgt: Wir gehen aus von der Darstellung einer Parabel durch

$$y = \alpha + \beta x^{\gamma}. \qquad (2)$$

Dabei sind α, β und γ (noch) unbestimmte reelle Zahlen, das heißt Parameter, von denen wir aber fordern: $[0 < \beta, 0 < \gamma]$. Dann wächst die Parabel streng monoton. Weiter soll $\gamma \neq 1$ sein; für $\gamma = 1$ wäre durch (2) ja eine Gerade gegeben. Das erste Parabelstück soll sich (siehe Abbildung 6.2) über das Intervall $\{x|0 \leq x \leq 11{,}0\}$ erstrecken und durch die ersten drei Punkte (1) gehen. Das ist nur möglich, wenn die drei Parameter ganz bestimmte Werte haben. Diese können aus den drei folgenden Bedingungen (als einziges Lösungstripel) approximativ bestimmt werden:

$$\alpha + \beta \cdot 1{,}7^{\gamma} = 648$$
$$\alpha + \beta \cdot 6{,}3^{\gamma} = 865$$
$$\alpha + \beta \cdot 11{,}0^{\gamma} = 985.$$

Lösung:

$$\alpha = 150$$
$$\beta = 430$$
$$\gamma = 0{,}276.$$

Da $\gamma < 1$ ist, ist das Parabelstück (von unten) streng konkav.

Das zweite Parabelstück soll (siehe Abbildung 6.2) als Definitionsbereich das Intervall $\{x|11{,}0 \leq x \leq 27{,}2\}$ haben und den dritten bis fünften Punkt (1) enthalten. Die entsprechenden Bedingungen wie oben liefern die approximative

Lösung:

$$\alpha = -15000$$
$$\beta = 15650$$
$$\gamma = 0{,}0088.$$

Auch dieses Parabelstück ist streng konkav.

Das dritte Parabelstück hat konsequenterweise das Intervall $\{x|27{,}2 \leq x \leq 59{,}5\}$ als Definitionsbereich, enthält den fünften bis siebten Punkt (1) und hat die approximative

Lösung:

$$\alpha = 1074$$
$$\beta = 0{,}0023$$
$$\gamma = 2{,}94.$$

Dieses Parabelstück ist wegen $1 < \gamma$ streng konvex.

Das vierte (und letzte) Parabelstück soll als Definitionsbereich das Intervall $\{x|59{,}5 \leq x \leq 80{,}8\}$ haben und durch den siebten und achten Punkt (1) gehen sowie durch einen Punkt $(80{,}8;\ y^*)$, der zur Folge hat, dass das Integral $\int_{67{,}5}^{80{,}8} f(x)dx$ und der Flächeninhalt des letzten Rechtecks, nämlich $13{,}3 \cdot 2217 = 29486{,}10$ (vgl. Abbildung 6.2) in etwa gleich groß sind. Approximative

Lösung:

$$\alpha = 749,$$
$$\beta = 0{,}0008455,$$
$$\gamma = 3{,}336,$$
$$y^* = 2700.$$

Auch dieses Parabelstück ist streng konvex.

Als Ergebnis erhalten wir also die folgende Funktion f:

$$f(x) = \begin{cases} 150 + 430x^{0,276}, & 0 \leq x \leq 11,0 \quad (i) \\ -15000 + 15650x^{0,0088}, & 11,0 \leq x \leq 27,2 \quad (ii) \\ 1074 + 0,0023x^{2,94}, & 27,2 \leq x \leq 59,5 \quad (iii) \\ 749 + 0,8455 \cdot 10^{-3}x^{3,336}, & 59,5 \leq x \leq 80,8 \quad (iv). \end{cases}$$

Hieraus berechnen wir im Folgenden die Funktionswerte von f an wichtigen Stellen. Diese stimmen gut mit den jeweiligen Werten aus Tabelle 6.1 überein. Sie sind im Folgenden ganz rechts angegeben.

$$f(1,7) = 150 + 430 \cdot 1,7^{0,276} = 647,82 \; (vgl. \, (i)) \qquad\qquad 648$$

$$f(6,3) = 150 + 430 \cdot 6,3^{0,276} = 864,64 \qquad\qquad 865$$

$$f(11,0) = 150 + 430 \cdot 11,0^{0,276} = 983,48 \; (vgl. \, (i)) \qquad\qquad 984$$

$$f(11,0) = -15000 + 15650 \cdot 11,0^{0,0088} = 983,75 \; (vgl. \, (ii)) \qquad\qquad 984$$

$$f(17,0) = -15000 + 15650 \cdot 17,0^{0,0088} = 1045,09 \qquad\qquad 1047$$

$$f(27,2) = -15000 + 15650 \cdot 27,2^{0,0088} = 1111,60 \; (vgl. \, (ii)) \qquad\qquad 1112$$

$$f(27,2) = 1074 + 0,0023 \cdot 27,2^{2,94} = 1111,96 \; (vgl. \, (iii)) \qquad\qquad 1112$$

$$f(42,3) = 1074 + 0,0023 \cdot 42,3^{2,94} = 1213,05 \qquad\qquad 1213$$

$$f(59,5) = 1074 + 0,0023 \cdot 59,5^{2,94} = 1453,15 \; (vgl. \, (iii)) \qquad\qquad 1452$$

$$f(59,5) = 749 + 0,8455 \cdot 10^{-3} \cdot 59,5^{3,336} = 1451,91 \; (vgl. \, (iv)) \qquad\qquad 1452$$

$$f(74,2) = 749 + 0,8455 \cdot 10^{-3} \cdot 74,2^{3,336} = 2217,19 \qquad\qquad 2217$$

$$f(80,8) = 749 + 0,8455 \cdot 10^{-3} \cdot 80,8^{3,336} = 2699,91 \qquad\qquad 2700.$$

Um den Graphen von f gut zeichnen zu können, bestimmen wir noch folgende Werte von f:

$$f(3,3) = 150 + 430 \cdot 3,3^{0,276} = 747,83$$

$$f(9,3) = 150 + 430 \cdot 9,3^{0,276} = 945,74$$

$$f(12,6) = -15000 + 15650 \cdot 12,6^{0,0088} = 1002,86$$

$$f(21,4) = -15000 + 15650 \cdot 21,4^{0,0088} = 1077,63$$

$$f(24,0) = -15000 + 15650 \cdot 24,0^{0,0088} = 1093,86$$

$$f(30,0) = 1074 + 0,0023 \cdot 30,0^{2,94} = 1124,64$$

$$f(33,0) = 1074 + 0,0023 \cdot 33,0^{2,94} = 1141,01$$

$$f(38,0) = 1074 + 0,0023 \cdot 38,0^{2,94} = 1175,46$$

$$f(48,0) = 1074 + 0,0023 \cdot 48,0^{2,94} = 1275,64$$

$$f(51,5) = 1074 + 0,0023 \cdot 51,5^{2,94} = 1321,99$$

$$f(56,0) = 1074 + 0,0023 \cdot 56,0^{2,94} = 1391,25$$

$$f(64,0) = 749 + 0,0008455 \cdot 64,0^{3,336} = 1645,46$$

$$f(67,5) = 749 + 0,0008455 \cdot 67,5^{3,336} = 1819,71$$

$$f(72,0) = 749 + 0,0008455 \cdot 72,0^{3,336} = 2076,93$$

$$f(78,0) = 749 + 0,0008455 \cdot 78,0^{3,336} = 2483,37.$$

Die so ermittelten Punkte sind in Abbildung 6.3 eingetragen und durch eine glatte Kurve verbunden, den Graphen von f.

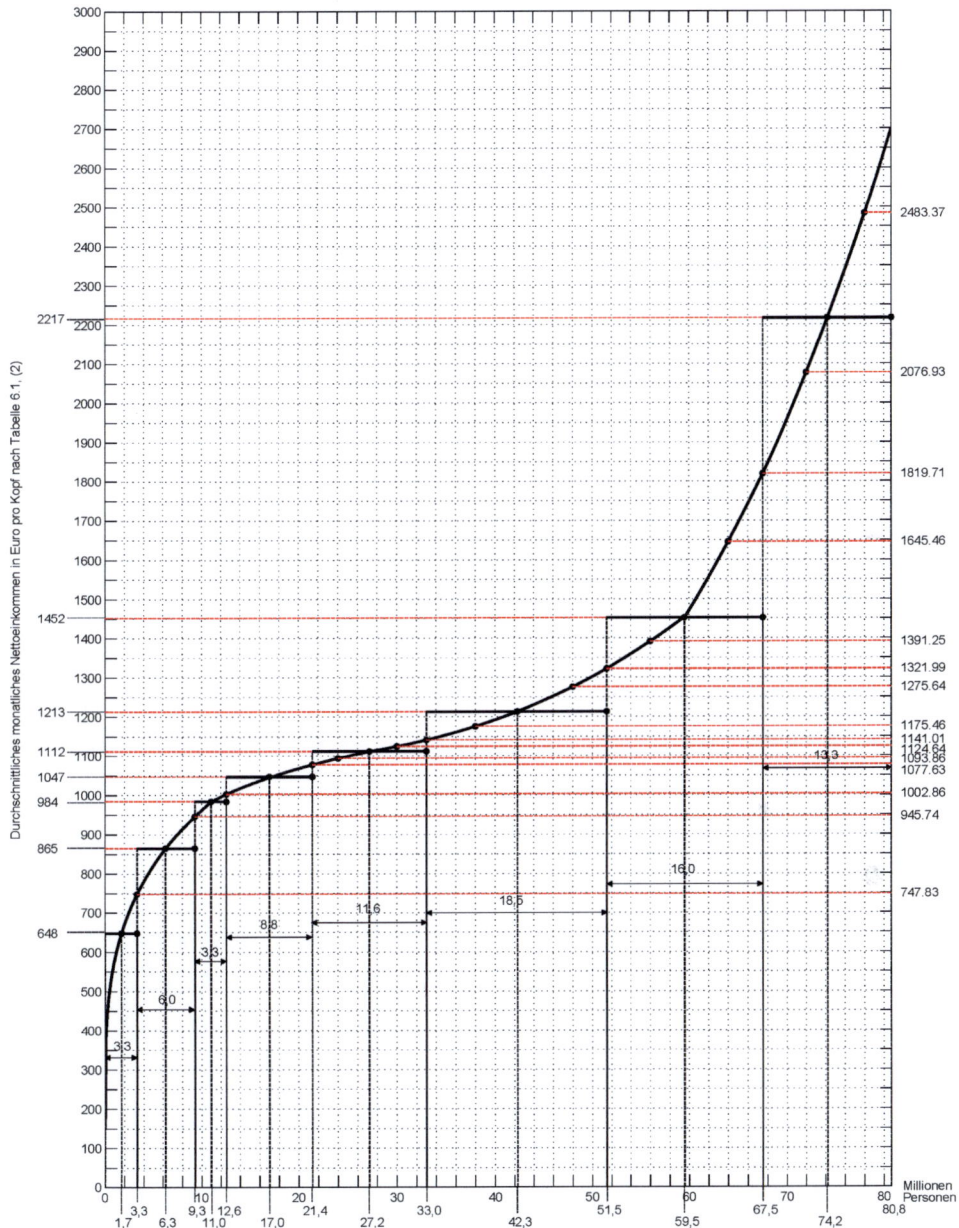

Abbildung 6.3: „PENs Parade": Graphische Darstellung des Verlaufs der durchschnittlichen monatlichen Nettoeinkommen pro Kopf in Deutschland im Jahr 2003. Grundlage: Die acht Einkommensklassen in der Tabelle 6.1, (2). Der Verlauf wird hier durch eine stückweise differenzierbare streng monoton wachsende Kurve dargestellt, die im Intervall $\{x \mid 0 \leq x \leq 27{,}2\}$ streng konkav und im Intervall $\{x \mid 27{,}2 < x \leq 80{,}8\}$ streng konvex verläuft. Jedes Basisquadrat des der Zeichnung unterlegten Musters entspricht 50 Euro mal 2 Millionen (Personen) = 100 Millionen Euro.

Diese Kurve kann als *PENs Parade* aufgefasst werden. IAN PEN, damals Professor für Volkswirtschaftslehre an der Universität Groningen, befasste sich in seinem Buch „Income Distribution" (1971, S. 48-75) mit Formen der Darstellung von Einkommensverteilungen. Dabei war es ihm ein Anliegen zu zeigen, dass *seine* Darstellungsform besonders anschaulich, aufschlussreich und praktisch ist.

Er möchte zeigen, wie (un)gleich die (sagen wir) Monatseinkommen einer Menge von Einkommensbezieher(inne)n verteilt sind. Dazu veranstaltet er gedanklich eine Parade. Alle haben ihrer Größe (Länge) nach anzutreten, und diese Größe ist proportional der Höhe ihres Einkommens. Gleich, wie viele Personen die Menge enthält, in genau einer Stunde müssen sie alle an einer Tribüne vorbeimarschiert sein. Die Tribünengäste gewinnen dabei, wenn in zunehmender Größe (Länge!) marschiert wird, einen sehr guten Eindruck von der Ungleichheit der Verteilung der Einkommen der betreffenden Personen. Wenn beispielsweise die „Parade der Zwerge" vierzig Minuten, die der Normalgroßen achtzehn Minuten, die der Überlangen 110 Sekunden und die Parade derjenigen, deren Köpfe in den Wolken verschwinden, zehn Sekunden dauert, wird die Ungleichheit der Einkommensverteilung aus Sicht der Tribünengäste vermutlich erheblich größer empfunden als wenn die einzelnen Paradenabschnitte zum Beispiel der Reihe nach 7 Minuten, 50 Minuten, 175 Sekunden und 5 Sekunden ausmachen.

Es ist bemerkenswert, dass PEN bei aller Anschaulichkeit seiner Parade in seinem Buch keine empirischen statistischen Anwendungen seiner Idee, etwa auf die Ungleichheit der Einkommensverteilung in bestimmten Ländern, durchführt. Dass er jede Parade, stünde sie denn für ihn bereit, auf genau eine Stunde normiert, ließe Ländervergleiche zu, aber solche Vergleiche sind noch einfacher mit Hilfe der Lorenzkurve/Lorenzverteilung, die er kurz behandelt, möglich. Er geht in diesem Zusammenhang auch auf die Häufigkeitsverteilungen/Dichtefunktionen/Dichtekurven der Wahrscheinlichkeitstheorie/Statistik ein.

Nach Meinung des Verfassers der vorliegenden Dissertation sind für Probleme des Messens, insbesondere der Bestimmung von Maßzahlen/Indizes der Ungleichheit der Einkommensverteilung in einer Region oder in einem Land empirisch gewonnene Lorenzkurven oder Dichtekurven besser geeignet beziehungsweise zu handhaben als die Kurven, die auf PEN s Paraden hinauslaufen. Eine solche Kurve ist wie gesagt der Graph der hier hergeleiteten Funktion f; vgl. Abbildung 6.3.

Im Sinne von PEN wird durch diesen Graphen die Parade der von der EVS 2003 erfassten beziehungsweise hochgerechneten 80,8 Millionen Menschen in Deutschland wie folgt dargestellt: Diese Personen stehen aufrecht und gestrafft, der Größe nach geordnet mit ihren Füßen auf der X-Achse, und die höchsten Punkte ihrer Köpfe sind jeweils die Punkte des Graphen von f; vgl. die Kurve in Abbildung 6.3. Die Kurve wird horizontal von rechts nach links verschoben, bis ihr Punkt (80,8; 2700) über dem Nullpunkt des Koordinatensystems liegt, und diese Verschiebung dauert genau eine Stunde. Mit anderen Worten: Vor den Augen von in der Nähe des Nullpunkts postierten Beobachtern hat gerade PEN s Parade der 80,8 Millionen stattgefunden.

Die Kurve in Abbildung 6.3, also der Graph von f und damit die in der vorliegenden Arbeit aus empirischen Daten gewonnene Funktion f ist ohne weiteres in eine Verteilungsfunktion Φ zu transformieren, wie sie in der Wahrscheinlichkeitstheorie/ Statistik definiert ist. Das geschieht wie folgt: Die Y-Achse, das heißt die Achse, auf der die durchschnittlichen monatlichen Nettoeinkommen in Euro pro Kopf eingetragen wurden, wird zur Abszisse, und die Y-Achse, das heißt die Achse, auf der die 80,8 Millionen Personen, aufgestellt nach der Höhe des auf sie fallenden monatlichen Nettoeinkommens, abgetragen sind, wird zur Ordinate. Dabei wird die Kurve in Abbildung 6.3 zu einer typischen S-förmigen statistischen Verteilungskurve. Man kann sich einen guten Eindruck von ihrem Verlauf verschaffen, wenn man Abbildung 6.3 von hinten so gegen das Licht hält, dass die Y-Achse unten von links nach rechts verläuft. Normiert man die zur S-förmigen Verteilungskurve gehörige Verteilungsfunktion Φ, indem man ihre Funktionswerte $\Phi(y)$ durch 2700 teilt, so kann bekanntermaßen die durch

$$\Phi^*(y) = \frac{\Phi(y)}{2700}$$

gegebene normierte Verteilungsfunktion Φ^* wie folgt interpretiert werden:

$\Phi^*(y)$ ist die Wahrscheinlichkeit dafür,

dass man als eine der 80,8 Millionen Personen

mit einem monatlichen Nettoeinkommen von

bis zu maximal y Euro rechnen kann.

An dieser Stelle sei ausdrücklich betont, dass bei Achsentausch aus unserer Funktion f („PENs Parade") die Funktion Φ beziehungsweise Φ^* (statistische Verteilungsfunktion) hervorgeht und nicht die Dichte- und Häufigkeitsfunktion φ beziehungsweise φ^*. Für diese gelten ja unter hinreichenden Differenzierbarkeitsvoraussetzungen die Beziehungen:

$$\frac{d\Phi(y)}{dy} = \varphi(y)$$

und

$$\frac{d\Phi^*(y)}{dy} = \varphi^*(y).$$

Für unsere Antwort auf die Frage der Kosten verschiedener Ansätze zur Finanzierung von Grundeinkommen ist ein Übergang von unserer Funktion f („PENs Parade") zur entsprechenden statistischen Verteilungsfunktion Φ beziehungsweise Φ^* *nicht* erforderlich; die Funktion f ist nämlich aufgrund ihrer Herleitung in einfachster Weise mit dem Problem der Kosten der monatlichen Nettoeinkommen der 80,8 Millionen Personen verknüpft. Und genau diese Kosten muss man detailliert kennen, wenn man die zusätzlichen Kosten berechnen will, die bestimmte Grundeinkommenskonzepte zur Folge haben. Insofern kommt es hier, 38 Jahre nach der Veröffentlichung der Idee „PENs Parade", zu einer empirisch fundierten und erkenntnistheoretisch nützlichen Anwendung dieser Idee.

Die *empirische Fundierung* beruht darauf, dass die Funktion f so wie oben beschrieben aus Daten der EVS 2003 hergeleitet wurde. Die nützliche Anwendungsmöglichkeit ist eine Folge der Tatsache, dass das Integral über f von x=0, x=80,8 Millionen, also graphisch gesehen der Inhalt der Fläche zwischen dem Teil der X-Achse von 0 bis 80,8 (Millionen) und dem Graphen von f im Wesentlichen die Summe der monatlichen Nettoeinkommen aller 80,8 Millionen Personen in Millionen Euro darstellt. „Im Wesentlichen" bezieht sich darauf, dass das Integral vom Flächeninhalt der acht empirisch ermittelten Rechtecke (vgl. Abbildung 6.1 und Tabelle 6.1) um 0,81 % abweicht; vgl. Tabelle 6.2. Die Tabelle 6.2 zeigt darüber hinaus, dass auch in wichtigen Teilabschnitten von x=a bis x=b (mit a≥ 0 und b>a sowie b≤80,8) das Integral

$$\int_a^b f(x)\,dx$$

nicht stark vom Flächeninhalt der empirisch ermittelten Rechtecke über dem Intervall $\{x | a \leq x \leq b\}$ abweicht. Bekanntlich ist

$$\int_a^x f(\xi)d\xi = F(x), \text{ und } F \text{ heißt Stammfunktion von } f.$$

Im Inneren der Intervalle bei (i)-(iv) (siehe oben) ist F differenzierbar, und man hat dort $F'(x) = f(x)$. Dort gilt wegen (i)-(iv):

$$F(x) = \begin{cases} 150x + 430\dfrac{x^{1,276}}{1,276}, & 0 < x \leq 11,0 & (i) \\[2ex] -15000x + 15650\dfrac{x^{1,0088}}{1,0088}, & 11,0 < x \leq 27,2 & (ii) \\[2ex] 1074x + 0,0023\dfrac{x^{3,94}}{3,94}, & 27,2 < x \leq 59,5 & (iii) \\[2ex] 749 + 0,8455 \cdot 10^{-3}\dfrac{x^{4,336}}{4,336}, & 59,5 < x \leq 80,8 & (iv). \end{cases}$$

(0) $\int_a^b f(x)dx$	(1) Flächeninhalt des Integrals über dem Intervall $\{x \mid a \leq x \leq b\}$ in Millionen Euro	(2) Flächeninhalt der Rechtecke über dem Intervall $\{x \mid a \leq x \leq b\}$ in Millionen Euro	(3) Abweichung (2) – (1)	(4) Abweichung in Prozent von (2)
a=0, b=11	8835,13	8952,00	116,87	1,31%
a=11, b=27,2	17125,08	17286,80	161,72	0,94%
a=27,2; b=59,5	40153,82	40506,10	352,28	0,87%
a=59,5, b=67,5	24090,62	23232,00	-858,62	-3,70%
a=67,5, b=80,8	29648,28	29486,10	-162,18	-0,55%
a=0, b=80,8	108776,77	107902,00	-874,77	-0,81%

Tabelle 6.2: Diese Übersicht gibt einen Eindruck von der Qualität der hergeleiteten Funktion f mit den Eigenschaften E.1-E.4. Der Graph dieser Funktion kann als Einkommensverteilungskurve im Sinne von PEN („PEN Parade") aufgefasst werden. Wesentlich für die Bestimmung von f ist das empirische Ergebnis der EVS 2003 hinsichtlich der durchschnittlichen monatlichen Nettoeinkommen pro Kopf in acht Einkommensklassen; vgl. Abbildung 6.1.

6.7 Die Finanzierungskosten von Grundeinkommenskonzepten

Nach den Vorbereitungen in Abschnitt 6.6 ist es nun möglich, die Finanzierungskosten von Grundeinkommenskonzepten zu bestimmen. Hier und im Folgenden wird
unter den (Netto-)Finanzierungskosten der Realisierung eines Grundeinkommenskonzepts die Geldsumme verstanden, die über die bisherige Summe aller Nettoeinkommen der privaten Hausehalte einer Volkswirtschaft *hinaus* gebraucht wird, um
die Ziele des Konzepts zu erreichen.

Allgemein gilt: Hat ein Grundeinkommenskonzept, gleich welcher Art, nach seiner
Einführung die Konsequenz, dass der Graph der bisherigen (PENschen) Verteilungsfunktion f zum Graphen einer neuen (PENschen) Verteilungsfunktion h wird, also zum
Graphen einer neuen PENschen Parade, dann berechnen sich die (Netto-)Finan-
zierungskosten des Konzepts im Falle von x=N Teilnehmern an PENs Parade zu

$$\int_0^N h(x)dx - \int_0^N f(x)dx. \qquad (1)$$

Je genauer die Datenlage ist und je genauer die Funktionen f und h aufgrund der
Datenlage bestimmbar sind und dann auch bestimmt werden, desto genauer gibt die
Differenz der beiden Integrale in (1) die (Netto-)Finanzierungskosten des Konzepts
wieder. Zu diesen Kosten kommen noch die Verwaltungskosten, die bei der Realisierung und weiterer Administrierung des Konzepts entstehen. Diese Verwaltungskosten können niedrig gehalten werden, wenn die schon zur Verfügung stehenden
Verwaltungsapparate beim Übergang zur beabsichtigten Grundeinkommensrealisie-
rung von alten, teilweise wegfallenden Aufgaben entbunden werden; die Neuerun-
gen können ja so beschaffen sein, dass gegenwärtiger Verwaltungsaufwand
schrumpft.

Als Beispiel diene in diesem Zusammenhang das folgende Grundeinkommenskonzept: Jeder private Haushalt in Deutschland, der nach Hartz IV, aus Arbeitsverträgen
oder aus sonstigen Quellen so viel Einkommen erzielt, dass pro Kopf im Haushalt
weniger als 900 Euro im Monat zur Verfügung stehen, erhält einen Grundeinkommensbetrag in einer solchen Höhe, dass damit das monatliche Nettoeinkommen pro
Kopf auf 900 Euro oder etwas mehr ansteigt. Warum „900 Euro oder etwas mehr"?
Weil das Grundeinkommen anreizkompatibel (siehe oben, Abschnitt 6.5) sein soll:
Wer *vor* der Überweisung des Grundeinkommensbetrages besser gestellt war als

irgendein anderer, soll auch *danach* etwas mehr Einkommen haben als dieser andere, nachdem der den auf ihn fallenden Grundeinkommensbetrag erhalten hat.

Wie kann das technisch bewerkstelligt werden? Wir führen dazu zwei Methoden ein, die lineare und die nichtlineare Methode.

6.8 Die lineare Methode zur Bestimmung der Finanzierungskosten eines Grundeinkommenskonzepts

Die *lineare Methode* ersetzt über einem Anfangsintervall $\{x|0 \le x \le x^*, x^* > 0\}$ den entsprechenden Graphen der (PENschen) Verteilungsfunktion f durch ein Geradenstück, das von einem Punkt $(0, y^*)$ oberhalb des Graphen von f streng wachsend in einen Punkt (x^*, y^*) des Graphen von f einmündet; vgl. Abbildung 6.4. Die „neue PENsche Parade", das heißt der Graph der neuen (PENschen) Verteilungsfunktion h ist also das Geradenstück zusammen *mit dem Teil* des Graphen von f, der im „Mündungspunkt" beginnt. Hierbei wird vorausgesetzt, dass (i) die „kleinen Marschierer" $\le x^*$, die nun etwas höhere monatliche Nettoeinkommen pro Kopf erhalten, diese nicht zu Lasten der Marschierer $> x^*$, sondern aus anderen Quellen des Volkseinkommens erhalten, und dass (ii) dieser Eingriff in die Finanzströme der Volkswirtschaft so gering ist, dass die Parade ab $x = x^*$ nicht oder nur unwesentlich tangiert wird; für diese Annahme spricht die relative Geringfügigkeit des Eingriffs.

In Abbildung 6.4 verläuft das gewählte Geradenstück vom Punkt (0; 900) zum Punkt $(x^*, y) = (12,6; 1002,86)$; es ist gegeben durch

$$y = 900 + 8,1635x \quad (0 \le x \le 12,6). \tag{4}$$

Die Finanzierungskosten sind in diesem Fall (vgl. Abbildung 6.4) nach Formel

$$\int_0^{12,6} h(x)dx - \int_0^{12,6} f(x)dx$$

$$= \int_0^{12,6} (900 + 8,1635x)dx - \left[\int_0^{11,0} f(x)dx + \int_{11,0}^{12,6} f(x)dx\right]$$

$= Inhalt\ der\ schraffierten\ Fläche\ in\ Abbildung\ 6.4$

$$= 900 \cdot 12,6 + 8,1635 \cdot \frac{12,6^2}{2}$$

$$- \left[\left(150 \cdot 11,0 + 430 \cdot \frac{11,0^{1,276}}{1,276}\right) + \left(-15000 \cdot 12,6 + 15650 \cdot \frac{12,6^{1,0088}}{1,0088}\right)\right.$$

$$\left. - \left(-15000 \cdot 11,0 + 15650 \cdot \frac{11,0^{1,0088}}{1,0088}\right)\right]$$

$$= 11988,0 - [8835,1 + 10877,1 - 9287,5] = 11988,0 - 10424,7$$

$$= 1563,3.$$

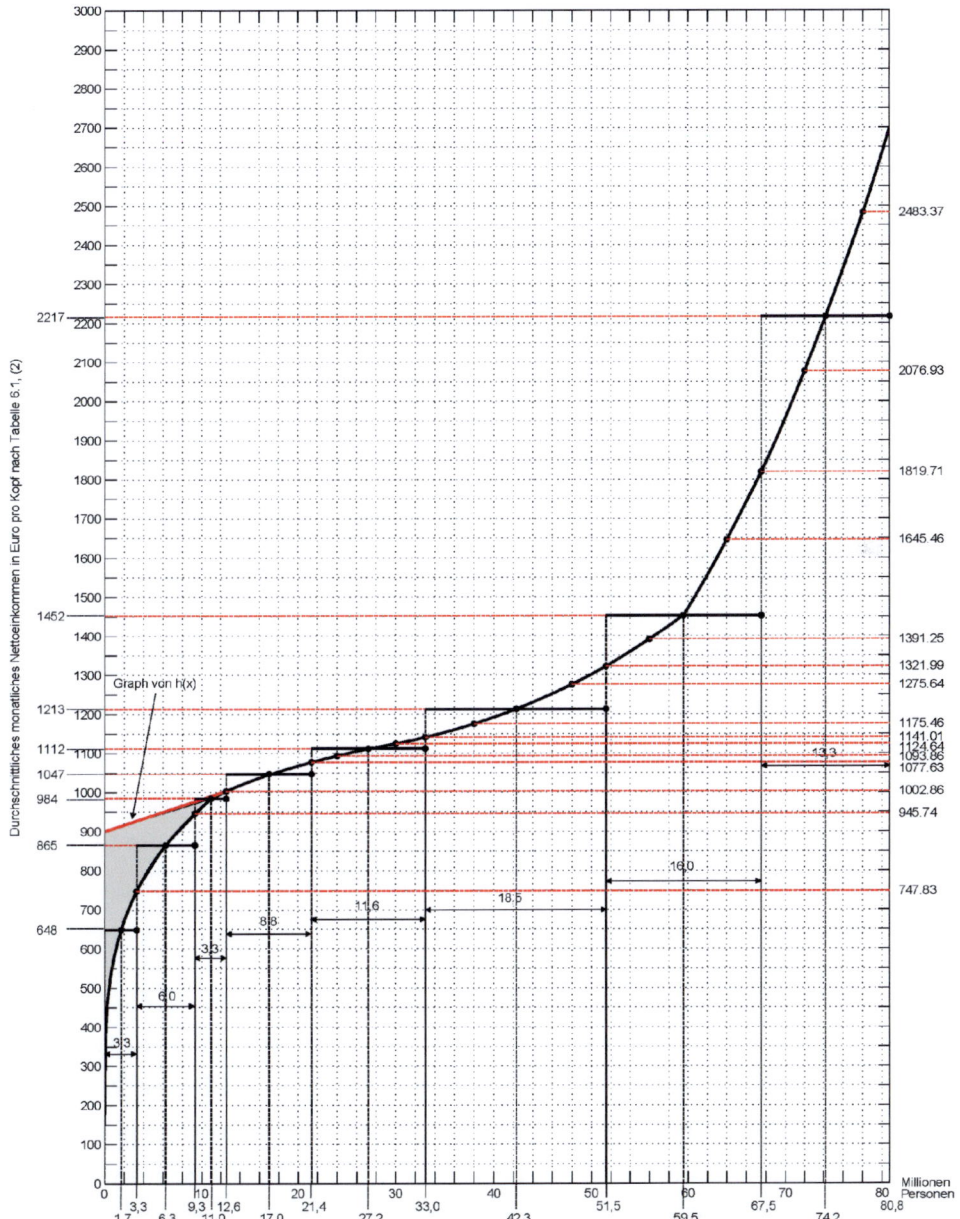

Abbildung 6.4: „PENs Parade": Graphische Darstellung des Verlaufs der durchschnittlichen monatlichen Nettoeinkommen pro Kopf in Deutschland im Jahr 2003. Grundlage: Die acht Einkommensklassen in der Tabelle 6.1, (2). Der Verlauf wird hier durch eine stückweise differenzierbare streng
monoton wachsende Kurve – sie ist der Graph der Funktion f – dargestellt, die im Intervall
$\{x|0 \leq x \leq 27,2\}$ streng konkav und im Intervall $\{x|27,2 \leq x \leq 80,8\}$ streng konvex verläuft. Jedes
Basisquadrat des der Zeichnung unterlegten Musters entspricht 50 Euro mal 2 Millionen (Perso-
nen) = 100 Millionen Euro. Der Graph der Funktion h verbindet im Intervall $\{x|0 \leq x \leq 12,6\}$ den
Einkommensbetrag 900 Euro des Bürgers mit dem geringsten Einkommen linear mit dem Einkommensbetrag 1002,86 Euro des Bürgers, der in PENs Parade als 12,6-millionster marschiert.
Der Inhalt der schraffierten Fläche entspricht den monatlichen Kosten, die sich ergeben, wenn die
ursprüngliche (PENs Parade-)Kurve zur neuen, armutsfreien gemacht wird.

139

Das ist der Inhalt der schraffierten Fläche in Abbildung 6.4, nämlich 1,5633 Milliarden Euro monatliche (Netto-)Finanzierungskosten, das sind 12·1,5633=18,7596 Milliarden Euro jährliche (Netto-)Finanzierungskosten eines Grundeinkommenskonzepts, das (siehe oben) Folgendes bewirkt hätte, wenn es im Jahr 2003 eingeführt worden wäre: *Jede der 80,8 Millionen von der EVS 2003 erfassten beziehungsweise hochgerechneten Personen hätte ein monatliches Nettoeinkommen von mindestens 900 Euro gehabt.* Da das durchschnittliche monatliche Nettoeinkommen pro Kopf nach der EVS 2003 (siehe Tabelle 6.1, (2)) 1336 Euro betrug, wäre nach der üblichen Armutsdefinition („arm ist, wer weniger als 60 % des Durchschnittseinkommens hat") im Jahr 2003 in Deutschland niemand arm gewesen, auch dann nicht, wenn die oben berechneten 1,5633 Milliarden Euro, das sind pro Kopf 1,5633 Milliarden Euro geteilt durch 80,8 Millionen Personen, also 19,35 Euro pro Kopf noch zu den 1336 Euro (siehe oben) hinzugezählt worden wären.

Man kann dieses Ergebnis auch wie folgt formulieren: Wenn im Jahr 2003 beschlossen worden wäre, dass jede der in der EVS 2003 erfassten Personen zusätzlich zu dem von der EVS 2003 ausgewiesenen monatlichen Nettoeinkommen ein monatliches Grundeinkommen von (rund) 20 Euro erhält, und wenn dann alle (80,8-12,6=)68,2 Millionen Personen mit mehr als (rund)1000 Euro monatlichem Nettoeinkommen (vgl. Abbildung 6.3) auf die 20 Euro verzichtet hätten unter der Bedingung, dass „ihre" 20 Euro den „unteren" 12,6 Millionen Mitbürger(innen) zugute kommen, dann wäre mit der Realisierung des oben geschilderten Grundeinkommenskonzepts die Armut aus Deutschland verbannt gewesen.

Dieses Ziel wäre wie gezeigt mit (Netto-)Finanzierungskosten von monatlich 1,5633 Milliarden Euro beziehungsweise jährlich 18,7596 Milliarden Euro erreichbar gewesen. Dazu wären noch die Kosten gekommen, die den schon existierenden Ämtern für ihre zusätzliche Verwaltungsarbeit erwachsen wären. Diese Arbeit hätte in unserem Fall im Wesentlichen darin bestanden, den 12,6 Millionen „Kleinsten" in Pens Parade ihr Grundeinkommen zu berechnen und auszuzahlen nach der Formel:

Monatliches Grundeinkommen für Marschierer x ist gleich

$$900 + 8{,}1635x - (150 + 430x^{0{,}276}) \; f\ddot{u}r \; 0 \leq x \leq 11{,}0 \; bzw.$$

$$900 + 8{,}1635x - (-15000 + 15650x^{0{,}0088}) \; f\ddot{u}r \; 11 \leq x \leq 12{,}6.$$

Hieraus berechnet sich für ein monatliches Nettoeinkommen von y Euro das monatliche Grundeinkommen zu

$$(900 - y) + 8{,}1635 \left(\frac{y - 150}{430}\right)^{\frac{1}{0{,}276}} \; f\ddot{u}r \; 150 \leq y \leq 984 \; bzw.$$

$$(900 - y) + 8{,}1635 \left(\frac{y + 15000}{15650}\right)^{\frac{1}{0{,}0088}} \; f\ddot{u}r \; 984 \leq y \leq 1002{,}86.$$

Zum Beispiel ist hier das monatliche Grundeinkommen bei einem monatlichen Nettoeinkommen vor Grundeinkommen in Höhe von

| 150 | 400 | 600 | 700 | 800 | 900 | 950 | 990 |

der Reihe nach gleich Euro

| 750 | 501,15 | 309,64 | 219,94 | 136,53 | 61,35 | 27,51 | 4,01 |

und ab einem monatlichen Nettoeinkommen von 1002,86 Euro gleich 0.

Wie gezeigt wäre all dieses im Jahr 2003 mit (Netto-)Finanzierungskosten von monatlich 1,5633 Milliarden Euro beziehungsweise von jährlich 18,7596 Milliarden Euro möglich gewesen.

Rechnet man die Kosten der nötigen Verwaltungsarbeit auf rund fünf Prozent der auszuzahlenden Summen, dann wären die jährlichen Gesamtkosten der Finanzierung des beschriebenen Grundeinkommenskonzepts unter 20 Milliarden Euro geblieben. Also hätten weniger als 20 Milliarden Euro über die jährlichen Nettoeinkommen der privaten Haushalte von 1296 Mrd. Euro (vgl. Tabelle 6.1, (2)) hinaus aufgebracht werden müssen. Das sind weniger als 1,6 Prozent!

Ergebnis: Wenn im Jahr 2003 zusätzlich zur Summe der jährlichen Nettoeinkommen der privaten Haushalte in Deutschland in Höhe von 1296 Mrd. Euro noch rund 1,6 Prozent dieser Summe im Sinne des oben geschilderten Grundeinkommenskonzepts verteilt worden wären, wäre bei gleichmäßiger Verteilung der jeweiligen Haushaltsnettoeinkommen auf die zum jeweiligen Haushalt gehörenden Personen – gleich, ob Mann oder Frau oder Alleinerziehende(r) mit oder ohne bezahlter Arbeit, gleich, ob Rentnerin oder Rentner oder Kind – keine Person monatlich unter 900 Euro Nettoeinkommen geblieben. Das sind rund 100 Euro über der Armutsgrenze, die wie gesagt üblicherweise auf 60 Prozent des monatlichen Durchschnittseinkommens festgesetzt ist.

Dieses betrug im Jahr 2003, wie gesagt, rund 1336 Euro; vgl. Tabelle 6.1, (2). Sechzig Prozent davon sind 801,60 Euro, hier beginnt also nach Definition die Armut. Das Volkseinkommen belief sich im Jahr 2003 auf rund 1600 Mrd. Euro. Also standen über 300 Milliarden Euro des Volkseinkommens anderen Kassen zur Verfügung als denen der von der Einkommens- und Verbrauchsstichprobe hochgerechneten privaten Haushalte mit weniger als 18.000 Euro durchschnittlichem monatlichen Haushaltsnettoeinkommen. Weniger als sieben Prozent dieser 300 Milliarden Euro hätten ausgereicht, um das hier vorgestellte Grundeinkommenskonzept zu finanzieren, das heißt Deutschland armutsfrei zu machen. Als ein zweites Beispiel für die lineare Methode zur Bestimmung der Finanzierungskosten eines Grundeinkommenskonzepts diene kurz das folgende: Wir wählen – siehe Abbildung 6.5 – das Geradenstück, das im Punkt (0; 800) beginnt und im Punkt $(x^*; y) = (9{,}3; 945{,}74)$ in den Graphen von f einmündet. Seine analytische Form ist

$$y = 800 + 15{,}6989x \quad (0 \leq x \leq 9{,}3). \qquad (5)$$

Dieses Geradenstück h^* verläuft also von der Armutsgrenze (rund 800 Euro) bis zu (9,3; 945,74 Euro). Die (Netto-)Finanzierungskosten sind in diesem Fall (vgl. Abbildung 6.4) nach Formel (3)

$$\int_0^{9,3} h^*(x)dx - \int_0^{9,3} f(x)dx = \int_0^{9,3} (800 + 15{,}6989x)dx - \int_0^{9,3} f(x)dx$$

$$= Inhalt\ der\ schraffierten\ Fläche\ in\ Abbildung\ 6.5$$

$$= 800 \cdot 9{,}3 + 15{,}6989 \cdot \frac{9{,}3^2}{2} - \left(150 \cdot 9{,}3 + 430 \cdot \frac{9{,}3^{1,276}}{1{,}276}\right)$$

$$= 8118{,}9 - 7194{,}7 = 924{,}2.$$

Das ist der Inhalt der schraffierten Fläche in Abbildung 6.5, nämlich 924,2 Millionen Euro = 0,9242 Milliarden Euro monatliche (Netto-)Finanzierungskosten, das sind 12·0,9242 = 11,0904 Milliarden Euro jährliche (Netto-)Finanzierungskosten. Mit geschätzten fünf Prozent der Kosten der relevanten Verwaltungsarbeit bleiben die Finanzierungskosten dieses Grundeinkommenskonzepts unter 12 Milliarden Euro. Das heißt im Jahr 2003 hätte weniger als ein Prozent des Nettoeinkommens von 1296 Milliarden Euro, zusätzlich im Sinne des oben beschriebenen Konzepts als Grundeinkommen verteilt, die Armut aus Deutschland verbannt.

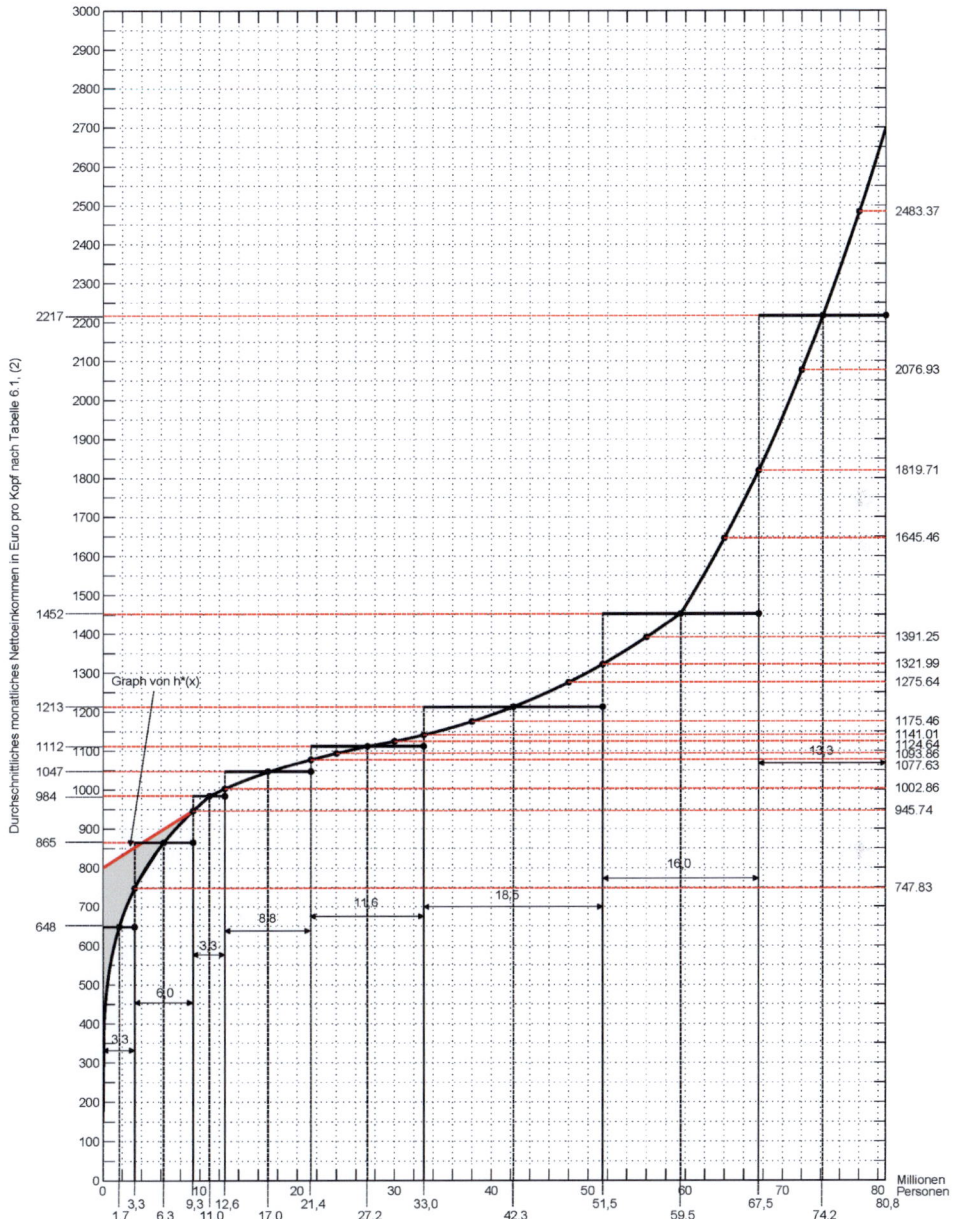

Abbildung 6.5: „PENs Parade": Graphische Darstellung des Verlaufs der durchschnittlichen monatlichen Nettoeinkommen pro Kopf in Deutschland im Jahr 2003. Grundlage: Die acht Einkommensklassen in der Tabelle 6.1, (2). Der Verlauf wird hier durch eine stückweise differenzierbare streng monoton wachsende Kurve – sie ist der Graph der Funktion f – dargestellt, die im Intervall $\{x|0 \leq x \leq 27,2\}$ streng konkav und im Intervall $\{x|27,2 < x \leq 80,8\}$ streng konvex verläuft. Jedes Basisquadrat des der Zeichnung unterlegten Musters entspricht 50 Euro mal 2 Millionen (Personen) = 100 Millionen Euro. Der Graph der Funktion h^* verbindet im Intervall $\{x|0 < x \leq 9,3\}$ den Einkommensbetrag 800 Euro des Bürgers mit dem geringsten Einkommen mit dem Einkommensbetrag 945,74 Euro des Bürgers, der in PENs Parade als 9,3-millionster marschiert. Der Inhalt der schraffierten Fläche entspricht den monatlichen Kosten, die sich ergeben, wenn die ursprüngliche (PENs Parade-)Kurve zur neuen, armutsfreien gemacht wird.

6.9 Die nichtlineare Methode zur Bestimmung der Finanzierungskosten eines Grundeinkommenskonzepts

Im vorigen Abschnitt 6.8 wurde gezeigt, wie im Rahmen einer linearen Vorgehensweise die „unteren" Einkommen pro Kopf anreizkompatibel so aufgebessert werden können, dass alle mehr als 60 Prozent des Durchschnittseinkommens zur Verfügung haben, dass also nach einer gängigen Armutsdefinition niemand mehr als arm bezeichnet werden kann. Wie gesagt wäre dieses naheliegende Ziel selbst bei einer gewissen Großzügigkeit mit einem Betrag von weniger als 1,6 Prozent der Gesamtsumme der Nettoeinkommen aller privaten Haushalte realisierbar, bei sparsamem Vorgehen sogar mit einem Betrag von weniger als einem Prozent.

Mit der nichtlinearen Vorgehensweise, wie sie im Folgenden beschrieben wird, können die gerade genannten Prozentsätze sogar noch ein wenig gesenkt werden, ohne das Ziel: „Arme darf es in Deutschland nicht geben!" zu verfehlen.

Die Methode besteht darin, dass die Geradenstücke h und h^* (siehe Abbildungen 6.4 beziehungsweise 6.5) durch (von unten) streng konvex wachsende Parabeln k und k^* der Form

$$k(x) = \alpha + \beta x^{\gamma} \ (\gamma > 1)$$

beziehungsweise

$$k^*(x) = \alpha^* + \beta^* x^{\gamma^*} \ (\gamma^* > 1)$$

ersetzt werden. Die so entstehenden schraffierten Flächen in den Abbildungen 6.6 beziehungsweise 6.7 sind dann ein wenig kleiner als die entsprechenden schraffierten Flächen in den Abbildungen 6.4 und 6.5, das heißt die Aufbesserungen der unteren Nettoeinkommen pro Kopf sind geringer als im Fall der linearen Methode – und dennoch bleibt die Anreizkompatibilität gewahrt; die Parabeln wachsen je streng monoton.

Als Beispiele dienen zwei Parabeln, die die Punkte

(0; 900) und (12,6; 1002,86)

beziehungsweise

$$(0; 800) \text{ und } (9,3; 945,74)$$

verbinden, also genau die Punkte, durch die h beziehungsweise h^* gehen (vgl. Abschnitt 6.8, Abbildungen 6.4 beziehungsweise 6.5). Von den Parabeln fordern wir, dass sie in den Punkten (12,6; 1002,86) beziehungsweise (9,3; 945,74) exakt dieselbe Tangentenrichtung haben wie die Funktion f. (f ist in Abschnitt 6.6 definiert).

Für die erste Parabel k muss also gelten:

$$k'(x) = f'(x) \text{ für } x = 12,6$$

und

$$k(x) = \alpha + \beta x^\gamma = 900 + \beta x^\gamma = 1002,86 \text{ für } x = 12,6,$$

das heißt:

$$k'(x) = \beta \gamma x^{\gamma-1} = f'(x) = 15650 \cdot 0,0088 x^{-0,9912}.$$

Für die beiden letzten Gleichungsketten ergibt sich an der Stelle $x = 12,6$:

$$\beta \cdot 12,6^\gamma = 102,86$$

beziehungsweise

$$\beta \gamma \cdot 12,6^{\gamma-1} = 15650 \cdot 0,0088 \cdot 12,6^{-0,9912} = 11,1766.$$

Hieraus erhält man für β und γ:

$$\beta = 3,2043 \text{ und } \gamma = 1,3691,$$

das heißt die gesuchte Parabel k ist gegeben durch

$$k(x) = \alpha + \beta x^\gamma = 900 + 3,2043 x^{1,3691} \text{ für } 0 \leq x \leq 12,6.$$

Für diese gilt wie gefordert:

$$k(0) = 900,$$

$$k(12,6) = 1002,86,$$

$$k'(x) = 3,2043 \cdot 1,3691 x^{0,3691} = f'(x) = 15650 \cdot 0,0088 x^{-0,9912}$$

an der Stelle $x = 12{,}6$,

k ist streng konvex wachsend, denn γ ist größer als 1.

Analog erhält man für die Parabel k^* der Form (siehe oben)

$$k^*(x) = \alpha^* + \beta^* x^{\gamma^*}$$

für α^*, β^* und γ^* der Reihe nach

$$\alpha^* = 800, \quad \beta^* = 5{,}0591 \quad \text{und} \quad \gamma^* = 1{,}5070$$

mit

$$k^*(0) = 800,$$

$$k^*(9{,}3) = 800 + 5{,}0591 \cdot 9{,}3^{1{,}5070} = 945{,}74$$

$$k^{*\prime}(9{,}3) = f'(9{,}3),$$

k^* ist streng konvex wachsend, denn γ^* ist größer als 1.

Die Graphen der Parabeln k und k^* vom Punkt (0, 900) zum Punkt (12,6; 1002,86) beziehungsweise vom Punkt (0, 800) zum Punkt (9,3; 945,74) sind in den Abbildungen 6.6 beziehungsweise 6.7 dargestellt.

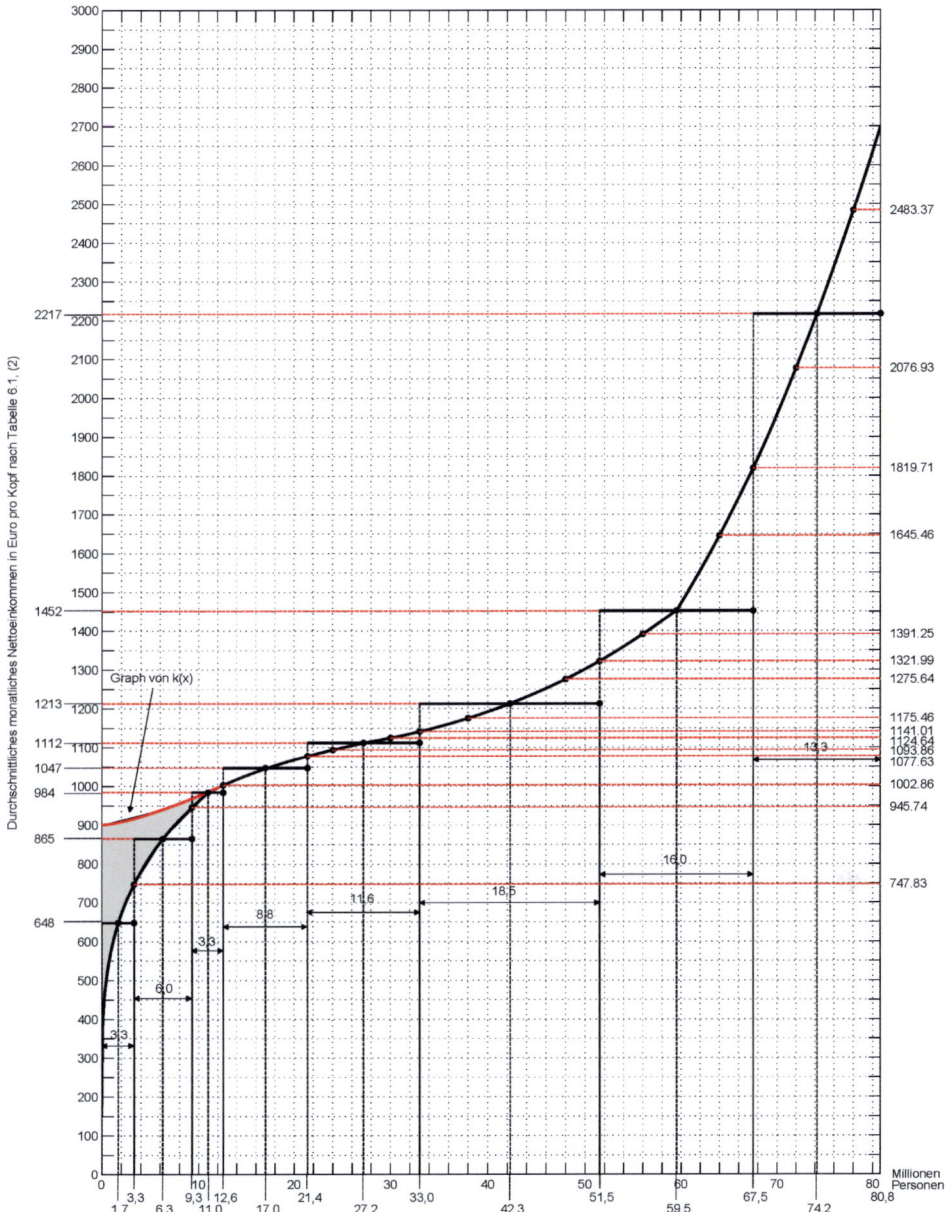

Abbildung 6.6: „PENs Parade": Graphische Darstellung des Verlaufs der durchschnittlichen monatlichen Nettoeinkommen pro Kopf in Deutschland im Jahr 2003. Grundlage: Die acht Einkommensklassen in der Tabelle 6.1, (2). Der Verlauf wird hier durch eine stückweise differenzierbare streng monoton wachsende Kurve – sie ist der Graph der Funktion f – dargestellt, die im Intervall $\{x \mid 0 \leq x \leq 27{,}2\}$ streng konkav und im Intervall $\{x \mid 27{,}2 \leq x \leq 80{,}8\}$ streng konvex verläuft. Jedes Basisquadrat des der Zeichnung unterlegten Musters entspricht 50 Euro mal 2 Millionen (Personen) = 100 Millionen Euro. Der Graph der Funktion k verbindet im Intervall $\{x \mid 0 \leq x \leq 12{,}6\}$ den Einkommensbetrag 900 Euro des Bürgers mit dem geringsten Einkommen nichtlinear mit dem Einkommensbetrag 1002,86 Euro des Bürgers, der in PENs Parade als 12,6-millionster marschiert. Der Inhalt der schraffierten Fläche entspricht den monatlichen Kosten, die sich ergeben, wenn die ursprüngliche (PENs Parade-)Kurve zur neuen, armutsfreien gemacht wird.

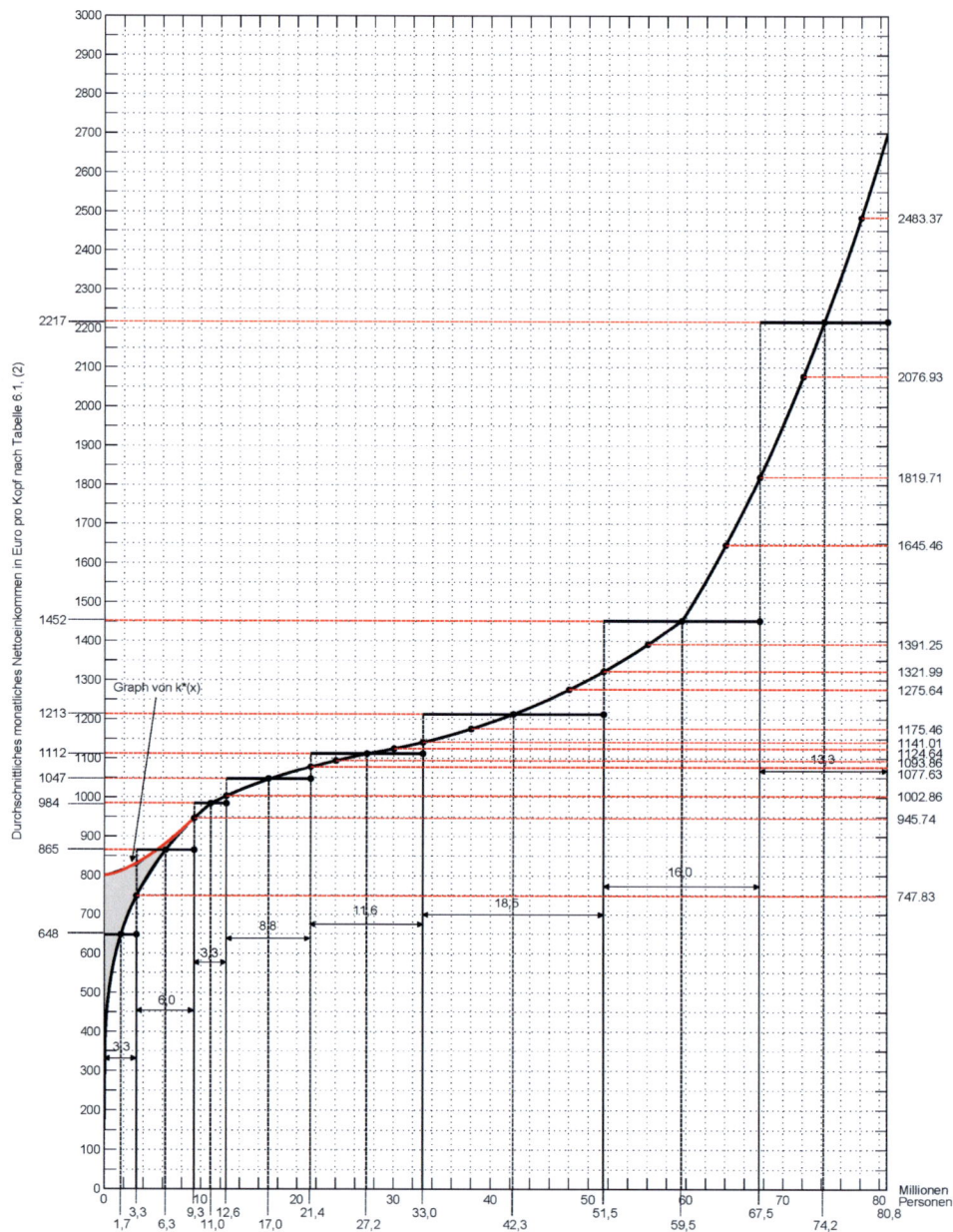

Abbildung 6.7: „PENs Parade": Graphische Darstellung des Verlaufs der durchschnittlichen monatlichen Nettoeinkommen pro Kopf in Deutschland im Jahr 2003. Grundlage: Die acht Einkommensklassen in der Tabelle 6.1, (2). Der Verlauf wird hier durch eine stückweise differenzierbare streng monoton wachsende Kurve – sie ist der Graph der Funktion f – dargestellt, die im Intervall { $x | 0 \leq x \leq 27,2$ } streng konkav und im Intervall { $x | 27,2 \leq x \leq 80,8$ } streng konvex verläuft. Jedes Basisquadrat des der Zeichnung unterlegten Musters entspricht 50 Euro mal 2 Millionen (Personen) = 100 Millionen Euro. Der Graph der Funktion k* verbindet im Intervall { $x | 0 \leq x \leq 9,3$ } den Einkommensbetrag 800 Euro des Bürgers mit dem geringsten Einkommen nichtlinear mit dem Einkommensbetrag 945,74 Euro des Bürgers, der in PENs Parade als 9,3-millionster marschiert. Der Inhalt der schraffierten Fläche entspricht den monatlichen Kosten, die sich ergeben, wenn die ursprüngliche (PENs Parade-)Kurve zur neuen, armutsfrei gemacht wird.

Abschließend sollen noch die Kosten berechnet werden, die sich ergeben, wenn die ursprüngliche (PENs Parade-)Funktion f in den Intervallen von x=0 bis x=12,6 beziehungsweise von x=0 bis x=9,3 durch die nichtlinearen Funktionen k beziehungsweise k^* ersetzt wird, das heißt wie oben im linearen Fall, wenn die Armut abgeschafft wird.

Diese Kosten sind im Fall k

$$\int_0^{12,6} k(x)dx - \int_0^{12,6} f(x)dx,$$

das heißt, weil der Wert (= die Fläche) des zweiten Integrals in etwa gleich der Fläche

$$3,3 \cdot 648 + 6,0 \cdot 865 + 3,3 \cdot 984 = 10575,6$$

der drei ersten hochkant stehenden Rechtecke in Abbildung 6.6 ist:

$$\int_0^{12,6} k(x)dx - 10575,6 = \int_0^{12,6}(900 + 3,2043x^{1,3691})\,dx - 10575,6,$$

$$= 900 \cdot 12,6 + 3,2043 \cdot \frac{12,6^{2,3691}}{2,3691} - 10575,6$$

$$= 11887,1 - 10575,6 = 1311,5.$$

Das entspricht 1,3114 Milliarden Euro monatliche (Netto-) Finanzierungskosten, also 12·1,3155=15,738 Milliarden Euro jährliche (Netto-)Finanzierungskosten. Sind die Kosten der jährlichen Verwaltungsarbeit rund fünf Prozent der auszuzahlenden Summen, dann sind die jährlichen Gesamtkosten der Finanzierung des vorgeschlagenen Grundeinkommenskonzepts 16,525 Milliarden Euro, das heißt _unter 1,3 Prozent des jährlichen Nettoeinkommens aller privaten Haushalte_ von 1296 Milliarden Euro (vgl. Tabelle 6.1).

Ersetzt man im Intervall von x=0 bis x=9,3 die (PENs Parade-)Funktion f durch die oben definierte Parabel

$$k^*(x) = 800 + 5,0591x^{1,5070},$$

dann erhält man als (Netto-)Finanzierungskosten des Übergangs von f über diesem Intervall zu k^* (vgl. Abbildung 6.7):

$$\int_0^{9,3} k^*(x)dx - Summe\ der\ Flächeninhalte\ der\ beiden\ ersten\ Rechtecke$$

$$= 800 \cdot 9{,}3 + 5{,}0591 \cdot \frac{9{,}3^{2{,}5070}}{2{,}5070} - (3{,}3 \cdot 648 + 6{,}0 \cdot 865)$$

$$= 7980{,}6 - 7328{,}4 = 652{,}2.$$

Man hat also:

0,6522 Milliarden Euro monatliche (Netto-)Finanzierungskosten,

12·,0,6522=7,8264 Milliarden Euro jährliche (Netto-)Finanzierungskosten,

1,05·7,8264=8,2177 Milliarden Euro jährliche Gesamtkosten der Finanzierung des vorgeschlagenen Grundeinkommenskonzepts, falls die Kosten der jährlichen Verwaltungsarbeit 5 Prozent der auszuzahlenden Summen betragen.

Es ist bemerkenswert, dass die gerade errechneten jährlichen Gesamtkosten in Höhe von 8,2177 Milliarden Euro *weniger als 0,7 Prozent des jährlichen Nettoeinkommens aller privaten Haushalte* von 1296 Milliarden Euro ausmachen.

Mit anderen Worten: Im Jahr 2003 hätten weit weniger als 10 Milliarden Euro, das heißt weniger als 0,7 Prozent des jährlichen Nettoeinkommens aller privaten Haushalte in Deutschland ausgereicht, das Folgende zu bewirken:

(1) Nettoeinkommen pro Kopf in den einkommensmäßig unteren Privathaushalten monatlich mindestens 800 Euro.

(2) Ansteigen dieser 800 Euro pro Kopf anreizkompatibel, das heißt: Wer einen größeren Teil dieser 800 Euro als ein(e) andere(r) selbst erwirtschaftet, erhält mehr als der (die) andere.

(3) Diese Stärkung der einkommensmäßig unteren Haushalte kann erreicht werden, ohne die einkommensmäßig besser gestellten Haushalte zu belasten; vgl. Abschnitt 6.8.

Einkommensmäßige Armut hätte es dann in Deutschland nicht (mehr) gegeben. Schon jetzt (Oktober 2009) steht fest, dass für das Jahr 2008 Entsprechendes wie im letzten Absatz vor und bei (1), (2), (3) gesagt werden kann – sogar wenn man die in (1) und (2) genannten 800 Euro auf 850 Euro erhöht.

Die Einkommensverteilungspolitik steht in Deutschland (wie in vielen anderen Staaten) vor einer Fülle schwieriger Herausforderungen. Gute Antworten im Sinne von „Reduzierung der Ungerechtigkeit der Einkommensverteilung" zu geben, ist unbedingt nötig und jederzeit möglich – ohne (siehe (1), (2) und (3)) Leistungsanreize zu schwächen.

Abschließend sei angemerkt, dass es sich bei den Untersuchungen in den Abschnitten 6.6 bis 6.9 um kein dynamisches Modell handelt. Es ging dem Verfasser nur darum, in einem ersten Schritt zu lernen, in welche finanziellen Größenordnungen der Aufwand für die Finanzierung eines die finanzielle Armut aus Deutschland verbannenden Grundeinkommens hineinwächst.

In einer weiteren Arbeit soll untersucht werden, welche dynamischen Auswirkungen eine schrittweise Einführung eines Grundeinkommens mit sich bringen kann, und das insbesondere dann, wenn das Grundeinkommen aus den Einnahmen der Konsumin der Form der Mehrwertsteuer finanziert wird.

Literaturverzeichnis

ACKERMANN, ROLF (2007): Schöne Utopie, in: Wirtschaftswoche, Nr. 21, S. 48.

ALASKA PERMANENT FUND CORPORATION (2007): Annual Report 2007, Anchorage.

ALASKA PERMANENT FUND CORPORATION (2008): The Permanent Fund Dividend, in: Internet unter: http://www.apfc.org/home/Content/dividend/dividend.cfm, Stand: 18.12.2008.

ALASKA PERMANENT FUND CORPORATION (2009a): Fund Market Value, in: Internet unter: http://www.apfc.org/home/Content/home/index.cfm, Stand: 25.07.2009.

ALASKA PERMANENT FUND CORPORATION (2009b): The Permanent Fund Dividend, in: Internet unter: http://www.apfc.org/home/Content/alaska/dividendPrgrm.cfm, Stand: 25.07.2009.

ALTHAUS, DIETER (2007): Solidarisches Bürgergeld, Ein Konzept für den Sozialstaat von morgen, Erfurt.

ALTHAUS, DIETER (2007a) Das Solidarische Bürgergeld, in: BORCHARD, M. (Hrsg.): Das Solidarische Bürgergeld – Analysen einer Reformidee, Stuttgart, 1 - 12.

ALTHAUS, DIETER (2007b): Thesen zum Solidarischen Bürgergeld, Erfurt.

ALTHAUS, DIETER (2007c) Fragen und Antworten, in: Internet unter: http://www.d-althaus.de/fileadmin/PDF/FAQs_Internetseite_B_rgergeld2-07.pdf, Stand: 08.08.

ADOMEIT, KLAUS (1986): Gesellschaftsrechtliche Elemente im Arbeitsverhältnis, Berlin.

ARLT, HANS-JÜRGEN (2009): Der Millionendeal, Arbeitsplatz für Anpassung, Süddeutsche Zeitung, Nr. 99 30. April/01. Mai, S. 18.

ATKINSON, ANTHONY (1995): Public Economics in Action, The Basic Income/Flat Tax Proposal, Oxford.

ATTANASIO, O. P, J. BANKS, C. MEGHIR und G. WEBER (1999): Humps and bumps in lifetime consumption, in: Journal of Business and Statistics, Vol. 17, S. 22-35.

BARBIE, MARTIN, LINDNER, TOBIAS und PUPPE, CLEMENS (2007): Wohlfahrtswirkungen eines konsumsteuerfinanzierten bedingungslosen Grundeinkommens, in: Karlsruher Transfer, Nr. 35 2007, S. 34-35.

BERSCHENS, RUTH (2006): Franzosen sollen mehr arbeiten und verdienen, in: Handelsblatt Nr. 121, S. 6.

BIRD, RICHARD und GENDRON, PIERRE-PASCAL (2007): The VAT in Developing Transitional Countries, Cambridge.

BORCHARD, MICHAEL, Hrsg. (2007): Das Solidarische Bürgergeld – Analysen einer Reformidee, Stuttgart.

BUND DER STEUERZAHLER (2009): Steuerzahler-Gedenktag 2009 ist am 14. Juli, in: Internet unter: http://www.steuerzahler.de/webcom/show_article.php/_c-49/_nr-559/i.html, Stand: 20.07.

BUNDESAGENTUR FÜR ARBEIT (2009): Der Arbeits- und Ausbildungsmarkt in Deutschland, Monatsbericht Juli, Nürnberg.

BUNDESMINISTERIUM FÜR ARBEIT UND SOZIALES (2009): Sozialbericht 2009, Bonn.

BUNDESMINISTERIUM DER FINANZEN (2009): Kassenmäßige Steuereinnahmen nach Steuerarten in den Kalenderjahren 2006-2008, Berlin.

BUNDESSOZIALGERICHT (2009): Beschluss in dem Rechtsstreit Az: B14/11b AS 9/07 R vom 27. Januar.

BUNDESVERFASSUNGSGERICHT (1999): Leitsätze zum Beschluss des Ersten Senats vom 27. April 1999, BverfG, 1 BvR 2203/93 vom 27.04., Absatz-Nr. (1-71).

CHARLIER, JOSEPH (1848): Solution du problème social ou constitution humanitaire, Brüssel, zitiert nach: VANDERBORGHT, YANNICK und VAN PARIJS, PHILIPPE (2005): Ein Grundeinkommen für alle?, Frankfurt 2005.

CHARLIER, JOSEPH (1894): La Question sociale résolue, précédée du testament philosophique d'un penseur, Brüssel

CONDORCET, MARIE JEAN ANTOINE NICOLAS CARITAT, MARQUIS DE (1776): Reflexions on the Wheat Market, zitiert nach: SUPLICY, EDUARDO MATARAZZO (2006): Citizen's Basic Income, São Paulo, S. 33.

COURNOT, ANOINE-AUGUSTINE (1838): Recherches sur les principes mathématiques de la théorie des richesses. Deutsche Übersetzung: Untersuchung über die mathematischen Grundlagen der Theorie des Reichtums, Jena 1924, zitiert nach: VANDERBORGHT, YANNICK und VAN PARIJS, PHILIPPE (2005): Ein Grundeinkommen für alle?, Frankfurt, S. 28. f.

CREUTZ, HELMUT (2006): Garantiertes Grundeinkommen – eine Utopie? in: Die Gesundheitsberater Nr. 10, S. 10-11.

DAHRENDORF, RALF (1986): Ein konstitutionelles Anrecht auf ein garantiertes Mindesteinkommen, in: SCHMID, THOMAS (Hrsg.): Thesen zum garantierten Mindesteinkommen, Berlin.

DAHRENDORF, RALF (2008): Watschen für Westerwelle, in: Internet unter: http://www.welt.de/welt_print/article2013450/Watschen_fr_Westerwelle.html, Stand: 28.09.2009.

DEUTSCHE BANK RESEARCH (2004): Wer trägt die Last von Unternehmenssteuern?, in: Aktuelle Themen, Nr. 288.

DEUTSCHES INSTITUT FÜR WIRTSCHAFTSFORSCHUNG (1996): Auswirkungen der Einführung eines Bürgergeldes, Neue Berechnungen des DIW, in: DIW Wochenbericht 32, S. 533-543.

DI FABIO, UDO (2006): Das bedrängte Drittel, in: Frankfurter Allgemeine Zeitung, Nr. 251, S. 8.

DIAMOND, PETER ARTHUR und MIRRLEES, JAMES (1971): Optimal Taxation and Public Production I, in: American Economic Review 61, S. 8-27.

ECONOMIC POLICY INSTITUTE (2000), State Income Equality Continued to Grow in Most States in the 1990's, Despite Economic Growth and Tight Labour Markets, in: Internet unter: http:///www.cbpp.org/1-18-00-sfp.htm, Stand: 20.07.2008.

EICHHORN, WOLFGANG und PRESSE, ANDRÉ (2007): Grundrechte und Grundeinkommen, in: WERNER, GÖTZ W. und PRESSE, ANDRÉ (Hrsg.): Grundeinkommen und Konsumsteuer, Karlsruhe, S. 58-64.

EINSTEIN, ALBERT (1934, Neuauflage 2005): Mein Weltbild, Zürich.

ENGELS, WOLFRAM (1976): Soziale Marktwirtschaft als politische Ökonomie, Stuttgart

FISCHER, UTE und PELZER, HELMUT (2007): Die Finanzierung eines bedingungslosen Grundeinkommens über das Transfergrenzen-Modell, Möglichkeiten einer Einbeziehung der Konsumsteuer, in: WERNER, GÖTZ W. und PRESSE, ANDRÉ (Hrsg.): Grundeinkommen und Konsumsteuer, Karlsruhe, S. 154-172.

FOURIER, CHARLES (1836, Neuauflage 1967): La Fausse industrielle, Paris 1967, zitiert nach: VANDERBORGHT, YANNICK und VAN PARIJS, PHILIPPE (2005): Ein Grundeinkommen für alle?, Frankfurt, S. 24.

FRANK, ROBERT (2007): Die Mittelklasse leidet unter Konsumdruck, in: Internet unter: http://www.spiegel.de/wirtschaft/0,1518,druck-497810,00.html, 14.08.2007, Stand: 25.08.2008.

FRANKFURTER ALLGEMEINE ZEITUNG (2006): Der größte Pensionsfonds der Welt, in: Frankfurter Allgemeine Zeitung, 15.05.

FRIEDRICH, LOTHAR (2008a): Zur Finanzierbarkeit von Grundeinkommen, noch unveröffentlichtes Manuskript, Karlsruhe.

FRIEDRICH, LOTHAR (2008b): Unterstützen, Entlasten, Belasten, Das Allgemeine Grundeinkommen, noch unveröffentlichtes Manuskript, Karlsruhe.

FRIEDRICH, LOTHAR (2008c): Allgemeines Grundeinkommen, Solidarisches Bürgergeld, Bedingungsloses Grundeinkommen, noch unveröffentlichtes Manuskript, Karlsruhe.

FRIEDRICH, LOTHAR (2009a): Effektive Grundeinkommen und Konsumbesteuerung, noch unveröffentlichtes Manuskript, Karlsruhe.

FRIEDRICH, LOTHAR (2009b): Effektive Grundeinkommen, noch unveröffentlichtes Manuskript, Karlsruhe.

FRIEDMAN, MILTON (1962): Capitalism and Freedom, New York.

FRIEDMAN, MILTON (1971, Neuauflage 2004): Kapitalismus und Freiheit, Stuttgart.

FROMM, ERICH (1966): The Psychological Aspects of the Guaranteed Income, in: THEOBALD, R. (Hrsg.): The Guaranteed Income. Next Step in Economic Evolution?, New York, S. 175-

184. Deutsche Übersetzung: FROMM, ERICH: Gesamtausgabe in zwölf Bänden, Band V, München, S. 309-316.

FUEST, CLEMENS und PEICHL, ANDREAS (2008): Grundeinkommen vs. Kombilohn: Beschäftigungs- und Finanzierungswirkungen und Unterschiede im Empfängerkreis, in: Jahrbuch für Wirtschaftswissenschaften, Band 59, S. 94-113.

GABLER (1997): Gabler Wirtschafts-Lexikon, Band 9 T-VE, Wiesbaden.

GALBRAITH, JOHN KENNETH (1999): Rede anlässlich der Verleihung der Ehrendoktorwürde an der London School of Economics, in: THE GUARDIAN, 29. Juni, zitiert nach: SUPLICY, EDUARDO MATARAZZO (2006): Citizen's Basic Income, São Paulo, S. 26.

GEBHARDT, THOMAS (1998): Arbeit gegen Armut, Wiesbaden.

GESELLSCHAFT FÜR KONSUMFORSCHUNG, GFK (2006): Haushaltsausgaben nach Nettoeinkommen der Haushalte für das Jahr 2005, GFK Panel Services, Universalpanel, Sonderauswertung 26.06., Nürnberg.

GEORGE, HENRY (1880, erschienen in deutscher Sprache 1892): Fortschritt und Armut, Berlin.

GOLDSMITH, SCOTT (2004): The Alaska Permanent Fund Dividend: An Experiment in Wealth Distribution, Anchorage.

GRUNDGESETZ (2006): Grundgesetz für die Bundesrepublik Deutschland, Berlin.

HARDORP, BENEDIKTUS (1994): Die Entkoppelung von Arbeit und Einkommen als Weg zur selbstmotivierten Arbeit, in: HARDORP, BENEDIKTUS (1994): Anthroposophie und die sozialen Herausforderungen, Dornach, S. 55-75.

HARDORP, BENEDIKTUS (1999): Steuerreform im Zeitalter der Globalisierung, Die Drei Nr. 3, Nachdruck enthält keine Seitenangaben.

HARDORP, BENEDIKTUS (2001): Steuerrecht und Gesellschaftsordnung, Zum Reformprozess im Steuerwesen, Sonderdruck aus: Die Drei, Nr. 2. Nachdruck enthält keine Seitenangaben.

HARDORP, BENEDIKTUS (2003): Steuern reformieren heißt neu teilen lernen, in: A Tempo, Nr. 9, S. 6-9.

HARDORP, BENEDIKTUS (2005a): Das Steuerwesen auf dem Hintergrund der inneren Entwicklung des Menschen, in: Das Goetheanum, Nr. 20/21, S. 5-7.

HARDORP, BENEDIKTUS (2005b): Wir müssen unsere sozialen Einrichtungen neu justieren, in: Das Goetheanum, Nr. 28, S. 3-5.

HARDORP, BENEDIKTUS (2006): Ein Initiative weckendes Steuersystem, Vortrag anlässlich des Symposiums „Grundeinkommen: bedingungslos" an der Universität Karlsruhe, 23. Februar.

HARDORP, BENEDIKTUS (2007a): Ein Initiative weckendes Steuerrecht, in: WERNER, GÖTZ. W. und PRESSE, ANDRÉ (Hrsg.): Grundeinkommen und Konsumsteuer, Karlsruhe, S. 96-115.

HARDORP, BENEDIKTUS (2007b): Ausgaben- statt Einkommensteuer!, in: MACKAY, PAUL und RÖSCH, ULRICH (Hrsg.): Grundeinkommen für jeden Menschen: Eine Herausforderung für Europa?, S. 57- 72.

HAYEK, FRIEDRICH AUGUST VON (1944): The Road to Serfdom, Chicago.

HAYEK, FRIEDRICH AUGUST VON (2003): Der Weg zur Knechtschaft, München.

HOFMANN, MARTIN (2006): Vision eines würdigen Daseins, in: Internet unter: http://www.unternimm-die-zukunft.de/Medien-_und_Presseecho/2006/hz-online_-_Vision_eines_wuerdigen_Daseins.pdf, Stand: 29.12.

HOHENLEITNER, INGRID und STRAUBHAAR, THOMAS (2008): Bedingungsloses Grundeinkommen und Solidarische Bürgergeld – mehr als sozialutopische Konzepte, in: STRAUBHAAR, THOMAS (Hrsg.): Bedingungsloses Grundeinkommen und Solidarisches Bürgergeld – mehr als sozialutopische Konzepte, Hamburg, S. 9-128.

HOMBURG, STEFAN (2006): Fünf Euro im Monat für die Mitarbeiterbeteiligung, in: Frankfurter Allgemeine Zeitung Nr. 284, S. 15.

HOMBURG, STEFAN (2007): Allgemeine Steuerlehre, München.

HÜMMERICH, KLAUS, BOECKEN, WINFRIED und DÜWELL, FRANZ, JOSEF (2008): Arbeitsrecht, Band 1, Bonn.

INSTITUT FÜR ARBEITSMARKT- UND BERUFSFORSCHUNG, IAB (2009): Arbeit und Armut im transatlantischen Vergleich, IAB-Kurzbericht 01, Nürnberg.

INTERNATIONAL MONETARY FUND (2005): Global Imbalances: A Saving and Investment Perspective, New York.

JARASS, LORENZ (2004): Geheimnisse der Unternehmenssteuern, Marburg.

JOKISCH, SABINE und KOTLIKOFF, LAURENCE J. (2007): Simulating the Dynamic Macroeconomic and Microeconomic Effects of the Fair Tax, in: Internet unter: http://people.bu.edu/kotlikoff, Stand: 21.03.2008.

KANT, IMMANUEL (1784): Beantwortung der Frage: Was ist Aufklärung?, in: Berlinische Monatsschrift, Dezember-Heft 1784, S. 481-494.

KEEN, MICHAEL (2009): What Do (and Don't) We Know about the Value Added Tax? A Review of Richard M. Bird and Pierre-Pascal Gendron's The VAT in Developing and Transitional Countries, in: Journal of Economic Literature, 47:1, S. 159-170.

KIRCHHOF, PAUL (2005): Vorträge in Karlsruhe und vor Stipendiaten der Friedrich-Naumann-Stiftung in Heidelberg im Rahmen der „Friedrich-Naumann Lecture", bei denen der Verfasser der vorliegenden Arbeit anwesend war, Karlsruhe und Heidelberg.

KOTLIKOFF, LAURENCE J. (2005): The Case for the ‚Fair Tax', in: The Wall Street Journal, 07.03., S. A18.

KOTLIKOFF, LAURENCE J. (2008): Why the Fair Tax Will Work – Bartlett's Unfair Attack on the Fair Tax. in: Internet unter: http://people.bu.edu/kotlikoff, Stand: 29.05.2009.

KOTLIKOFF, LAURENCE J. und DAVID RAPSON (2005): Would the Fair Tax raise or lower Marginal and Average Tax Rates?, National Bureau of Economic Research (NBER) Working Paper Series, Working Paper 11831, Cambridge.

KOTLIKOFF, LAURENCE J. und DAVID RAPSON (2006): Comparing Average and Marginal Tax Rates under the FairTax and the Current System of Federal Taxation, in: Internet unter: http://people.bu.edu/kotlikoff, Stand: 27.07.

KUHR, DANIELA (2008): Der Ein-Euro-Job-Irrtum, in: Süddeutsche Zeitung, 17.12.

LENK, HANS (1976): Sozialphilosophie des Leistungshandelns, Stuttgart.

LENK, HANS (1983): Eigenleistung – Plädoyer für eine positive Leistungskultur, Osnabrück.

LENK, HANS (1985): Kommt nun das Recht auf Faulheit?, in: Die Welt, Nr. 84, S. 8.

LENK, HANS (1994): Value Changes and the Achieving Society: A Social-philosophical Perspective, in: OECD (Hrsg.): OECD Society in Transition: The Future of Work and Leisure, Paris, S. 81-94.

LENK, HANS (1999): Von der Arbeits- zur Selbstbildungs- und Eigenleistungsgesellschaft, Vortrag, Konstanz.

LENK, HANS (2006): Ein Menschenwürdeanrecht auf sinnvolle Eigentätigkeit, in: JACOB, R., USTERI, M. und WEIMAR, R. (Hrsg.): Recht und Psychologie, Frankfurt, S. 127-144.

LUCAS, ROBERT E. (1976): Economic Policy Evaluation: A Critique, in: KARL BRUNNER and MELTZER, ALLAN H. (Hrsg.): Carnegie-Rochester Conference Series on Public Policy, Vol. 1, S. 41.

LUTHER KING, MARTIN (1967): Where Do We Go From Here: Chaos or Community?, New York, zitiert nach: MANNESCHMIDT 2009, in: Internet unter: http://www.politik-werkstatt.de/ Martin-Luther-King-BGE-deutsch.htm, Stand: 07.05.2009.

MANKIW, N. GREGORY (2003): Makroökonomik, Stuttgart.

MCGUINEAS, MAYA (2007): Tax Consumption, Not Work, New America Foundation, Washington.

MEYER, ANTON (1986): Dienstleistungsmarketing, Augsburg.

MITSCHKE, JOACHIM (1985): Steuer- und Transferordnung aus einem Guss. Entwurf einer Neugestaltung der direkten Steuern und Sozialtransfers in der Bundesrepublik Deutschland, Baden-Baden.

MITSCHKE, JOACHIM (1995): Jenseits der Armenfürsorge, in: Die Zeit, Nr. 50.

MITSCHKE, JOACHIM (1997): Mehr Arbeit trotz oder wegen Steuerreform? in: Fragen der Freiheit, Nr. 242, S. 34-45.

MORUS, THOMAS (1516, Neuauflage 1989): Utopia, in: HEINSCH, KLAUS J. (Hrsg.): Der utopische Staat, Reinbek, S. 7-111.

OPIELKA, MICHAEL (1985): Die ökosoziale Frage, Frankfurt.

OPIELKA, MICHAEL und VOBRUBA, GEORG (1986): Das garantierte Grundeinkommen, Frankfurt.

OPIELKA, MICHAEL und STRENGMANN-KUHN, WOLFGANG (2007): Das solidarische Bürgergeld, Finanz- und sozialpolitische Analyse eines Reformkonzepts, Studie im Auftrag der Konrad-Adenauer-Stiftung, in: BORCHARD, MICHAEL (2007): S. 13-141.

ORTLIEB, CLAUS PETER (2006): Mathematisierte Scharlatanerie, in: DÜRMEIER, THOMAS, VON EGAN-KRIEGER, TANJA und PEUKERT, HELGE (Hrsg.): Die Scheuklappen der Wirtschaftswissenschaft, Marburg.

PAINE, THOMAS (1796, Neuauflage 1995): Agrarian Justice, in: PHILIP, M. (Hrsg.): Thomas Paine: Rights of Man, Common sense and Other Political Writings, Oxford 1995, zitiert nach: VANDERBORGHT, YANNICK und VAN PARIJS, PHILIPPE (2005): Ein Grundeinkommen für alle?, Frankfurt, S. 21.

PEICHL, ANDREAS (2009): E-Mail vom 29.04. an den Verfasser der vorliegenden Arbeit.

PELZER, HELMUT (2006): Vision eines würdigen Daseins, in: Heidenheimer Zeitung vom 29.12., in: Internet unter: www.hz-online.de/index.php?mode=full&cat=&open=&open &grundein.html, Stand: 29.12.

PEN, IAN (1971): Income Distribution, London.

POPPER-LYNKEUS, JOSEF (1912): Allgemeine Nährpflicht als Lösung der sozialen Frage, Dresden.

RHYS-WILLIAMS, JULIET (1943): Something to look forward to. A suggestion for a new social contract, London, zitiert nach: VANDERBORGHT, YANNICK und VAN PARIJS, PHILIPPE (2005): Ein Grundeinkommen für alle?, Frankfurt, S. 27 f.

ROSE, MANFRED (1991): Plädoyer für ein konsumbasiertes Steuersystem, in: ROSE, MANFRED (Hrsg.): Konsumorientierte Neuordnung des Steuersystems, Heidelberg, S. 7-30.

RUSSELL, BERTRAND (1918, Neuauflage 1966): Roads to Freedom, London, zitiert nach: VANDERBORGHT, YANNICK und VAN PARIJS, PHILIPPE (2005): Ein Grundeinkommen für alle?, Frankfurt, S. 26.

RUSSELL, BERTRAND (1973): Wege zur Freiheit, Frankfurt, zitiert nach: VANDERBORGHT, YANNICK und VAN PARIJS, PHILIPPE (2005): Ein Grundeinkommen für alle?, Frankfurt, S. 161.

SACHVERSTÄNDIGENRAT ZUR BEGUTACHTUNG DER GESAMTWIRTSCHAFTLICHEN LAGE (2007): Jahresgutachten 2007/2008, veröffentlicht am 07.11.

SARRAZIN, THILO (2007): Radikale Steuerreform soll her, in: Internet unter: http://www.n-tv.de/politik/Radikale-Steuerreform-soll-her-article344343.html, Stand: 27.05.2009.

SCHILDT, GERHARD (2006): Das Sinken des Arbeitsvolumens im Industriezeitalter, in: Geschichte und Gesellschaft, 32. Jg. Nr. 1, S. 119-148.

SCHMIDT, ENNO und HÄNI, DANIEL (2008): Grundeinkommen, Film, Kapitel 10, ab Minute 16.

SCHNEIDER, FRIEDRICH (2009): Korruption und Schattenwirtschaft in Deutschland und Österreich: Was wissen wir (nicht)?, Linz 2009.

SCHULTE, CARL JOSEPH (2006): Sozialversicherung als eine staatliche Aufgabe, in: Sozialrecht und Praxis, 16. Jg. Nr. 4, S. 220-234.

SCUTELLA, ROSANNA (2004): Moves to a Basic Income-Flat Tax System in Australia: Implications for the Distribution of Income and Supply of Labour, Melbourne Institute Working Paper No. 5.

SEISER, MICHAELA (2009): Tiefe Einschnitte in Ungarn, in: Frankfurter Allgemeine Zeitung, Nr. 147, 29.06., S. 11.

SIEBERT, HORST (1996): Einführung in die Volkswirtschaftslehre, Stuttgart.

SINN, HANS-WERNER (2004): Ist Deutschland noch zu retten? Berlin.

SIMON, HERBERT A. (2000): Universal Basic Income and the Flat Tax, in: Boston Review, Nr. 5 Jg. 25, S. 9-10.

SOLOW, ROBERT MERTON (1956, erschienen in deutscher Sprache 1968): „A Contribution to the Theory of Economic Growth" in Quarterly Journal of Economics Band 70, 1956, S. 65–94, deutsche Übersetzung: KÖNIG, H. (Hrsg.): „Ein Beitrag zur Theorie des wirtschaftlichen Wachstums" in Wachstum und Entwicklung der Wirtschaft, Köln, 1968, S. 67–96.

SPERMANN, ALEXANDER (2001): Negative Einkommensteuer, Lohnsubventionen und Langzeitarbeitslosigkeit, Frankfurt.

SPERMANN, ALEXANDER (2007): Das Solidarische Bürgergeld – Anmerkungen zur Studie von Michael Opielka und Wolfgang Strengmann-Kuhn, in: Das Solidarische Bürgergeld, Stuttgart 2007, S. 143-162.

SPERMANN, ALEXANDER und STROTMANN, HARALD (2005): The Targeted negative Income Tax (TNIT) in Germany: Evidence from a Quasi Experiment, in: ZEW Discussion Papers, ZEW Discussion Paper No. 05-68, Mannheim.

SPIEGEL (2009): SMS ruft Müllabfuhr-Roboter, in: Internet unter: http://www.spiegel.de/netzwelt/mobil/0,1518,605951,00.html#ref=rss, Stand: 07.02.2009.

STATISTISCHES BUNDESAMT DEUTSCHLAND (2003): Volkswirtschaftliche Gesamtrechnungen, Einkommens- und Verbrauchsstichprobe, Wiesbaden.

STEINER, RUDOLF (1919, Neuauflage 1991): Die Kernpunkte der sozialen Frage, Dornach.

STEINER, RUDOLF (1922, Neuauflage 1996): Nationalökonomischer Kurs, Dornach.

STEINGART, GABOR (2007): Weltkrieg um Wohlstand, München.

STRAUBHAAR, THOMAS (2006a): Grundeinkommen sichert die Nachhaltigkeit des Sozialstaats und sorgt für mehr Beschäftigung in Deutschland, in: Pressemitteilung „Im Dialog" des HWWI, April.

STRAUBHAAR, THOMAS (2006b): Grundeinkommen: Nachhaltigkeit für den Sozialstaat Deutschland, in: Update, Wissens-Service des HWWI, Mai.

STRAUBHAAR, THOMAS (2007a): Hände weg vom Erbe!, in: HWWI Update, Nr. 2.

STRAUBHAAR, THOMAS (2007b): Das Grundeinkommen in Deutschland ist volkswirtschaftlich effizient und finanzierbar, in: Pressemitteilung „Im Dialog" des HWWI, März.

STRAUBHAAR, THOMAS (2009): Warum eine höhere Mehrwertsteuer uns retten kann, in: Internet unter: http://www.spiegel.de/wirtschaft/soziales/0,1518,649734,00.html, Stand: 18.09.

STRENGMANN-KUHN, WOLFGANG (2007): Finanzierung eines Grundeinkommens durch eine "Basic Income Flat Tax", in: WERNER, GÖTZ W. und PRESSE, ANDRÉ (Hrsg.): Grundeinkommen und Konsumsteuer, Karlsruhe, S. 140-153.

SUPLICY, EDUARDO MATARAZZO (2002): Renda de Cidadania, São Paulo.

SUPLICY, EDUARDO MATARAZZO (2006): Citizen's Basic Income, São Paulo.

SUPLICY, EDUARDO MATARAZZO (2007): Citizen's Basic Income, in: WOODROW WILSON International Center for Scholars, Latin American Program Special Report.

THOMAS, PETER (2008): Der Panther auf dem Spargelacker, in: Frankfurter Allgemeine Zeitung, Nr. 121, 27. Mai, S. T1.

THÜRINGER STAATSKANZLEI (2007): Solidarisches Bürgergeld, Erfurt.

TOBIN, JAMES (1965): On the Economic Status of the Negro, in: Daedalus, Jg. 94, S. 878-98. Zitiert nach: VANDERBORGHT, YANNICK und VAN PARIJS, PHILIPPE (2005): Ein Grundeinkommen für alle?, Frankfurt, S. 29.

TOBIN, JAMES, PECHMAN, J. A. und MIESZKOWSKI, P. M. (1967): Is a negative Income Tax Practical?, in: The Yale Law Journal, Jg. 77, S. 1-27. Zitiert nach: VANDERBORGHT, YANNICK und VAN PARIJS, PHILIPPE (2005): Ein Grundeinkommen für alle?, Frankfurt, S. 30.

UMSATZSTEUERGESETZ (UStG) in der Fassung der Bekanntmachung vom 21. Februar 2005 (BGBl. I S. 386), das zuletzt durch Artikel 8 des Gesetzes vom 16. Juli 2009 (BGBl. I S. 1959) geändert worden ist.

UHLIG, HARALD (2006): Erhöhung der Konsumsteuer auf 19 %, Senkung der Lohnsteuer. UHLIG hatte in diesem Zusammenhang 2006 einen Beitrag im Handelsblatt veröffentlicht. Auf persönliche Anfrage wies er als Referenz auf die Internetseite http://www2.wiwi.hu-berlin.de/institute/wpol/homedeu/lange-nacht_06/Szenario4.htm hin. Stand: 08.08.2007

UNITED STATES BASIC INCOME GUARANTEE NETWORK (USBIG, (2009)): Newsletter, Band 10 Nr. 53, In: Internet unter: http://www.usbig.net/newsletters.html: Zitiert nach: RÖHRIG, WOLFGANG (2009): Archiv August 2009, in: Internet unter: http://www.archiv-grundeinkommen.de/newsarchiv/200908-news.html, Stand: 09.09.

VANDERBORGHT, YANNICK und VAN PARIJS, PHILIPPE (2005): Ein Grundeinkommen für alle?, Frankfurt.

VIVES, JOHANNES LUDOVICUS (1592, Neuauflage1973): De Subventione Pauperum, Florenz.

VOBRUBA, GEORG (2000): Alternativen zur Vollbeschäftigung, Frankfurt.

VOBRUBA, GEORG (2006): Entkopplung von Arbeit und Einkommen – das Grundeinkommen in der Arbeitsgesellschaft, Wiesbaden.

WAGNER, BJÖRN (2009): Das Grundeinkommen in der deutschen Debatte, in: Friedrich-Ebert-Stiftung (Hrsg.): WiSo Diskurs, März. Berlin.

WALRAS, LEON (1896, Neuauflage 1990): Théorie de la Propriété, in: Oevres Économiques Vol. IX – Études d'Économie Sociale, Nachdruck, S. 186-194, zitiert nach: Zeitschrift für Sozialökonomie, Nr. 120, 1999, S. 2.

WATRIN, CHRISTOPH und ULLMANN, ROBERT (2008): Comparing Direct and Indirect Taxation: The Influence of Framing on Tax Complicances, in: The European Journal of Comparative Economics, Band. 5, Nr. 1, S. 33-56.

WERNER, GÖTZ W. (1991): Zur Konsumbesteuerung aus unternehmerischer Sicht, in: ROSE, MANFRED (Hrsg.): Konsumorientierte Neuordnung des Steuersystems, Heidelberg, S. 3-5.

WERNER, GÖTZ W. (2004): Wirtschaft, das Füreinander-Leisten, Karlsruhe.

WERNER, GÖTZ W. (2005a): Wir leben in paradiesischen Zuständen, in: Brandeins, 6. Jg. Nr. 3, S. 72-77.

WERNER, GÖTZ W. (2005b): Wir können den Menschen von der Arbeit befreien, in: Frankfurter Rundschau, Nr. 222, S. 25.

WERNER, GÖTZ W. (2006): Das manische Schauen auf Arbeit macht uns alle krank, in: WERNER, GÖTZ W. (2006): Ein Grund für die Zukunft: das Grundeinkommen, Dornach, S. 35-45.

WERNER, GÖTZ W. (2007): Einkommen für alle, Köln.

WERNER, GÖTZ W. (2008): Wer würde dann noch arbeiten? in: Chrismon, Nr. 10, S. 38-41.

WERNER, GÖTZ W., HÄUßNER, LUDWIG PAUL und PRESSE, ANDRÉ (2008): Wohlstand für alle durch Einkommen für alle?, in: Karlsruher Transfer, Nr. 37, S. 14-19.

WERNER, GÖTZ W. und HARDORP, BENEDIKTUS (2007): „Als Unternehmer habe ich niemals einen Cent Steuern bezahlt", in: Steuerberater Magazin, Nr. 01/02, S. 10-17.

WERNER, GÖTZ W. und PRESSE, ANDRÉ (2008): Alle Kinder brauchen das Gleiche, in: Frankfurter Rundschau, 64. Jg. Nr. 220, 19.09., S. 23.

WERNER, GÖTZ W. und PRESSE, ANDRÉ (2009): Die zivilisierte Marktwirtschaft und ihre Feinde, in: BREUER, MARKUS (Hrsg.): Festschrift für Peter Ulrich, St. Gallen.

WIGGER, BERTHOLD U. (2004): On the intergenerational Incidence of Wage and Consumption Taxes, in: Journal of Public Economic Theory, 6 (1), S. 1-23.

WIGGER, BERTHOLD U. (2006): Grundzüge der Finanzwissenschaft, Berlin.

WILDHAGEN, ANDREAS (2005): Echte Goldgrube, in: Wirtschaftswoche, Nr. 34, S. 56-57.

WITTE, E. et al. (1980): Führungskräfte der achtziger Jahre, Stuttgart, zitiert nach: SPRENGER, REINHARD K. (1999): Mythos Motivation, Frankfurt, S. 42 f.

ZIMMERMANN, KLAUS (2009): Die Krise wirkt egalisierend, in: Frankfurter Allgemeine Zeitung, Nr. 224, 26.09., S. 12.

ZITTERBARTH, MARTINA (2006): Eröffnungsrede anlässlich des Symposiums „Grundeinkommen: bedingungslos" an der Universität Karlsruhe, 23. Februar.